面向虚拟社区的社会化专家建模及应用

傅 魁 著

電子工業出版社
Publishing House of Electronics Industry
北京 • BEIJING

内 容 简 介

社会化专家推荐旨在准确识别虚拟社区中具有专业特长的用户并对用户进行表示，高效挖掘虚拟社区中有价值的内容并将其有效地推荐给信息需求者，为用户提供专业的在线社会支持。社会化专家推荐对于解决信息过载问题和提升用户体验具有重要作用，近年来引起了广泛关注。本书对社会化专家推荐的相关理论进行了介绍，重点讲解了面向虚拟社区的社会化专家建模、基于证据增强混合图的社会化专家推荐算法及实证研究。另外，介绍了基于 Nutch 的虚拟社区多源数据采集系统。

本书可供从事虚拟社区、数据挖掘、情报技术、推荐算法研究的院校老师、学生和相关行业的科研工作人员参考。

图书在版编目（CIP）数据

面向虚拟社区的社会化专家建模及应用/傅魁著. —北京：电子工业出版社，2020.2

ISBN 978-7-121-35628-5

Ⅰ. ①面… Ⅱ. ①傅… Ⅲ. ①互联网络－应用－社区管理－专家系统－研究 Ⅳ. ①C916-39

中国版本图书馆 CIP 数据核字（2019）第 011026 号

责任编辑：徐蕾薇　　特约编辑：刘广钦
印　　刷：北京捷迅佳彩印刷有限公司
装　　订：北京捷迅佳彩印刷有限公司
出版发行：电子工业出版社
　　　　　北京市海淀区万寿路 173 信箱　邮编：100036
开　　本：720×1000　1/16　印张：13.75　字数：240 千字
版　　次：2020 年 2 月第 1 版
印　　次：2022 年 4 月第 3 次印刷
定　　价：79.00 元

凡所购买电子工业出版社图书有缺损问题，请向购买书店调换。若书店售缺，请与本社发行部联系，联系及邮购电话：（010）88254888，88258888。

质量投诉请发邮件至 zlts@phei.com.cn，盗版侵权举报请发邮件至 dbqq@phei.com.cn。

本书咨询联系方式：xuqw@phei.com.cn。

前　言

随着“互联网+”时代的到来，互联网呈现蓬勃发展的态势，越来越多的人通过互联网获取信息。第 42 次中国互联网络发展状况统计报告显示，截至 2018 年 6 月，中国网民规模达到 8.02 亿，其中移动手机网民规模达到 7.88 亿，互联网从 PC 时代向移动互联网时代转变。各式各样的在线支持论坛、问答社区、社交网站等虚拟社区以其便捷性，能够随时发布观点和获取信息，越来越受到人们的青睐，已经成为人们交友建立联系、共享资源和获取社会支持的重要渠道。与此同时，Web 信息资源的“爆炸式”增长，使其积累了海量数据。信息资源的极大丰富，虽然使人们拥有更多的机会获取各自所需信息和知识，但也导致“信息过载”问题越来越严重，人们不得不承受从海量数据中获取目标信息的沉重负担。

因此，在虚拟社区环境下，如何准确地对用户的专业度进行识别并快速获取用户个性化的复杂需求，将用户需要的信息或知识有效地推荐给用户，进而为用户提供专业的在线社会支持，是一个重要的且极具挑战性的问题。用户画像、用户专业度识别、链接预测及混合图模型等算法可以有效地实现对虚拟社区用户的建模，它能够帮助虚拟社区运营者更好地认识用户。在对虚拟社区用户进行建模理论研究的基础上，探索其实际应用价值与应用领域是十分重要且具有现实意义的，社会化专家推荐和在线社会支持是其应用领域的两个典型范例。社会化专家推荐可以发现虚拟社区中具有专业特长的用户，并推荐给信息需求者，以快速获取其帮助、共享其隐性知识，它对于解决信息过载和提升用户体验具有重要作用；在线社会支持是指人们利用个体在虚拟空间中形成的一切社会关系网络，向他人寻求或者为他人提供包括信息、情感、尊重和实物在内的各种有形和无形的社会资源，人们通过提供或接收在线社会支持，能够使他人或自己的身心问题得以缓解，进而维护社会的安全与稳定。

本书在教育部人文社会科学研究项目“面向虚拟社区的社会化专家建模及推荐研究”（17YJA870006）的资助下，以虚拟社区中的用户尤其是专家用户为出发点，在借鉴与扩展现有的用户画像、用户专业度识别、相似性链接预测与混合图等社会化专家建模及虚拟社区建模理论研究的基础上，针对虚拟社区中的两个典型应用，即社会化专家推荐与在线社会支持进行深入研究。这有利于虚拟社区中的用户获得更加高效的帮助，有利于虚拟社区运营商提供更加优质的服务，从而促进我国虚拟社区的健康发展。本书主要研究内容如下：①构建了基于证据增强混合图的专家用户模型及基于知识共享的虚拟社区模型这两个层面的模型；②探讨了用户建模理论在虚拟社区中的两个实际应用，分别是社会化专家推荐与在线社会支持；③设计了基于 Nutch 开源工具的虚拟社区多源数据采集系统，包括基于网络新闻的数据采集、基于论坛贴吧的数据采集和基于微博的数据采集。

在前期的研究过程和本书的撰写过程中，我们引用了国内外同行专家的相关研究成果，同时得到了有关院校的同行和相关部门的大力支持与帮助，特别是武汉理工大学电子商务专业的老师和研究生们，他们对本书的撰写提出了许多宝贵的意见与建议，在此一并表示衷心的感谢。

傅魁

目　录

Chapter 1

第1章

绪　论

1.1　研究背景及意义

传统社区是以一定划分标准聚集在一起的群体，这个标准可以是专业领域、行政区域或者地理位置等，但虚拟社区是互联网时代的新产物，有着特殊的互动法则和动态特性。虚拟社区通常是指通过互联网媒介的虚拟空间进行相互沟通，分享知识和信息的群体，该群体彼此之间具有共同的兴趣，通过彼此间的沟通及关怀构建网络空间中的联系。随着移动互联网的发展，越来越多的人趋向于利用碎片化的时间浏览微信朋友圈、微博、知乎等虚拟社区，并在社区中表达自己的观点、情感或兴趣，产生了大量的用户生成内容（User Generated Content，UGC）。对虚拟社区用户生成内容进行挖掘，以发现用户知识和偏好的准确描述，即虚拟社区用户建模，是开展虚拟社区个性化推荐等服务的核心基础。对虚拟社区的用户进行准确建模和分析，有利于在虚拟社区中开展社会化专家推荐等一系列个性化推荐服务，还能够及时为用户提供或获取在线社会支持等服务，通过提升用户体验，也可以促进虚拟社区更加健康地发展。

在当前网络环境下，虚拟社区的用户生成内容不是一成不变的，尤其是随着网民对互联网和虚拟社区的认可和参与度的提高，虚拟社区中用户生成内容呈现的动态变化特征愈加显著。识别这种动态性并分析其所呈现出来的规律成为提高用户建模准确性和有效性需要解决的关键问题。现有的虚拟社区用户建模方法尚未达到理想状态，常见的用户建模方法有用户画像、链接预测及基于图论的对象关系建模等，但这些方法都或多或少存在一些不足。本书系统地梳理了虚拟社区用户建模的相关研究，并在此基础上对现有用户建模理论研究进行改进，以提高用户建模的准确率。现有虚拟社区用户画像建模主要使用的数据包括属性类数据、行为类数据和内容类数据。属性类数据统计是目前用户画像建模较多使用的方法，但仅通过属性类数据统计构建的用户画像信息有限。通过行为类数据统计构建的用户画像难点在于行为类数据记录的成本较大，对用户内容类数据的关注较少。因此，本书借鉴现有用户画像的构建方法及表示方式，从文本词项的角度出发，探索基于 LDA 主题模型的虚拟社区用户画像构建方法，同时融入时间维度，考虑虚拟社区静态用户画像和动态用户画像的构建方法，并通过用户画像可视化的方法，探索虚拟社区用户画像的规律。传统的基于共同邻居的链接预测算法将所有的邻居同等看待，没有区分各邻居对链接预测的贡献；而且主要针对无权网络，没有考虑加权权重对链接预测的影响。因此，本书提出了节点亲密度的概念，既考虑了加权网络环境下，不同节点对于链接预测的影响，也提出了节点内容相似性的链接预测方法，并将节点的时间属性、拓扑结构属性及内容属性融合进行链接预测。图能够以简单而系统的方式建模对象之间的复杂关系，包含更为丰富的信息，成为近年来数据挖掘的一个重要方向，基于图的推荐已从单部图推荐向二部图、多部图乃至混合图推荐转变，并随着图中信息的逐步丰富，在缓解数据稀疏、提高推荐精度上表现出更加明显的优势。基于此，本书从图模型角度出发，将虚拟社区抽象成一个能够全面表达社交网络的用户—专长—词项混合图模型，包含支持文档类、社交网络类、用户评价类和情境类证据等各类专家证据信息。

在对虚拟社区中的用户进行建模研究的基础上，如何更好地将其应用于虚拟社区中，以此提升用户体验，是社区运营者和用户共同关心的热点话题。虚拟社区中的应用有很多，其中社会化专家推荐和在线社会支持是与用户切身利益相关的两个典型应用。社会化专家推荐旨在发现虚拟社区中具有专业特长的用户，并推荐给信息需求者，以快速获取其帮助，共享其隐性知识，它有助于用户快速准确地获取所需信息或知识，对于解决信息过载、提升用户体验和知识共享水平具有重要作用，近年来引起了学术界和业界的广泛关注。与传统学术领域和企业组织中相对成熟的专家推荐相比，虚拟社区中的社会化专家推荐存在数据稀疏、信息质量良莠不齐甚至作弊行为导致的推荐精度低问题，以及推荐专家能否及时响应用户的推荐可用性问题。基于此，本书借鉴现有的基于图的推荐、基于情境的推荐、专家检索与推荐等相关研究成果，从图论的角度出发，探索了一套基于混合图的社会化专家推荐方法。由于具有低成本、匿名性、无时空限制等显著优点，在线社会支持已经覆盖并拓展了传统社会支持的应用领域，各式各样的心理、疾病、戒毒、法律和赈灾等在线支持论坛应运而生。在线社会支持作为一种极具潜力的社会支持方式，通过提供广泛的信息、情感和网络陪伴等支持能够改善社会成员身心健康、实施弱势群体救助和提升社会幸福感。此外，通过特殊领域的深度支持，能够有效地疏导转型时期的社会情绪、缓解社会矛盾、降低高危传染性疾病的不良传播（例如，识别出艾滋病论坛中的艾滋病患者并重点干预支持），但与蓬勃发展的在线社会支持实践相比，相关理论研究则显得相对滞后，主要集中于在线社会支持影响因素、内容分析、线上线下支持对比分析等角度，对在线支持网络的结构特征及演化规律研究极其匮乏。因此，研究虚拟社区在线社会支持网络特征与演化问题具有较强的理论意义和应用价值。

综上所述，本书通过刻画用户在虚拟社区中的行为，精准识别用户的各属性偏好和专业技能，在此基础上进行社会化专家推荐，并通过相关技术的创新改进来实现更加高效的、精准的在线社会支持是十分重要且具有现实意义的。

1.2 国内外研究现状

1.2.1 用户建模与识别理论研究

通过查阅大量文献，发现现阶段关于虚拟社区用户建模较为成熟的研究主要集中在基于虚拟社区用户显性数据的建模方面，且这些研究只获取用户模型的静态特征。用户显性数据的获取虽简单直接，但是要求用户主动参与，具有一定的局限性，因此，一些学者开始关注基于用户隐性数据的挖掘和建模。国内外学者针对用户建模与识别进行的相关研究已经非常丰富，其中运用较为广泛的研究按其算法可以分为以下 3 类：用户画像、用户专业度识别和链接预测。

1. 用户画像

用户画像（User Profile），又称为用户文档或用户模型，其目的是对用户特征进行客观准确的描述，以此满足用户的个性化需求。用户画像的构建过程为用户建模（User Profiling），是系统地为用户建立用户画像描述的过程，并输出用户画像文档。用户画像又分为个体用户画像和群体用户画像。个体用户画像建模的目的是对用户兴趣偏好进行描述，以提供个性化的服务。群体用户画像建模的目的是识别群体用户的行为特征、用户与资源项目间的联系及模式特征，以帮助用户发现感兴趣的服务或者资源，实现群体利益的最大化。从用户画像的建模来看，用户画像又分为静态用户画像和动态用户画像。静态用户画像是指分析用户在某一特定时间的用户特征或用户需求，一般基于用户的静态属性（如年龄、性别、学历、工作状况等）。静态用户画像一般为一次性创建，不再进行更新和自适应学习。动态用户画像构建过程是一个不断完善适应的过程，考虑用户行为、时间等因素对用户画像进行更新，以发现用户画像时序变化的动态过程规律及特征，满足用户更个性化的需求。

随着互联网逐渐渗入人们的日常生活，关于用户画像的探索显得尤为重要。因此，国内外关于用户画像的研究也越来越多。现有研究通过用户行为、标签等信息构建用户画像，并给用户提供个性化的服务和需求较多。Tomozei 等认为用户画像是进行个性化内容推荐的有效方法，通过对用户特征的提取构建用户画像的向量表示，在 Netflix 数据集验证了用户画像进行内容推荐的有效性。Anand 等通过不同类型的标签构建用户画像，利用用户画像的标签和资源标签之间的相似性为用户推荐资源。Hosea 等通过用户反馈行为构建用户画像，基于用户画像的内容为用户精准推送广告的内容。这样，每个用户收到的广告都是个性化的内容，这样通过用户画像的广告推送方式更加有效。张玉连等通过用户浏览页面时的动作和浏览的内容来获取有用的信息，利用这些隐式的信息构建和更新用户画像，为用户提供更加个性化的服务。Kumar 等除了用户浏览页面行为，还考虑了用户的领域知识构建用户画像，通过用户画像为用户推送相关页面，取得了较好的推送效果。Feng 等通过对用户文档进行合并，构建整理用户画像的方法进行 TV Program 的推荐。Cai 等通过协同标签的方法构建用户画像，进行个性化检索。

针对文本信息建立用户画像的研究相对较少。Nicoletti 等以维基百科知识库为基础，探测用户在线聊天评论等内容的主题，以词性标注和命名实体等方法对文本中的特征进行提取构建用户画像，改善了用户搜索结果的最优组合。邱云飞等通过 HowNet 构建文本特征词集映射到概念集，缓解微博环境下短文本造成的数据稀疏性问题，通过协同过滤的方法进行虚拟社区用户画像建模，取得了较好的效果。但基于 HowNet 的概念词典的文本特征扩展有限。Gao 等认为仅通过虚拟社区的文本内容还不够，通过结合用户间的关系，在新浪微博数据集上进行用户画像建模取得了很好的个性化推荐效果。

总的来说，国内外学者对用户画像的研究已经做了大量工作，取得了不少优秀的成果。但在用户画像统一表示、用户画像的可视化等方面还有许多不足之处。另外，用户画像研究主要在电子商务、个性化检索领域较多，基于虚拟社区领域较少。由于虚拟社区文本数据非结构化，且以短文本为主，导致用户画像的挖掘困难。

2. 用户专业度识别

专家型用户是虚拟社区中的一种重要资源，他们能够以丰富的专业知识、经验和良好的沟通技巧为社会支持寻求者提供更加有效的在线社会支持，进而增强虚拟社区的吸引力和提高虚拟社区的用户黏度。用户专业度，指用户在特定领域所具备的回答问题或者进行特定活动的专业技能水平，能够度量虚拟社区中专家型用户的专业程度。

目前，与用户专业度识别相关的文献主要集中在虚拟社区中意见领袖的研究。对于虚拟社区，除研究虚拟社区的定义及特点、用户交互行为、网络演化机理、信息传播模式等方面外，社区成员的身份识别问题俨然成为当前虚拟社区相关研究的热点。其中最为典型的是不同虚拟社区形式下的意见领袖的特征及识别方法研究。就博客社区而言，Feng 等分析博客作者、读者及其之间的关系特征，提出博客社区中意见领袖识别框架；高俊波等通过意见领袖指标体系识别微博意见领袖，并发现了意见领袖的主题依赖性。对于在线论坛（BBS），Zhai Zhong Wu 等人基于正向有权网络假设，发现基于兴趣的 PageRank 算法能准确识别网络意见领袖，丁汉青等利用图论中的网络平均路径长度算法也找出了意见领袖，文献[12]基于用户的 7 个特征值的聚类分析结果，筛选出意见领袖。除算法外，丁汉青等根据豆瓣网话题的意见流向图，判定具有很强吸聚力的用户节点即意见领袖；丁雪峰、胡勇等构造网络话题参与者的“属性矩阵”，通过属性取值加权排序发现意见领袖；肖宇等验证了 BBS 中发帖人和回帖人都可能是意见领袖，突破了只有发帖者才能参与意见领袖评价的研究局限。但对于意见领袖的识别存在特征分析不深入和特征维度单一化的缺陷。例如，仅从个体或内容单方面研究用户特征，且内容特征研究偏向于定性分析，较少采用更为准确的定量分析方法。

然而，专家与意见领袖不同，专家拥有的专业度代表用户在某个领域所具备的回答问题或者进行特定活动的专业技能水平，而意见领袖的影响力则是吸引他人注意力和对他人产生影响的能力，两者不可等同。而且用户的专业度是衡量用户能否成为专家的重要指标，用户专业度越高，表明该用户成为专家的可能性越大。相比国内对专家识别研究的这一盲点，国外学者已提出了基于内容和网络的研究方法。Krulwich 和 Burkey 提出了基于内容识别的系统，通过与布告栏上的文本消息进行匹配，找到专家来回答特定问题，但基于内容的方法具有不稳定性且耗费大量时间。Tang 等在前人基础上提出 TAP（Topical Affinity Propagation）话题传播模型这一基于网络的方法对用户专业度进行排名，但效率一直是个严重问题。另外，现有的这些方法多从单一的用户个体特征、用户发帖的内容或用户构成的虚拟社区网络特征等角度对专家进行识别研究，忽视了用户特征的复杂性特点，从而在一定程度上降低了专家识别效果的准确性。而这 3 类特征之间彼此联系，又相互独立，对用户专业度也有不同程度的解释力，因此，依据多个特征维度对专家用户进行识别分析，是目前值得深入探索的一个研究方向。

3．链接预测

对于链接预测的研究，早期主要研究策略是基于 Markov 模型和机器学习。Sarukkai 首先提出了使用 Markov 模型来对链接进行分析和预测。在此基础上，Zhu 等在自适应网络（Adaptive Web Sites）的研究中引入了 Markov 模型，这是链接预测逐步发展的建树性成就。链接预测其实可以简单地看成一个二分类问题。Lichtenwalter 等提出了一种监督学习的链接预测框架，该框架使用分类算法进行预测。

针对网络的层次结构特点，Clauset、Moore 等提出基于最大似然估计的方法。在此基础上，Guimera 和 Sales-Pardo 提出了基于随机分块模型（Stochastic Block Model）的链接预测方法。随机分块模型的思想如下：把节点集分成若干小组，两个节点存在链接的概率完全取决于这两个节点属于哪个组，可以把观察到的网络看作随机分块模型的一次实现。随机分块模型方法适合用来预测网络中错误或缺失的链接。

最近几年，基于节点相似性的预测方法已经成为研究热点。该方法的思路如下：两个节点之间相似性指数越大，就认为它们之间存在或产生链接的可能性越大。该方法可以分为基于节点和基于路径两种，在不同的社会网络中预测算法会不一样。典型的方法有基于局部信息的 CommonNeighbor 算法及基于共同邻居的一些变形算法，如 Adamic-Adar 算法、Jaccard 算法等。其算法具有计算简单、可扩展性良好等优点；基于全局信息的链接预测算法有 Katz、Random Walk with Restart（RWR）等。RWR 是 PageRank 算法的直接应用；Katz 算法来源于图论的最短路径算法，如果两个节点之间存在路径数量越多，那么它们之间存在链接的概率也就越大。基于全局信息的相似性算法虽然比基于局部信息的相似性算法预测效果好，但是计算复杂，对于中大型网络不可用。Liben-Nowell 等根据不同的网络拓扑结构给出了不同的节点对间的相似度计算方法，并且分析了这些相似度度量对链接预测效果的影响。

1.2.2 社会化专家推荐算法研究

1. 传统的专家检索与推荐

目前，针对传统学术领域和企业组织的专长识别、专家检索与推荐方法研究已经相对成熟，并且取得了大量研究成果。本书综合现有研究，将主要的专家检索与推荐方法归纳为基于概率语言模型方法、基于链接分析方法、基于知识网络方法、基于本体建模方法、基于主题模型方法和混合方法。

1）基于概率语言模型方法

基于概率语言模型方法在学术领域和企业组织的专家检索中得到较为广泛的研究与应用。它主要分为基于专家轮廓（Profile-Based）和基于专家文档（Document-Based）两种方法，其典型代表为 Balog 等在 2006 年提出的候选人模型和文档模型。国内学者陆伟等也基于该方法在企业和信息管理领域专家检索中取得了较好的研究成果。此外，还有研究人员使用距离与顺序关系、文档权威度等信息改进语言模型，并在一定程度上提高了专家检索精度。

2）基于链接分析方法

基于链接分析方法是基于社会化网络（如合作者网络、社交网络等）计算专家的权威性。权威性大多采用 PageRank 和 HITS 两种算法估算，如 Zhang 和 Jurczyk 等分别使用上述算法发现论坛和问答社区的权威。部分学者还提出了支持多链接 PopRank、Co-HITS 等算法，其效果优于上述算法。对于链接分析方法而言，它存在两个突出问题：一是主题漂移，由于用户专长具有主题性，主题无关的链接不能反映其权威；二是虚拟社区中链接是异质甚至含有负面信息的链接，这是权威性的负面证据，现有研究并未考虑这一点。主题敏感的链接分析方法能在一定程度上抑制主题漂移问题，但无法解决含有负面信息的链接。

3）基于知识网络方法

基于知识网络方法是利用知识节点和节点之间的关系构建网络，并运用复杂网络分析方法进行专长挖掘和专家推荐。部分学者以科研成果中的关键词为节点，基于维基百科知识节点相关性或基于关键词共现关系构建专家个人知识网络，并通过社区划分等识别专长领域。基于知识网络方法能够以可视化方式呈现专家专长与知识。

4）基于本体建模方法

基于本体建模方法能够在语义层面准确描述专家专长，实现基于语义的专长查询和推理，使得专家检索的召回率和精确度得到有效提高。国内外学者尝试利用本体进行专家建模与检索研究。该方法的缺点在于：无论是自动的本体构建还是半自动的本体构建，目前都是科学难点之一，但完全依赖手工的建模效率低，维护成本也相当高。这些问题降低了基于本体建模方法在虚拟社区开放环境下的应用价值。

5）基于主题模型方法

主题模型是一种能够发现文档中抽象主题的模型，近年来在专长识别与专家检索领域得到广泛应用。张晓娟等运用 PLSA 方法识别图情领域专家专长，但 PLSA 存在过度拟合问题。Blei 等提出的 LDA（Latent Dirichlet Allocation）模型引发了相关研究热潮，如建模作者与主题关联的 AT 模型、建模主题之间关联的 PAM 模型等。在专家检索领域，Riahi 等的建模结果表明，简单 LDA 主题模型优于语言模型，而 STM 模型又优于 LDA 主题模型。此外，清华大学唐杰等提出 LDA 扩展模型用于学术推荐，Liu 等利用 LDA

主题模型评估在线论坛用户的专业度。LDA 主题模型的优点表现如下：能够自动地生成隐含主题，即专家的隐式专长，并且能够按照不同的层次、不同的类别对群体或者个人的专长进行更为准确的分类，还能从广度和深度两个方面对用户的专长或群体的专长进行量化计算。

6）混合方法

虚拟社区中包含的信息种类更丰富，仅使用单一证据或者上述一种方法显然已经不能满足虚拟社区环境下专家检索与推荐的要求。部分学者开始将专家支持文档类证据与社交网络信息融合，探索基于证据融合的混合方法。另有少数学者对融合情境的专家推荐进行了初步尝试，但大多数人还是只关注推荐精度问题，忽视了专家推荐的可用性问题，若推荐的专家不能快速回复提问者，往往会降低用户体验。因此，有必要将专家情境信息引入到社会化专家推荐中。

2. 基于情境感知的推荐

推荐系统引入情境信息后，系统自动推荐的项目的精确度得到有效提高，使得用户对推荐项目更为满意，受到了学者的广泛关注。情境信息对解决社会化专家推荐精度和可用性同样具有重要作用。例如，有的用户习惯在“工作之余”或者“心情愉悦”时回答问题；过多的“工作负荷”会降低用户的回答意愿；Lai 等指出问答社区中的用户越活跃，其回答问题的可能性越大，并基于用户活动规律进行问题推送，准确率可以提高 37.34%；百度研究院 Liu 等指出在百度知道问答社区中拥有博士学位的 30 岁以上的女性更愿意接受问题推荐；Schall 在 PageRank 模型中引入用户可用性和活动水平进行专业度排名。此外，社会化问答平台 Quora 也推出了结合时间与地理位置的问答服务，促进了基于情境感知的社会化专家推荐的应用研究。

针对不同的应用领域，情境包含的内容也各不相同。在信息检索与推荐领域，情境包括用户检索任务、时间、设备状态等；在电子商务个性化应用中，情境包括用户购买意图、季节、位置、天气等；在社会化专家推荐领域，需要考虑用户时间、位置、情绪、社交网络等因素。此外，不同用户受不同情境类型的影响程度也不尽相同，有必要确定各类情境对用户回答行为的影响权重，从而提高专家推荐精度。

基于情境感知的推荐生成技术是情境感知推荐系统的核心，根据情境信息在整个推荐流程中所起作用的不同，主要归纳为 3 类：情境预过滤、情境后过滤、情境建模。①情境预过滤是指先根据情境信息将与用户偏好无关的数据都过滤掉，然后基于过滤后的数据进行推荐分析，并生成最终的推荐结果。也就是说，情境过滤发生在推荐之前。②情境后过滤是指情境过滤发生在推荐之后，即先利用传统推荐技术生成推荐结果，再利用情境信息对该推荐结果进行过滤或重新排序。在用户的偏好与情境之间为松耦合关系的情况下，上面所说的两类技术都适用。③情境建模是指在整个推荐生成过程中都要将情境信息纳入考虑之中，需要设计合适的算法和模型来处理多维度的情境用户偏好。当用户的偏好与情境之间的关系为紧耦合时，比较适合使用情境建模技术。

虚拟社区环境下的社会化专家推荐，情境与用户偏好多为松耦合关系，因此，可以考虑采用情境预过滤和情境后过滤技术，融合人口统计学特征、时间、位置、情绪、工作负荷量、社交等与专家相关的多种情境信息，提高社会化专家推荐的精确度，解决专家推荐的可用性和及时性问题。

3．基于图的推荐

图论方法以简单而系统的方式建模对象之间的复杂关系，包含的信息更丰富，被广泛应用于商品推荐、信息资源推荐、好友推荐等个性化推荐领域。

基于图的推荐已从单部图推荐逐步向二部图、多部图及混合图推荐转变，并随着图中信息的不断丰富而在缓解数据稀疏、提高推荐精度上表现出明显的优势。现有专家检索方法中，链接分析和知识网络方法实质上构建的是一种反映用户之间或知识节点间关系的单部图，难以表达出虚拟社区中的社交用户与其专长之间的隐含关系。二部图和三部图分别包含两种类型和三种类型的节点，不同类型的节点之间允许互相关联，扩展了单部图的局限。但不允许同类节点间相连，忽视了用户之间的交互关系和专长之间的关联。而混合图同时弥补了单部图和多部图的缺陷，可以全面表达同类和异类节点间的关联，因此，基于混合图的推荐效果更优。虚拟社区环境下的社会化专家推荐，有必要考察用户及用户专长之间的关联，并融入用户之间的交互关系、用户评价、用户情境知识等多类专家证据，构建证据增强混合图，以提高社会化专家推荐的精确度。

基于图的推荐求解有多种方法，其中随机游走算法的应用比较多。重启动随机游走（Random Walk with Restart，RWR）算法将推荐问题转换为图中节点相似性排名问题，引起了研究者的极大关注，并应用于个性化电影推荐、用户推荐等领域。实践表明，RWR 算法具有语义扩展能力，能有效缓解数据稀疏、冷启动问题，推荐性能也优于传统算法。该算法可在用户和专长节点之间进行随机游走，找到最相似用户，以解决虚拟社区环境下社会化专家推荐问题。但该算法在处理大规模图时效率较低、空间消耗大、响应时间长，限制了算法的应用。针对该问题，Tong 等将大图分解为多个子图并计算各子图的转移矩阵，提出快速 RWR 算法，提高处理效率；Zhang 等基于星图分解方法提出两阶段 RWR 算法，实现社交媒体的专家发现。上述研究均有效改善了 RWR 算法的效率问题，为算法的应用与普及带来了希望。

1.2.3 在线社会支持研究

在线社会支持（Online Social Support，OSS）或称线上社会支持或网络社会支持，是人们通过互联网交互过程而发生的信息、情感、网络陪伴等社会支持行为。互联网快速普及之前，国内外学者大多从医学、社会学、心理学和传播学等学科角度研究传统社会支持形式对个人身心健康的影响。随着互联网的迅猛发展和网民数量的激增，人们借助 Web 论坛、聊天工具群等方式，组成了各种各样特定的在线社会支持群体，关于在线社会支持的研究也随之增多。

早期许多学者认为网络由于不需要身体在场、缺失个人线索和人际互动不确定性极强的特点，故网络中不存在社会支持，如 Bambina 认为虚拟社区中不存在面对面的交往，所以，社区成员间不可能存在实质性的支持；后来研究人员开始肯定网络中不仅存在社会支持，而且作为一种可行的社会支持来源，更多的在线社会支持能给人们带来更多的归属感，对个人身心健康有着积极的影响。近年来，对在线社会支持的研究大多集中在其相对于传统社会支持的优劣之处、在线社会支持的内容或类型，以及影响在线社会支持水平的因素等方面。

1. 在线社会支持的相对优劣之处

与传统的面对面支持相比，Coulson 认为在线社会支持具有便利性、匿名性、私密性、突破时间空间障碍等明显优势，Kummervold 认为在线社会支持已经成为传统社会支持的重要补充，并且相对于传统社会支持更便于人们提供和获取社会支持。Walther 等认为在线社会支持从根本上改变了面对面社会支持的沟通渠道，即个体寻求和提供支持行为不再受时间和空间的限制，同时由于网络使支持寻求者与提供者之间在社会经济方面的关系变得模糊，个体在交往对象上因此有了更大的选择空间。在 White 等看来，与传统社会支持相比，计算机中介沟通的异步性特征使得个体能够以自己的速度认真地做出回应，而网络的匿名性使得人们可以谈论一些敏感的话题，从而增加了个体自我表露的可能性并促进了成员间真诚、亲密关系的建立。国内学者梁栋青对大学生网络社会支持的研究表明，网络社会支持的匿名性在帮助他们形成网络情感联系的同时，使他们更加快捷全面地了解各种信息，对大学生主观幸福感有积极影响。

大多研究人员都从正面角度直接证明在线社会支持的优点，也有部分学者从反证法角度，证明在线社会支持的可行性，如 Uden Kraan 等针对学术界关于在线社会支持的质疑声音，专门研究几类慢性病论坛中可能存在的缺点，如成员间交流的信息质量缺乏管理、帖子内容包含不适当的言辞等问题，结果发现只有极小一部分帖子包含上述不足，从反面证明了在线社会支持的可行性。

同时，不少学者也表露出对在线社会支持弊端的担忧，认为在线社会支持不可避免地存在缺陷。White 认为个体必须具有使用计算机和网络的基本技能才能参与在线社会支持活动，而且在线信息很容易被误解，即便可以通过一些符号性语言来补救。Finfgeld 提出网络社会支持的不足之处在于网上交往过程中缺少非语言线索，从而妨碍了对关系中细微支持的察觉，影响彼此的沟通交流。Irene Carter 探讨了孤独症儿童的父母对在线社会支持的体验，在确认 OSS 的有效性之外，也肯定了在线论坛中存在混乱的不可靠信息。Coulson 和 White 考虑到 OSS 因其载体的虚拟特征，其视觉、听觉和环境线索的缺失，容易造成信息误导。国内学者漆昌柱探讨了网络社会支持与大学生网络成瘾关系，认为网络社会支持对现实社会支持的改善作用有限，大学生反而可能由于把网络当作逃避负面生活事件影响的唯一避难所而导致网络成瘾，从而使现实社会支持越来越远离自己，影响个体生活质量。

2. 在线社会支持的内容或类型

对于在线社会支持的内容，很多研究显示现实社会支持的类型同样出现在在线环境中，包括信息、情感、尊重、工具、实物和网络支持等类型。

Braithwaite 等分析了残障人 BBS 一个月内的 1179 条帖子，发现最常见的在线社会支持类型依次是情感支持（40%）、信息支持（31.7%）、尊重支持

（18.6%）、网络（7.1%）及切实的援助（2.6%）。Coursaris 等通过分析艾滋病在线社会支持论坛中成员的交流内容，发现成员经常提供和寻求的支持类型依次为信息支持（40%）、情感支持（16%）、网络支持（6.8%）、尊重支持（6.4%）和非常少的实质性支持（0.8%）。Coulson 等对亨廷顿氏舞蹈病患者论坛的研究也得出了类似的结果，论坛成员经常提供的帮助有信息支持（56.2%）、情感支持（51.9%）、友伴支持（48.4%）、尊重支持（21.7%）和较少的实质性支持（9.8%）。兰州大学的王霞借鉴 Eichhorn 通过对雅虎网站中饮食紊乱讨论版的研究发现，社会支持的类型从多到少依次是信息性支持、情感支持、网络支持、工具性支持和自尊支持。Li YungMing 对微博空间交换的社会支持类型界定为 4 类，即情感支持、工具性支持、信息支持和评估支持。华中师范大学的梁晓燕探通过探讨网络社会支持对青少年心理健康的影响机制，提出大学生网络社会支持主要包括情感支持、工具性支持、信息支持、社会成员支持 4 个维度。

总的来说，研究人员根据社会支持性质的不同，也将在线社会支持分为信息支持、情感支持、尊重支持、网络支持和实物支持几个子类。此外，本书还发现，作为弱势群体交换社会支持的重要场所，不同类型的在线支持论坛，因为其自身属性、服务对象及成员动机的不同，论坛中侧重交换的社会支持类型比例也呈现出不同的特点，具体如下。①疾病类论坛中交换频率最高的是信息支持和情感支持。例如，乳腺病在线社会支持社区和酗酒论坛中，成员最常交换情感支持和信息支持。②社交类论坛成员更倾向于交换尊重支持。例如，中国台湾学者 Hsiu-Chia 等将博客视为一种允许受众交换观点和反馈的社会支持平台，发现读者向博主提供的频率最高的社会支持，是以肯定、鼓励和称赞为代表的尊重支持。③老年人移情社区则更注重交换情感支持。

3. 影响在线社会支持水平的因素

目前国内外学者针对不同的应用领域，结合多种相关社会理论分析了在线社会支持的影响因素，这些因素总体上可归纳为 3 类：个体类因素、网络类因素和话题类因素。

1）个体类因素

个体类因素主要包括以下 5 个方面：个人基本属性，包括性别、年龄、受教育程度和经济状况等；能力，包括论坛成员 IT 使用能力及支持提供者的专业度；支持寻求和提供策略；参与度；心理因素。

（1）个人基本属性：性别是影响在线社会支持的最重要因素。多数文献研究表明，不同性别的人寻求的支持类型和寻求行为不同，感知到的支持效果也不同。Miriam Stewart 从成员发布信息数量、孤独感、社会接受程度、群体归属感等维度对 Ability Online 这一残障青少年社区进行研究，在证明 OSS 干预会对残障青少年产生积极影响的同时，发现不同性别的成员对待 OSS 有不同的寻求行为，进而产生不同的 OSS 效果：女性为寻求 OSS 而发布的信息数量明显多于男性，更容易被在线支持社区吸引；男性的社交网络更小，更少寻求社会支持，因而他们的社会接受程度和群体归属感更低，孤独感也更强。Clive 利用网络论坛中丰富的数据资源，专门研究性别差异给癌症在线支持社区带来的差别：男性大多寻求信息支持，且不愿分享感受；女性普遍具有较强的情感表达能力，与其他成员建立友谊关系，更倾向于寻求并提供社会支持和情感支持。

Uden Kraan 推翻了一部分学者对于在线社区中信息质量缺乏管理等潜在缺点的担心，在证实在线支持社区是一种可行的支持渠道的基础上，发现慢性病在线支持团体的参与者绝大多数是女性患者，只有很小一部分男性患者利用在线支持团体寻求支持。Devan Rosen 等把性别视作一种文化，研究性别差异对个体的在线行为和生活满意度不同影响，研究表明女性比男性更多地利用新型交流技术，如社交网站（SNS），女性的社会生活满意度也高于男性。同样的研究发现占在线医疗论坛成员总数 78%的女性成员，更愿意参与在线支持调查问卷、寻求社会支持。年龄方面，Baams 对同性恋在线论坛的研究发现，年轻人比年长者接收更多的社会支持。还有研究表明教育水平、经济状况等因素对在线支持感知也存在显著的正向影响。但也有研究指出性别、婚姻状况对在线社会支持无明显影响。

（2）能力：成员的 IT 使用技能可以提高在线支持发生的概率，成员的 IT 使用能力有利于在线社会支持的获取。另外，Miriam Stewart 与司夏萌等都认为支持提供者的专业度越高，感知社会支持的强度越大。Chang Hui Jung 在证明在线支持论坛产生积极效用的同时，发现众多（68%）参与者明确希望专业人士能在此类论坛中扮演积极角色，提供专业的在线医疗服务，提高在线支持效果。

（3）支持寻求和提供策略：Chang Hui Jung 的研究表明，哭诉和抱怨越少，自身情况表露得越清楚，提问越直接，越容易获得在线社会支持。另外，提供者的宗教表达策略对在线社会支持效果的影响还未形成统一认识。

（4）参与度：一般来说，参与度与感知到的社会支持和满意度正相关。Phoenix 等通过对艾滋病在线论坛的研究证明，参与度高的成员（积极的发帖者）获得的社会支持和满意度更高，参与度低的成员（只看帖不发帖的"潜水者"）获得的社会支持和满意度则相对较低。Jade Dyer 通过对心脏病在线论坛 HeartNet 的研究，发现成员参与度和他们利用网络论坛感获得的益处正相关；相比那些只观察其他论坛成员互动的人，提供并接受在线社会支持的成员体验到更高的满意度。此外，个体在社区中花费的时间越多，感知到的社会支持越多。Ulrike Pfeil 以有上网技能的老年人为特定对象，研究了他们的在线社会支持现状，证明加入和花费在在线社区的时间与个体感知到的社会支持之间正相关。Ma Meng 对在线戒烟社区的研究表明，加入在线社区时间与戒烟效果正相关。

（5）心理因素：Matthew 等运用社会认知理论解释了积极的自我效能和结果预期可以促进个体去寻求和提供更多的社会支持。Lin Chieh Peng 从社会心理学的新颖角度研究在线社会支持的驱动因素，发现用户主要受自我效能和期望获得在线支持等心理因素的驱动来使用 IT 寻求 OSS。Mali Bunde 从社会认同理论角度出发，认为宗教、种族、父母状况、手术状况等背景相似的成员间更易产生互动，支持的效果更好，强度更高。Miia Akkinen 从社会交换理论和社会认同理论出发，研究人们参与在线社区的原因和动机：①基于社会交换理论，把用户分成支持寻求者和支持提供者，认为人们为了获取回报，如肯定、尊重、在虚拟社区中建立社会地位和威望等目的，积极参与在线社区寻求和提供社会支持；②基于社会认同理论和集体行为理论，社区成员在集体归属感的激励下，愿意主动提供社会支持。

2）网络类因素

网络类因素也是影响在线社会支持的因素之一。Ulrike Pfeil 等研究表明在线网络规模与感知社会支持之间正相关，网络的紧密度和中心度越高，支持发生的概率越大。但该方面的研究尚存在争议，如武汉大学的 Zhang Ming Xin 就指出个体的支持网络与感知社会支持之间存在很弱的关联。

3）话题类因素

话题类因素包括帖子（话题）标题、帖子内容、发帖时间。在线社会支持论坛成员间的关系是通过帖子联系在一起的，即某个用户发布主题帖，其他用户通过随后的回复即跟帖从而在相互间建立关系。很多帖子依赖于标题和高质量的帖子内容获得了较高的点击率和回复率，进而影响支持发生的概率，因此，话题类因素显得尤为重要。

国内学者刘骅以南京大学小百合BBS的每日十大热门话题帖子的标题为数据样本，提出“一个引人注目的标题才是促使用户浏览的关键”，认为标题高度反映了帖子内容和观点。李维杰等通过对BBS中帖子浏览和回复特征的分析指出，话题本身特点如包含信息的新颖性、是否能影响他人、话题发布时间等会影响信息传播，从而影响支持的传递。Chang Hui Jung则专门研究了影响帖子回复率的因素，发现话题内容若包含较多的哭诉和抱怨，其获得的回复率则较低。此外，帖子中表情符号的使用也影响其回复率。复旦大学的阳德清指出，发帖时间会影响该帖子的受关注程度，原帖在发布后的初期阶段若得到较多回帖，其最终也会得到较多的回帖。

1.3 本书主要内容

1.3.1 研究内容体系结构

本书研究内容的体系结构如图1-1所示。

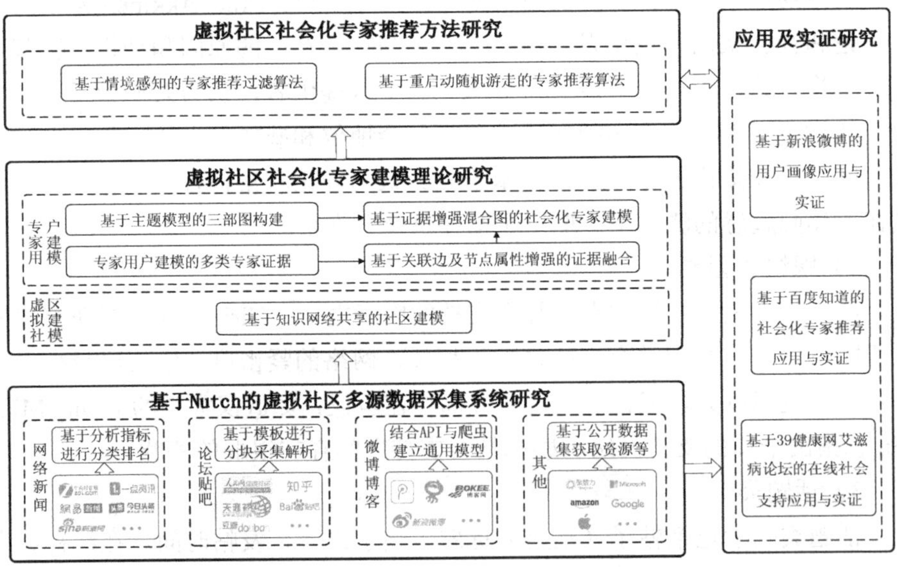

图 1-1　本书研究内容的体系结构

该框架包含以下 4 个主要功能模块：

（1）基于 Nutch 的虚拟社区多源数据采集系统研究。虚拟社区的形式层出不穷，其中最为重要的几种形式有新闻网站、论坛、贴吧、微博、博客等，针对这些多源虚拟社区，采用建立在 Nutch 基础上的通用数据采集系统获取数据资源，具体方法主要包括基于免费或者付费 API 接口抓取数据资源、利用网络爬虫工具进行数据源采集、从数据公开网站获取相应数据集等。

（2）虚拟社区社会化专家建模理论研究。基于主题模型构建用户—专长—词项混合图，将待研究的虚拟社区抽象成理论研究模型，并采用融合多类专家证据的混合图生成方法对虚拟社区中的用户进行建模。进一步地，基于主题模型的知识共享网络构建将基于社区用户角度建模上升为基于社区层面进行建模分析。

（3）虚拟社区社会化专家推荐方法研究。在针对虚拟社区专家模型建立的基础上，构建基于混合图的社会化专家推荐算法，为虚拟社区中的用户提供更加高效、优质的服务。

（4）应用及实证研究。利用真实数据集（微博、百度知道、39 健康网艾滋病论坛等）中的实验对构建的虚拟社区专家用户模型、社会化专家推荐方法及在线社会支持应用模型进行检验，以验证模型的有效性、可行性及其实用价值。

1.3.2 主要功能模块介绍

模块一：基于 Nutch 的虚拟社区多源数据采集系统研究

数据采集是虚拟社区实证研究的基础，其功能主要是完成虚拟社区包括新闻网站、论坛、贴吧、微博、博客等的各种数据资源采集，该模块为本书提供了最有价值的原始数据或结构化数据。互联网上的虚拟社区是人们进行交流、娱乐、开展交易等各种经济社会活动的重要场所，也是弱势群体寻求和提供在线社会支持的主要手段。首先，在网络领域数据库设计采集数据源的结构，分别针对新闻网站、论坛、贴吧、微博、博客等不同类型的虚拟社区进行相应的采集方案设计，为基于虚拟社区的社会化专家推荐研究确定研究对象；然后在通用的搜索引擎框架 Nutch 的基础上结合不同社区的特点对其进行改造，采用不同的方式进行线上数据采集，并以此作为系统的初始输入，使虚拟社区集达到实时、定向、精准的目标。

虚拟社区中的网页新闻采集首先从一个工作种子集出发，将新闻网页

URL 放到待抓取队列中，从队列中取出一个 URL 抓取下来对应的网页，然后提取出网页相应的 URL 放到队列中，如此按照广度优先或者深度优先策略不断抓取网页，直到达到设定的停止标准为止。

针对论坛、贴吧的数据采集，本书提出“分块解析”理论，论坛中无论是帖子列表页面，还是帖子页面，其正文内容都由若干块组成，帖子列表页面中每条主帖就是一个块，帖子页面中主帖、每条回帖都是一个块。同时，每个块中都包括若干数据项，如主帖中包含主题、内容、点击数、回复数等数据项。因此，分块解析就是从一个页面中定位出每个数据块（这些数据块通常具有相同或相似的源码特征），再从每个数据块中抽取出对应的数据项。从而解决了论坛贴吧采集中大规模采集、自动化采集、准实时采集、定向采集、翻页抓取、通用解析与精准解析的难题，实现了准实时采集和精准化抽取的目标。

针对微博、博客的数据采集主要采用微博 API 与网络爬虫相结合的形式，建立通用的微博资源采集方案，实现对微博平台数据的采集。微博需要登录后才能看到具体内容，而登录问题就对网络爬虫提出了很大的难题，因此，本书采用微博 API 进行微博模拟登录，具体通过建立应用池和账号池来抓取相应微博内容。首先，在微博平台申请多个开发者账号及测试账号，以规避平台对服务器 IP 的限制；然后周期性刷新测试应用的 Token；接着获取当前所有满足条件的 Token，依次利用这些 Token 进行请求，通过相应的 API 获取最新的微博数据；最后将这些数据进一步解析为满足我们概念模型的微博的形式，并对所有微博建立索引。由于 API 的许多限制及 API 高级接口暂时不免费对外开放，登录成功以后，本书使用基于 HTTP 请求的爬虫来实现相应数据的抓取。

为了尽可能达到数据共享的最高标准，以确保数据集可发现性、可访问性、互操作性和可复用性，当前，许多大型平台公开了各领域数据集，相关研究人员可以通过免费下载或者付费获取的形式便捷地对相关数据进行采集。

模块二：虚拟社区社会化专家建模理论研究

该模块由专家用户建模和虚拟社区建模两个子模块组成，其主要功能是对虚拟社区中的专家用户进行识别，进一步构建社区模型以达到虚拟社区知识共享目的，从而实现“人人为我，我为人人”的高效知识获取与利用。

1. 专家用户建模

专家用户建模子模块针对虚拟社区中的专家用户识别及模型构建，提出了基于证据增强混合图的专家用户建模方法。对各模型构建问题的描述及定义、建模框架、建模具体流程及算法等进行详细介绍，充分利用了社区中的各类专家证据并将其有机融合，生成混合图并对虚拟社区中的专家用户进行建模。

首先，对多类专家证据进行概述，用户—专长—词项混合图的构建，就是在用户—专长—词项三部图的基础上有机融合上述多类专家证据。

其次，基于主题模型构建用户—专长—词项混合图，将待研究的虚拟社区抽象成理论研究模型，对问题进行描述和定义，针对本书待解决问题提出虚拟社区下的用户—专长—词项三部图模型，并针对专家用户画像进行构建，融合了用户属性、社会化标签和主题网络，从而构成了基于主题模型的虚拟社区用户画像模型，包括静态用户画像和动态用户画像的模型。用户画像的作用主要是对虚拟社区中用户的特征进行客观、准确的描述，以此满足社区用户的个性化需求。

最后，在 LDA 主题模型的基础上，对社会化专家建模问题进行剖析与分解，设计一套应用于虚拟社区的社会化专家建模框架体系，进而基于专家用户知识度量，以增强用户—专长—词项三部图中用户与专长、专长与词项之间的关联边及权重，同时基于节点多属性的相似性计算进行链接预测，以增强用户—专长—词项三部图各节点属性及节点间关系，目的是将影响社会化专家推荐的多类专家证据信息融入用户—专长—词项三部图模型中并增强三部图中的定点属性、关联边和权值，生成混合图，最终进行虚拟社区专家用户的模型构建。知识度量主要用于如何识别出虚拟社区中专业知识水平高、经验丰富、沟通技巧好的专家型用户，并对这些用户资源进行深度挖掘和利用这一问题进行研究。链接预测部分提出一种基于信息融合相似性算法的链接预测指标 SNEUGC 指标，接着对 SNEUGC 指标构建框架进行设计，最后分别针对输出的文档计算相应 SNEUGC 值设计具体算法流程，从而进行基于 SNEUGC 指标的链接预测。基于混合图的社会化专家建模部分主要实现在用户—专长—词项三部图基础上利用多类专家证据来构建并增强三部图中的节点属性、关联边及权值，从而生成混合图，构建社会化专家模型。

2. 虚拟社区建模

虚拟社区建模模块基于知识网络共享模型进行虚拟社区的模型构建，其研究内容主要包括 3 个部分。①知识网络的表示。本书的知识网络是指虚拟社区中每个成员在网络中存在显式或隐式的知识，由知识节点间内在关系而形成的网络。以虚拟社区成员为知识主体，以主体间的知识相似度为边，虚拟社区的知识网络可以表示为 P-P 网络。②基于 HAPM 模型的知识模式获取。借鉴 HPAM 模型的思想，构建虚拟社区知识共享网络，包括虚拟社区成员关系网络和虚拟社区知识网络，其中知识网络又是在知识元网络基础上构建的。③知识主体间知识相似性度量。以知识模式为标准抽取虚拟社区每个成员的知识模式，其中设定知识元个数阈值，提取相应阈值下的知识元。知识主体间知识相似性采用空间向量 VSM 模型度量。

该模块的研究结合 HPAM 主题模型，提出一种虚拟社区知识网络共享模型研究方法，有效地解决了虚拟社区存在的以下问题：①如何描述虚拟社区及用户的知识，实现虚拟社区知识的自组织；②如何在知识描述及知识共享网络的基础上进行可视化研究；③如何发现专家用户并促进知识共享。

模块三：虚拟社区社会化专家建模方法研究

在对虚拟社区中的专家用户进行识别，从而构建社区模型这一基础上，实现虚拟社区中资源利用最大化、服务最优化才是本书的最终目的。社会化专家推荐有助于用户快速、准确获取所需信息或知识，对于解决信息过载、提升用户体验和知识共享水平具有重要意义。社会化专家推荐子模块包括重启动随机游走和情境感知两个部分，其主要功能是基于证据增强混合图进行社会化专家推荐。该子模块在融合了多类专家证据的用户—专长—词项混合图模型的基础上设计社会化专家推荐系统框架结构，分两阶段进行专家推荐，即基于重启动随机游走的专家推荐和基于情境感知的专家推荐相结合。

重启动随机游走部分使用重启动随机游走算法研究社会化专家推荐，通过计算节点之间的相关性，从而得出个性化的专家推荐列表，并将这些专家推荐给目标用户，为其提供专家解答服务。本书把社会化专家推荐问题转化为一个图的问题，提出使用重启动随机游走算法研究社会化专家推荐，它是本书基于证据增强混合图进行社会化专家推荐的第一阶段。这个阶段首先要对用户的提问进行解析，采用 CRP 隐主题模型的方法对用户提出的问题进行主题识别，提问的主题可以映射为回答者的个人专长。紧接着对得到的稳定概率进行排序，稳定概率越大，被推荐的机会则越大，从而生成候选专家 Top-N 列表。情境感知部分的主要作用是确定各类情境对用户回答行为的影响权重，为基于情境感知的社会化专家进行推荐，从而提高社会化专家的推荐精度和可用性。首先，要获取用户的情境知识，针对不同类别的情境知识采用不同方式来获取相应数据。其次，在基于混合图的社会化专家推荐算法的基础上，通过提问者与候选专家之间的情境相似性对候选专家列表进行二次过滤，从而保证推荐专家的可用性。也就是说，通过计算候选专家的历史情境和提问者的当前情境的相似度来匹配适合的专家，得出最终的社会化专家推荐列表。

模块四：应用及实证研究

在理论模块构建完成后，检验其是否具有实际应用价值尤为重要，否则本书将沦为一纸空谈。鉴于此，本模块利用新浪微博、百度知道平台、39 健康网艾滋病论坛等虚拟社区中的真实数据集，在理论模型构建的基础上，共设计 3 组实验进行实证研究：用户画像模型实证、社会化专家推荐模型实证、在线社会支持模型实证。

1. 基于新浪微博的用户画像应用与实证

本模块包含两类实验，分别是基于主题模型的用户画像实验及在此基础上的虚拟社区知识共享实证。基于用户画像的用户建模实验包括基于 LDA 主题模型的静态用户画像和动态用户画像。基于知识共享网络模型的社区建模实验的数据包括用户节点、用户关系信息和微博 3 类数据，通过基于主题模型构建的虚拟社区知识共享网络，得到虚拟社区知识元网络、虚拟社区知识网络、虚拟社区成员网络及知识主体的知识描述，从而定量、易理解及可视化地发现虚拟社区知识共享规律。

2. 基于百度知道的社会化专家推荐应用与实证

本模块实验即证据增强混合图的社会化专家推荐实验，在全球最大的中文互动问答社区——百度知道平台的基础上展开的实证研究，包含用户—专长—词项混合图的生成和社会化专家推荐算法的实现两部分。首先，构建用户—专长—词项混合图，通过增强图中边的类型和权值、增强用户节点的属性特征这样的方式，将 4 类专家证据有机融合到混合图中；其次，在上述实验得出的用户—专长—词项混合图基础上，通过识别用户提出的新问题的主题领域，采用基于证据增强混合图的社会化专家推荐算法即二阶段推荐算法进行社会化专家推荐。

3. 基于 39 健康网艾滋病论坛的在线社会支持应用与实证

本模块包含 4 类实验，分别是基于用户专业度识别的用户建模实验、基于链接预测算法的用户建模实验，以及在此基础上的在线社会支持网络构建实验和在线社会支持网络演化追踪实验。基于用户专业度识别的用户建模实验利用 Offline Explorer 采集论坛的所有网页信息，并通过预处理去掉页面中包含的冗余信息，将用户信息、帖子内容和回复关系等数据解析出来作为实验数据。基于链接预测算法的用户建模实验包括基于节点内容相似性的链接预测实验和基于 SNEUGC 指标的链接预测实验。在线社会支持网络构建实验以论坛用户为节点、以用户间发生的各种类型的社会支持为连接边，进而构建在线社会支持网络，并在此基础上，通过在线社会支持网络演化追踪实验对虚拟社区网络社团的多种演化情形和演化路径进行探测分析。

1.3.3 章节结构

本书首先针对虚拟社区中的专家用户进行识别并进行用户建模及社区建模，在此基础上研究如何更好地实现面向虚拟社区的社会化专家推荐和在线社会支持，以便更好地实现社区资源最大化利用，使用户获得更加专业的帮助，从而使整个虚拟社区更加优质。本书主要分为 6 章，包含虚拟社区用户及社区建模、社会化专家推荐和在线社会支持 3 个主要知识点。

第 1 章：绪论。阐述了本书研究的虚拟社区用户建模相关背景和相关理论的国内外研究现状，并总结了本书的主要研究内容。首先，针对用户建模与识别理论、社会专家推荐算法和在线社会支持的研究现状及存在的问题展开论述；其次，确定本书的体系结构，并就主要功能模块进行详细论述。

第 2 章：相关理论基础。详细介绍了社会网络、复杂网络社团、用户画像、链接预测及混合图模型及算法这 5 个相关理论和技术，对后面各章起到支撑作用。其中重点针对各理论的基本思想、表示方法、分析方法及各理论所涉及的具体算法及步骤进行介绍。

第 3 章：面向虚拟社区的社会化专家建模。该部分是全书的核心章节，从虚拟社区专家用户建模和社区建模两个角度进行研究，首先基于主题模型构建用户—专长—词项三部图，将待研究的虚拟社区抽象成理论研究模型，并采用融合多类专家证据的混合图生成方法对虚拟社区中的用户进行建模。

第 4 章：基于证据增强混合图的社会化专家推荐。提出了一种基于证据增强混合图的社会化专家推荐方法，将用户专长知识、网络关系和情境信息等充分融入社会化专家推荐，在用户—专长—词项混合图模型的基础上提出基于证据增强混合图的两阶段推荐方法。

第 5 章：面向虚拟社区的应用与实证研究。利用从新浪微博、百度知道论坛、39 健康网艾滋病论坛等虚拟社区平台获取的实际数据资源，对理论模型和相关算法进行实际运用，分别设计基于主题模型的虚拟社区用户画像实证、基于证据增强混合图的社会化专家推荐实证，以及在线社会支持网络构建与演化追踪实证，用以验证本书模型与算法的有效性和可行性。

第 6 章：基于 Nutch 的虚拟社区多源数据采集系统。以 Nutch 开源技术为基石，针对基于网络新闻的数据采集、基于论坛贴吧的数据采集和基于微博的数据采集进行研究。其中，重点设计了基于分类指标的新闻网站排名方法，从而进行网络新闻的采集解析研究、论坛采集流程和基于模板的 Web 论坛解析流程，并以新浪微博和腾讯微博为例，研究它们基于 API 方法抓取数据的流程和基于爬虫抓取数据的方法。

Chapter 2

第 2 章 相关理论基础

2.1 社会网络及其分析方法

社会网络起源于社会心理学和人类学。1940 年，英国人类学家 Radcliffe Brown 在研究社会结构时，首次提到“社会关系网络”（Network of Social Relations）这一名词。但 Brown 当时并没有对这一社会网络进行明确定义，也没有界定其组成要素，社会网络一词只是一种比喻手段。1954 年，人类学家 Barnes 首次对社会网络进行明确定义，并第一次利用社会网络分析人类社会（挪威的一个渔村）。Barnes 认为，社会网络（Social Network）指的是社会行动者（Social Actor），以及他们之间存在的或潜在的各种直接或间接关系（Relationship）的集合。这一定义得到学术界的广泛认可，即社会网络由如下关键要素构成：社会行动者、关联和连接边。

（1）社会行动者是社会网络的参与主体和最基本的要素，其范围较广泛，可以是社会中的个人，也可以是一个国家、组织机构或者一个群体。

（2）关联（Relationship）反映的是社会行动者之间相互影响的程度与关系。

（3）连接边（Tie）是将社会行动者连接在一起的无形的线，代表了他们直接或间接的关联。

社会网络视我们所处的社会为一个网络图 $G=(V, E)$，由一个个节点和这些节点之间的边构成。其中，节点 V 代表一个个的人，连接节点的边 E 代表人们之间的关系。根据节点之间连接边的方向和强度，社会网络图也可分为如下两大类。

（1）有向图和无向图。在有向图中，若节点 i 发表一条帖子，节点 j 对其进行回复，则他们之间存在连线，且这条连线由节点 j 指向节点 i，即节点之间的连接边是有方向的，如图 2-1（a）所示；在无向图中，节点之间的连接边则没有方向，只是表示节点 i 与节点 j 之间存在关系而已，如图 2-1（b）所示。

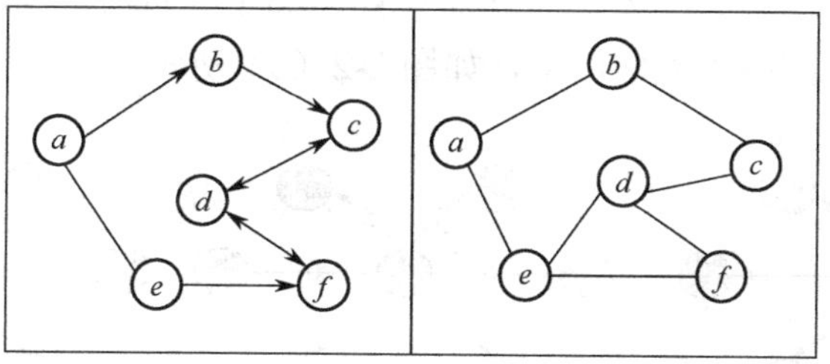

（a）有向图　　（b）无向图

图 2-1　有向图和无向图

（2）有权图与无权图。节点之间的边的强度可以用权重来表示。在有权图中，节点之间的回复次数越多，则两节点间边的权重就越大，若两节点之间的回复次数为 0，则他们之间的边的权重就为 0；在无权图中，权重只表示节点之间是否存在关系。

社会网络理论中用到的分析方法和工具是社会网络分析（Social Network Analysis，SNA），主要对社会网络中行为者之间的关系进行量化研究，以此来了解个体在网络中的地位。社会网络分析法是一种社会学研究方法，也是本书涉及的主要方法之一，它以社会网络中的各种社会关系为研究对象，从个体层面和整体网络层面角度，对社交网络的结构特征及属性特征进行深入探讨。其中，对于社交网络的个体属性的评价分析有个体的度中心性分析，包含出度、入度等；对于整体网络结构特征的分析有中心势分析，中心势反映的是整个网络的集中趋势，一个网络只有一个中心势；而网络整体属性的分析包括网络密度、小世界网络、小团体研究等，涉及的评价指标也非常多。

2.1.1 社会网络的表示方法

1. 网络的图描述

网络一般可以通过图来表达，这种方式在实际研究中应用较为广泛。图由一系列节点和边构成，一般可以通过二元组 $G=<V, E>$ 来表示，其中，V 是节点的集合；E 是 $V×V$ 的一个子集，即边的集合。

$V=\{A,B,C,D,E,F,G\}$；$G=\{\{F,A\},\{F,B\},\{F,C\},\{F,D\},\{F,E\},\{F,G\}\}$。网络图可以进行分类，如果图中节点对之间的关联是有向的，则称这种网络为有向网络，如图 2-2（a）所示；如果图中节点对之间的关联存在权重，则称这种网络为加权网络，如图 2-2（b）所示；如果图中节点对之间的关联不具有指向性，则称这种网络为无向网络，如图 2-2（c）所示。

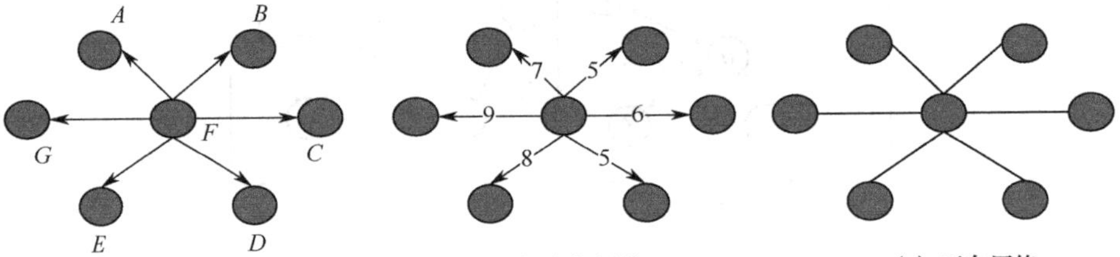

(a) 有向网络 (b) 加权网络 (c) 无向网络

图 2-2 社会网络示意图

2. 网络的矩阵描述

除了使用图的方式来表示社会网络，矩阵描述也是比较常见的方式之一。相比网络的图描述，矩阵可以更好地表示节点较多情况下的网络结构，更有利于计算机编程的规范性和简洁性。

邻接矩阵是应用最广泛的矩阵，它是 $N×N$ 的对称矩阵。矩阵的行和列都代表相同的节点。节点之间的连接关系通过数字表示。在邻接矩阵中，0 表示两个节点之间没有连接关系，非 0 表示两节点间存在连接关系。邻接矩阵可以很好地表示有向网络、无向网络和加权网络。对于无向网络，邻接矩阵是上三角矩阵或者下三角矩阵；而对于有向网络，有向性则通过邻接关系表中节点关系的先后顺序表示；对于加权网络，矩阵中的值代表权重。图 2-3 所示为邻接矩阵和邻接关系表。

	A	B	C	D
A	0	1	0	6
B	4	0	7	5
C	4	0	0	0
D	3	0	3	0

a	b, d
b	a, c, d
c	a
d	a, c

图 2-3　邻接矩阵和邻接关系表

2.1.2　社会网络分析任务和分类

社会网络分析是数据挖掘领域一个重要的分支，通过数据挖掘的相关方法和技术，对社会网络图中的节点、链接、拓扑结构等进行分析，从中获得大量有用信息。根据不同的任务划分，常见的社会网络分析分为节点任务相关、链接任务相关、图任务相关 3 个子任务，具体如表 2-1 所示。

表 2-1　常见的社会网络分析节点任务及其分类

任务分类	任务名称
节点任务相关	节点聚类（Object Clustering）
	基于链接的节点排序（Link-Based Object Ranking）
	基于链接的节点分类（Link-Based Object Classification）
链接任务相关	链接预测（Link Prediction）
图任务相关	子图发现（Subgraph Discovery）
	图分类（Graph Classification）
	图的产生式模式（Generative Models for Graphs）

下面简单介绍几种不同种类的社会网络分析任务。

（1）节点聚类：节点聚类主要运用有块建模法和图谱分割法，把节点划分为不同的类别，根据节点的属性及与其他节点的链接，把具备共同特征的节点聚集到同一类中。

（2）基于链接的节点排序：节点排序是通过利用、分析图模型结构，然后根据度量节点重要性的标准来对图中的节点排序，是社会网络分析中的一个主要研究内容。

（3）基于链接的节点分类：基于链接的节点分类问题，是将网络形式化表示成图结构，将节点集合中成员标识成特定的类别，并且这些节点的类别是相互关联的。

（4）链接预测：链接预测是预测节点之间存在链接的可能性，以节点属性和已经观察到的链接为基础来预测网络中链接是否存在。

（5）子图发现：子图发现是在整体网络图中寻找有意义的或者频繁出现的子图，也是社会网络分析中一个重要的任务。

（6）图分类：图分类通过使用正负标签对整个网络图进行分类，与节点分类思想不同，它属于监督学习研究的问题。图分类需要对网络整体进行数据挖掘，分析社会网络表现出的性质特征，包括判断社会网络是否具有某些特征。目前主要的研究方法包括图上特征挖掘、定义图核函数和归纳逻辑编程（ILP）。

（7）图的产生式模式：社会网络分析根据依赖类型进行图的产生式模型研究，这里的依赖结构类型可以是多节点、多链接类型及不断变化的动态网络。在简单的有向图中，图的产生式模式有很多，如最简单的 Bernoulli 图分布，还有条件一致（Conditional Uniform）图分布、P*模型及二值依赖（Dyadic Dependence）图分布等。

2.1.3 社会网络分析指标

社会网络以社会关系为研究对象，强调对社会现象的理解与阐述。社会网络有明确的个体网络和整体网络的分类，且更重视个体网络的静态分析。社会网络理论中用到的分析方法和工具是社会网络分析，主要对社会网络中行为者之间的关系进行量化研究，以此来了解个体在网络中的地位。

经过多年的发展，社会网络分析法的理论体系和评价指标日益成熟，已在学术界得到认可并被广泛应用到社会学、管理学等多种学科。其方法包括网络规模和密度分析、中心性分析、凝聚子群分析、核心—边缘结构分析，涉及的评价指标很多，本节只对网络规模和密度分析及中心性分析进行介绍。

1. 网络规模和密度分析

对网络特点进行分析时，常用的评价指标有网络规模、网络密度，如表 2-2 所示。

表 2-2 基础评价指标

分析指标	概　念
网络规模	网络的大小，由网络中的节点数目即社会行动者的数目决定
网络密度	网络中节点之间的联系紧密程度，即节点之间实际存在的边数和全部节点间最多可能拥有的边数之比

（1）网络规模：反映的是网络的大小，由网络中的节点数即社会行动者的数目决定。节点数越多，网络规模越大；反之，则越小。

（2）网络密度：反映的是整个网络中节点之间的联系紧密程度和互动程度，计算的是在网络中节点间实际存在的边与全部节点间最多可能拥有的边之比。用公式表示如下：

$$d = \frac{t}{n(n-1)} \tag{2-1}$$

式中，d 是网络密度；t 是网络中现有的连接边；n 是全部节点数。

网络中某个节点可能与其他任何除自己之外的节点建立连接边，因此，若网络中有 n 个节点，有向网络中最多可能拥有 $n(n-1)$条边，无向网络中则有 $n(n-1)/2$ 条边。如果每个节点与其他每个节点之间都有边，则网络密度为 1；如果每个节点都是孤立的，与其他每个节点之间都没有任何边，则网络密度为 0。

网络密度越高，说明节点之间互动越多，联系越紧密，网络内信息流通越顺畅；反之，则互动越少，联系越松散，网络内会出现信息流通不畅的情况。

2. 中心性分析

中心性分析是社会网络分析的重点内容之一，用于分析个人或组织在其社会网络中拥有怎样的权力，或者说位于怎样的中心地位。从个体和整体网络角度，中心性分析可以分成中心度和中心势分析。

个体的中心度（Centrality）用于测量个体处于网络中心的程度，反映了该点在网络中的重要性程度。网络中每个个体都有一个中心度，刻画的是个体特性。

整体网络的中心势（Centralization）计算的是整个网络的集中趋势，刻画的是整个网络中各点的差异性程度，一个网络只有一个中心势。一般来说，一个网络是集中的，就表明网络中一部分节点（或一个节点）比其他节点有明显高出许多的中心度。而当网络中的节点的中心度都大致相同时，则意味着网络中的每个节点并不比节点更重要，网络是非集中的。

根据计算方法的不同，社会网络的中心度和中心势都可以分为 3 种：点度中心度/点度中心势、中间中心度/中间中心势和接近中心度/接近中心势。具体如表 2-3 所示。

表 2-3 中心性分析

分析指标	概　念
个体中心度	个体在网络中的地位或重要程度
点度中心度	网络中与该点有直接联系的点的数目
中间中心度	某节点占据在其他两个节点最短路径的程度
接近中心度	某节点与其所处网络中的其他所有节点的最短路径距离之和
网络中心势	整体网络的集中趋势

在无向网络中，一个点的度数就是与该点相连的边的条数。在有向网络中，度又分为入度（In-Degree）和出度（Out-Degree）。入度是其他节点指向该节点的边的数目；出度是该节点指向其他节点的边的数目。

（1）点度中心度（Degree Centrality）：最基础也是最直接的指标，测量的是网络中与该点直接相连的点数，间接相连的点数则被忽略。反映节点在网络中所处的位置和与其他节点直接进行交流活动的能力，节点度数越高，越接近网络的核心地位，与其他节点的直接交流能力越强。

网络中心势指的是网络中点的集中趋势，其计算依据如下步骤：首先找到图中的最大点度中心度的数值；然后计算该值与任何其他点的中心度的差值；再计算这些“差值”的总和；最后用这个总和除以各“差值”总和的最大可能值。

（2）中介（或中间）中心度（Betweeness Centrality）。根据位置来计算某节点的中心性。衡量一个节点占据在其他两个节点最短路径的程度，即该节点的中介能力和对信息等资源控制的程度。因为如果两个节点以某节点为中介进行联系，而该节点拒绝做媒介，则这两个节点就无法沟通，并且“处于这种位置的个体可以通过控制或者曲解信息的传递而影响群体”。节点的中间中心度越高，说明在网络中越被其他节点所依赖，中介能力越强，对信息的控制力也越高。

中间中心势定义为网络中中间中心性最高的节点的中间中心性与其他节点的中间中心性的差距，用于分析网络整体结构。中间中心势越高，表示该网络中的节点可能分为多个小团体，而且过于依赖某一个节点传递关系，说明该节点在网络中处于极其重要的地位。

（3）接近中心度（Closeness Centrality）。根据节点间距离来计算某节点的中心性，测量一个点到网络中其他节点的最短路径长度的总和，即一个节点不依赖网络中其他节点的程度，这一点和中间中心度相反。如果网络中的某个节点与网络中其他节点的距离都比较短，则称该节点具有较高的接近中心度。因为该节点比其他节点能更快地到达网络中的所有节点，在信息传播时更少地依赖于其他节点。而非核心节点用户必须通过其他节点才能传播信息，容易受制于其他节点。因此，节点的接近中心度越高，越不依赖于其他节点，在网络中的位置就越核心。对一个社会网络来说，接近中心势越高，表明网络中节点的差异性越大；反之，则表明网络中节点的差异性越小。

2.2　复杂网络社团

复杂网络起源于 20 世纪末计算机时代的物理学，是由线性物理学家和统计物理学家创立的学科，也是在对互联网和 WWW 等大规模网络的研究过程中出现的。复杂网络强调自然现象和社会现象下包含的复杂的客观规律，随着计算机技术的飞速发展，近年来得到多个学科的关注，已成为最重要的多学科交叉研究领域之一。

具有共同兴趣、思想、目标或任务的人，跨越时间、空间和组织界限，在互联网上的虚拟社区内交换信息，并相互影响形成了社会网络，是各种信息技术广泛应用于人际交往活动和组织而形成的社会技术复杂系统。虚拟社区是典型的复杂系统，复杂网络作为复杂系统各组元相互作用的最简单的抽象，已经成为理解虚拟社区组织演化和功能形成的主要手段。近年来对于复杂网络的研究得到了学术界前所未有的关注。研究人员发现，复杂网络普遍存在一些基本统计特性，如“同一社团内节点连接紧密、不同社团间节点连接稀疏”特点的“社团结构特性”。

随着网络动态演化研究的不断深入，人们发现许多实际的网络都具有一个共同特性——社团结构，即整个网络是由若干个社团组成的，一个社团又是由具有相似特征或共同爱好的成员组成的。每个社团内部的节点之间连接相对来说非常紧密，但是各社团之间的连接相对较为稀疏，如图 2-4 所示。

进行社团演化探测的前提如下：一是怎样定义社团结构，二是如何有效地寻找到社团结构。网络中的社团结构就是一组相互之间有着比较大的相似性而与网络中的其他部分有着很大不同的节点的群。也就是说，在社团内部，节点之间的联系非常紧密，而社团之间的联系相对而言就比较稀疏。寻找社团结构并对其演化规律进行分析是了解各种现实生活中复杂网络组织结构的一种很重要的方法，并在生物学、计算机科学及社会学等领域都有着广泛的应用。

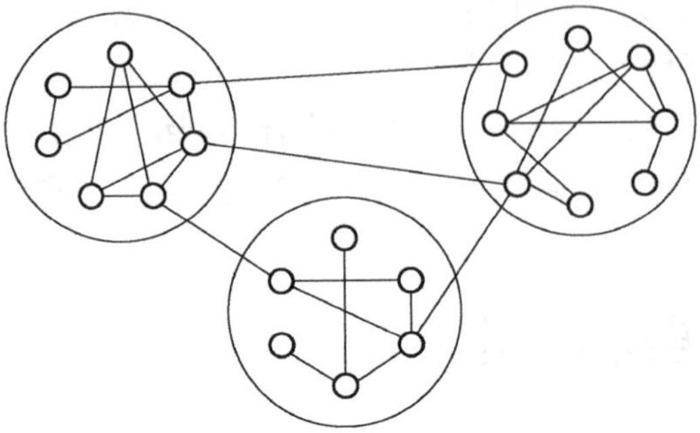

图 2-4　复杂网络中的社团结构

2.2.1　社团研究中的基本概念

1. 社团的定义

如何精确地定义一个社团是研究社团结构的首要问题。社会网络学家和计算机学家等根据节点之间的内部联系给出了多种社团的定义，这些定义总体上可以分为 3 种主要类型。

第一种是局部定义：这一种定义主要集中关注所研究子图的节点，以及与它们直接相邻的邻居节点，而不考虑图的其他部分。例如，派系的定义就是一个相互连通即全耦合的最大子图，其中任意一个节点和其他所有的节点都相邻。

第二种是全局定义：通常从一个空模型开始，通过比较原始图中子图的连接特性与相对应的空模型中的子图，当子集中边的数目超过了空模型中所预测的边数时，这些节点的子集就构成了一个社团。

第三种是基于节点相似性的定义：即社团是由一组具有相似性的节点所组成的，不论它们是否直接相连，均可通过定量的判据来评价每对节点之间的相似性。

尽管社团的定义多种多样，但在很多社团结构发现算法中，并没有给出社团的精确定义，而只是在分析具体网络时所得到的一个结果而已。

2．模块化函数

即使利用社团发现算法求得了网络中的社团结构，但是如何确认这样的社团结构是否与实际网络中的社团结构相吻合或相接近？因为从不同出发点来划分的网络社团代表不同的网络意义，因此，需要一些其他评判指标来推断这样的划分是否能更好地展现网络的实际特性。

为了区分社团的“稠密”和“稀疏”，Newman 等引入一个衡量网络划分优劣的标准——模块化函数。这一概念在提出后，得到众多研究者的认同和接受，该文章也被奉为复杂网络社团结构研究的经典文献。

模块化函数的定义如下：对于给定的一个网络 G，假设已被算法成功地划分成 k 个社团，此时定义一个 $k\times k$ 的矩阵 $\boldsymbol{E}=(e_{ij})$，矩阵中的元素 e_{ij} 代表由社团 i 和社团 j 中的节点相连接的边在 G 的总边数中所占的比例；矩阵中对角线元素之和表示由网络中同一个社团内的节点相连的边在总边数中所占的比例；而矩阵中每行或每列元素之和表示与这个给定社团内的节点相连的边在总边数中所占的比例。

3．层次性

网络中的节点可能具有不同层次的组织结构，例如，大的社团内部可能包含较小规模的社团，而这些小社团还可能包含其他更小规模的社团。在这种情况下，就称该网络具有层次性。体现网络层次性结构的一种最简单的方法就是画出该网络所对应的树状图。图 2-5 所示为 12 个节点的层次性划分。在底层，每个节点被看作一个社团，节点通过不断聚合而形成较大规模的社团，顶层则表示将整个网络看成一个大社团。每个低层次的社团都被完全包含在高一层的社团当中。

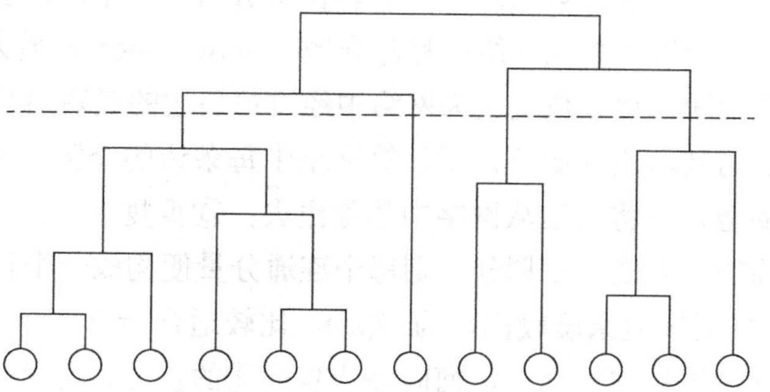

图 2-5　网络层次系统树状图

4．重叠性

社团结构的另一个重要特征是具有重叠性，它是指网络中存在部分节点同时被多个社团所包含，属于这些社团的交叉部分。社团结构的重叠性在真实网络中具有众多体现。例如，在社会网络中，根据人与人之间的交际关系可以划分出许多社团，而每个人可以同时属于多个社团组织，可以同时具有家庭成员、工作伙伴、朋友关系等多种身份，社团结构表现出了明显的重叠特性。又如，在生物网络中，某些基因或者蛋白质也具有多种功能特性，它们在不同的环境条件下会发挥不同的作用，因此，可以同时被划分入多个不同的工作组中，属于这些工作组的重叠部分。

2.2.2 复杂网络社团发现算法

为了研究网络中的社团结构，近年来专家学者们提出了一系列有效的算法来寻找复杂网络中的社团结构。目前这些算法着重研究以下 3 个方面：①能够给出最有效的社团划分结果；②能够体现出网络社团的层次性和重叠性等重要特性；③能够具有较小的近似线性的时间复杂度，在较短的时间内处理大规模的网络数据。由于分类标准不同，社团发现算法具有多种分类，本节重点介绍非重叠社团发现算法。

非重叠社团发现是指划分出的社团之间互不重叠，每个节点有且仅属于一个社团。基于模块度优化的社团发现算法是该类算法中应用较广泛的一种，它将社团发现问题定义为优化问题，然后寻找目标值最优的社团结构。该类算法主要包含 3 类：基于贪婪性算法、基于分裂的算法和基于凝聚的算法。本书重点介绍基于分裂的算法。

基于分裂的算法的经典代表，是被现在学者引用和学习最多的 Newman 的 GN 算法。它通过不断从网络中移除介数（Betweenness）最大的边将整个网络分解为各社团，边介数定义为网络中经过每条边的最短路径的数目。

GN 算法的基本流程如下：①计算网络中每条边的介数；②在网络中找到介数最大的边，再将该边从网络中移除出去；③重复步骤②，直到没有边再符合被删除的要求则停止划分，则每个连通分量便构成一个社团。

GN 算法的时间复杂度较高，为 $O(n^3)$，比较适合计算中小规模的网络。且在不知道社团数目的情况下，何时终止步骤②的重复，是这个算法最大的难点，这一步直接影响划分出的社团是否合理，为此 Newman 等又提出了用模块度来度量结果。

2.2.3 复杂网络社团演化跟踪算法

2.2.2 节介绍了寻找复杂网络中的社团结构时常用的发现算法，但是通常情况下网络不是静止不变的，而是随着时间的推移不断变化发展的，因此，无论是在形式上还是在规模上，网络中的社团结构也会随着整体网络的变化而呈现出一定的时间特性。在研究网络中社团个体的时间特性时，也涉及很多社团演化跟踪算法，如基于边重合的算法和基于中心节点的算法等。通过对社团演化规律的研究，可以更深入地了解复杂网络的动态变化。

1. 基于点重合的演化跟踪算法

John Hopcroft 等于 2004 年在 PNAS 上发表了《在大规模链接网络中跟踪演化社区》一文，其基本思想如下：利用聚类算法找出所谓的具有很强稳定性的“自然社区”（这类社区独立于聚类算法，不随聚类算法的改变而改变），它的稳定性使它很适合被用来完成稳定跟踪。John 等使用如下公式来判断在不同时间段社团状态间的相关性：

$$\text{Match}(C,C') = \min\left(\frac{|C \cap C'|}{|C|}, \frac{|C \cap C'|}{|C'|}\right) \tag{2-2}$$

该算法只考虑了两个社区状态之间的节点重合度，并以此来判断它们之间演化关系的强弱，而没有把其他信息（如拓扑信息）考虑在内。

2006 年，Tanya 等在 KDD 上发表了《一种分析动态社会网络的框架》，其中他们用来确定两个社团是否具有演化关系的公式如下：

$$\text{sim}\ (C,C') \geqslant \beta \tag{2-3}$$

该公式对网络类型的依赖度很大，所以，论文中也没有给出确切的计算，在确定演化关系时，需要设置一个参数 β，但社区演化的实际情况较为复杂，且处于不断变化之中，所以，很难确定一个相对准确的经验值来适应这些情况。

2. 基于中心节点的演化跟踪算法

2007 年，吴斌等提出了基于中心节点的演化跟踪算法，该算法的基本思想如下：首先找出社团中处于中心位置的节点，这些中心节点的属性可以很好地代表它们所处社团的属性。例如，在在线社会支持网络中，位于中心位置的支持提供者所提供的支持类型（支持寻求者所需要的支持类型），往往就代表了该社团整体的支持供需情况。若能有效地跟踪中心节点的演化路径，那么就可以大致得出对应社团的演化路径。

整个算法的步骤如下：①找出社团中的中心节点和非中心节点；②对于 t 时刻和 t+1 时刻的社区 C_t 和 C_{t+1}，如果 C_t 的核心节点出现在 C_{t+1} 中，那么 C_t 和 C_{t+1} 具有演化关系，即 C_{t+1} 很可能是 C_t 的发展。

2.3 用户画像

2.3.1 用户画像构建方法

1. 基于关键词标签方法

基于关键词标签或标签群组的表示在用户画像建模中得到了广泛的研究和应用，该方法获取用户画像的方法简单直接，已经相对成熟，并取得了大量研究成果。个性化检索领域，Xu 等通过用户的社会化标签建立用户画像，将用户画像与网页主题进行匹配从而提高个性化检索的质量。有研究通过用户画像的标签聚类的主题来选择给用户反馈的资源。学术领域，专家的文章关键字能高度概括专家的研究领域，很好地进行专家画像描述。虚拟社区领域，Cai 等通过协同标签构建虚拟社区用户画像，实现虚拟社区不同类型资源的个性化检索。仅通过简单文本标签难以满足用户的个性化需求，有研究开始融入情感倾向标签、社交关系标签等来提高用户画像表示及推荐的质量。

基于标签的方法存在以下问题：①只考虑用户使用过的标签，未能发现用户潜在标签；②标签权重的表示只能从标签个体角度反映用户特征的偏好，难以表示用户对整体资源的认识；③标签的随机性强，导致基于标签的用户画像噪声较大。

2. 基于向量空间模型方法

基于向量空间模型（VSM）方法是通过将用户文档转化为向量空间中的向量，以此来表示用户对某些对象的兴趣程度或相关度，是目前用户画像表示的最常用方法之一。如用户文档 D_i 可以表示为

$$D_i=\left\{\left(t_{i1},w_{i1}\right),\left(t_{i2},w_{i2}\right),\cdots,\left(t_{ij},w_{ij}\right),\cdots,\left(t_{im},w_{im}\right)\right\} \tag{2-4}$$

式中，t_{ij} 表示第 i 个文档中的第 j 个特征词；w_{ij} 表示第 j 个特征词在第 i 个文档中的权重。

VSM 方法的优点在于能够很方便地表示用户画像，且不会占用大量物理存储空间。另外，VSM 能显示表示用户对每个对象的感兴趣程度。例如，Yu 和 Zhou 通过 VSM 方法表示用户画像，通过用户画像向量与项目向量的余弦相似度来进行 TV 节目系统推荐。有研究认为仅通过简单向量空间模型无法取得较好的建模效果，通过多层次的向量空间来进行建模，效果更佳。

VSM 用户画像表示也存在以下两个突出问题：①虚拟社区环境下用户特征的提取较困难，导致向量空间多零值，直接影响用户画像的表示效果；②基于向量空间表示的用户画像粒度难以确定，使得用户画像表示比较冗余且不清晰。

3．基于网络分析方法

基于网络分析方法能够可视化地呈现用户画像，使得网络分析方法在用户画像构建过程中受到追捧。本书借鉴该方法的优点，在虚拟社区用户画像可视化部分将采用网络分析相关内容。

基于网络分析方法主要利用节点与节点间关系构建网络，节点可以是用户也可以是用户属性，利用复杂网络分析方法进行用户画像表示。巩军等通过文档关键词作为知识网络节点，利用维基百科计算知识节点相似性，通过网络节点密度和知识网络的谱分割方法，通过个人知识地图对专家画像进行描述。刘萍等通过共词网络构建用户画像，通过网络的派系分析及社区划分提高专家画像的专长识别效果。Liu 等通过网络链接分析来构建知识问答网站专家用户画像的专业度的部分内容，并结合以往的回答记录，提高了专家用户画像的质量。

基于网络分析方法不足之处如下：①只考虑了节点间的连接关系，并没有对知识节点内容进一步深入分析；②进行网络分析社区划分时，只考虑到局部最优划分，未考虑虚拟社区的层次结构。

4．基于本体建模方法

基于本体建模方法通过捕获相关领域的知识，通过领域内共同认可的术语词项，从不同层次上给出这些术语词项之间相互关系的明确定义，从而能够在语义层面上扩展。

胡月红等通过本体建模实现了专家画像表示，揭示了专家画像专长词之间的语义关联，提高了专家的检索效率。Punnarut 等通过本体在检索系统中建立用户画像，与搜索资源进行潜在语义匹配，提高了搜索的精确度。有研究通过在开源数据集 DBpedia 和 ODP（Open Directory Project）基础上构建用户画像本体，以此来获取用户的兴趣，并对用户画像自动更新。

基于本体建模方法不足之处在于：本体建模主要依赖手工构建，效率低下且维护成本高。本体的自动构建或半自动构建是需要解决的难点。

5. 基于主题模型方法

主题模型是一种能够发现文档中抽象主题的模型。主题模型以用户文档为基础，通过文档下主题的概率分布和主题下词项的概率分布进行扩展，来对用户画像进行描述。

张晓娟等利用概率潜在语义分析算法（PLSA）对图情领域专家进行用户建模，通过提炼主题名称来定位图情领域专家的研究领域，进行专家画像描述。但 PLSA 方法存在过度拟合问题。LDA（Latent Dirichlet Allocation）模型是 Blei 等在概率潜在语义索引（Probabilistic Latent Semantic Indexing，PLSI）的基础上进行的扩展，使得 LDA 主题模型是完全的概率生成模型。LDA 主题模型是将文档、潜在语义主题和词项联系起来的三层贝叶斯概率生成主题模型。LDA 主题模型使得基于主题模型用户画像建模引起了研究热潮。基于 LDA 主题模型扩展的模型在用户画像的静态建模和动态建模中都得到了广泛的使用。

LDA 主题模型的优点如下：能够自动生成隐含主题，通过隐含主题间的关联关系及主题下词项的概率分布，可以对用户进行用户画像描述，并且能够按照不同的层次、不同的类别对用户画像进行更为准确的分类，还能从广度和深度两个方面对用户画像进行量化计算。

2.3.2 用户画像的表现及更新方式

1. 用户画像的表现

1）基础图表

基础图表包括表格、折线图、比例图等常见统计图标形式。该方法通过对用户基本信息统计结果及用户画像建模数据指标通过数值的形式陈列出来，使得用户画像各项数据直观、准确呈现，但其他丰富信息无法有效展示。

2）向量空间

用户画像的向量空间表示一般作为用户特征的提取。因此，用户画像也是用户的特征集。用户画像的向量空间表示的主要思想如下：将每个用户特征转化为一个向量空间，从而将用户画像描述问题转化为计算机能够识别计算的数学问题。式（2-4）即为用户的向量空间表示。将所有用户的所有特征转化为向量空间的特征值，这样就构成了整个虚拟社区的空间模型。因此，向量空间的用户画像表示能够方便地进行计算，且不会占用大量物理存储空间。但是，虚拟社区环境下用户特征的提取较困难，导致向量空间多零值，直接影响用户画像的表示效果，对于用户来说难以理解。综上所述，用户画像的向量空间表示一般用于用户画像的建模过程的计算过程，表示用户与用户间相似度或用户对资源间的兴趣等。

3）标签化描述

用户画像的标签化描述指通过标签化的方式呈现用户的特征，标签还可以赋予权重，表示用户画像的层次。用户画像的标签描述可分为基于标签内容的描述和基于标签关系的描述两种方式。

（1）基于标签内容的描述。基于标签内容的描述是通过快速获取文本的重点来快速定位用户画像的重点。主要可以分为基于标签词频和标签分布两种方式。基于标签内容的用户画像描述可以适用于单个标签，也适用于较大规模的文本集。

基于标签词频的用户画像描述最典型的形式是“标签云”，如图 2-6 所示。标签云的方式是将标签按照预设的一定规律排列，并以标签大小表示标签的重要性，其中重要性由标签的频率或者概率分布决定。标签云常通过水平排列或者围绕某个中心排列，随着可视化技术的进步，逐渐趋向更加美观的布局方式。

图 2-6　用户画像的标签云表示

基于标签分布的用户画像描述通过标签在用户文档中的分布情况来展现，可通过标签在用户文档中的突出展现，也可通过单独的分布文件表示。标签的权重分布情况可用标签的频率或分布概率表示。

（2）基于标签关系的描述。基于标签关系的描述通过标签之间的语义关联或者结构关系来表示，主要有网络图和树形图。网络图方式主要展现标签的共现关系，如图 2-7 所示。树形图主要表示标签的从属关系、并列关系等，如图 2-8 所示。基于标签关系的描述一般通过标签字体的大小、位置和颜色等来说明标签的重要程度。标签与标签之间的关系通过标签间的连接线表示，线的粗细表示关系的强弱。

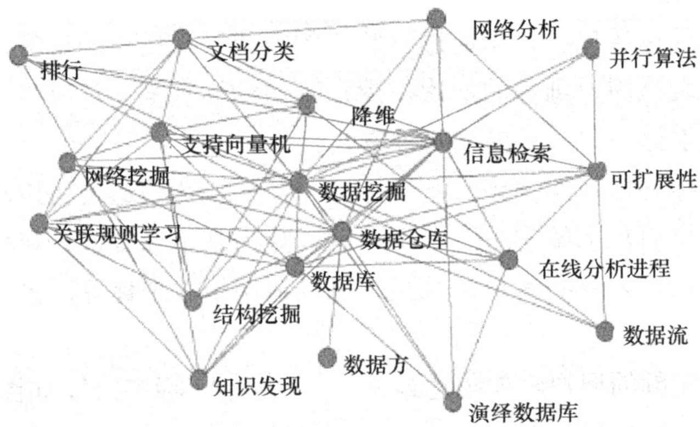

图 2-7　用户画像的标签关系网络图表示

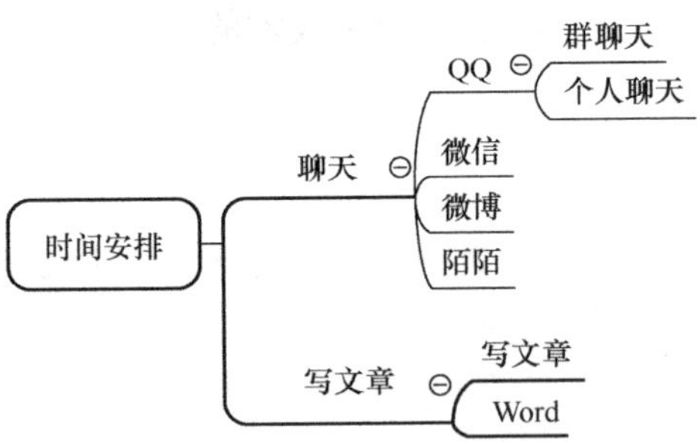

图 2-8　用户画像的标签关系树形图表示

4）基于多层面信息的可视化

结合更多层面的信息能够帮助更深层次地理解用户画像，发现用户画像的内在规律。其中，时间、地理位置信息是用户画像使用最多的信息元素。

融入时间元素的用户画像最直接的方式是加入时间轴。为用户的标签增加时间轴表示每个用户标签随时间的变化，通过标签的不同颜色和图形的变化表示用户画像的动态变化。

2．用户画像的更新

随着时间的推移，用户的行为和兴趣不断变化。为了满足用户更加个性化的需求，动态用户画像的构建成为不可避免的问题。用户画像更新是动态用户画像构建的重要环节。用户画像更新包括主动反馈更新和模型自适应更新。

1）主动反馈更新

主动反馈更新的用户画像多通过手动或半手动方式进行用户画像更新。当用户兴趣或行为发生变化时，手动更新用户画像描述。主动反馈更新的方式存在更新延迟、成本高、准确度低等问题。

2）模型自适应更新

模型自适应更新方法多为自动用户建模。模型自适应更新方法通过显示或隐式反馈来改进原有用户画像模型，使得用户画像描述更准确。常见的模型自适应更新方法有遗传算法、神经网络方法和信息增补方法。遗传算法主要通过优胜劣汰的遗传机理对用户画像进行迭代更新。神经网络方法通过调整网络连接权重来跟踪用户偏好随时间的变化。信息增补方法是最常用的方法，增加新的信息，重新调整权重，构建用户画像，节省计算成本。

模型自适应更新方法效率依赖于增量信息的选择和增量信息的数量，以及模型参数调整和重新训练。

2.3.3　用户画像的分析方法

1．统计规律

基于统计规律的用户画像分析是最简单的分析方法，通常基于用户的浏览行为、购买行为和点击行为等数据进行分析。用户长期稳定的行为反映的是用户的偏好。用户频繁点击浏览的信息是用户所需要的信息或资源；用户浏览时间最长的内容是最重要的信息。基于简单统计规律的用户画像分析只能基于历史规律的重现，无法对用户未来的行为进行预测。但是基于统计规律的用户画像能够辅助规律的发现，尤其对用户的特征按照一定模型进行组织，进行对比统计能够探索更多的信息。文献对微博虚拟社区的内容、时间间隔、微博途径、博文长度、转发数、评论数和微博数等信息按照一定的模型进行组织，进行对比统计分析了危机情境下用户行为特征，很好地刻画了虚拟社区的用户画像。基于统计规律的用户画像分析方法虽然相对简单，但利于可视化统计效果，易于理解。

2. 聚类分析

聚类分析方法是试图通过某种标准将物理或抽象对象集合自动划分为不同类别的过程。同一个类别中的对象有很大的相似性，而不同类别间的对象有很大的相异性。聚类分析方法是一种无监督的分类方法，依据对象自身所具有的信息来区分彼此之间的相似程度。目前研究也有一些半监督和有监督的聚类算法。聚类算法主要包括划分法、层次法、基于密度的方法、基于网格的方法和基于模型的方法。用户画像的聚类分析方法一般步骤如下：①用户特征的选取；②计算相似度；③用户或兴趣分类；④用户画像的聚类结果展示。

聚类分析是目前用户画像分析的重要方法之一。尤其随着互联网数据的爆炸式增长，聚类分析常用于数据的降维，是用户画像分析与挖掘的必备工具。同时，聚类分析也常用于辅助用户画像的结果分析。

3. 网络分析

网络分析方法是用户画像中运用复杂网络相关理论进行分析。网络分析方法利用网络节点间的内在连接关系，反映其网络特征。常见的网络分析方法有中心性分析、凝聚子群分析、社会网络的关联性分析、一致性分析和中间人分析等。结合本书用户画像的研究内容，这里主要介绍网络分析方法中的凝聚子群分析。

凝聚子群分析主要是对社会结构的分析，试图利用群体间各成员节点间的潜在关系，从一个网络小群体内部分化一些子群体或者小圈子。凝聚子群依据群体成员之间关系的频次、成员之间的可达性等划分为不同类型的凝聚子群。这里主要介绍凝聚子群的派系分析。

派系分析将网络中满足最大完全子图的节点划分到一个子群体中，并不能向其中加入任何一个节点，否则就改变这个子群体的性质。对于一个 c 层派系，大于 c 的关系看成等同的，并不关注它们之间的进一步差异，不关注它们进一步的分化。其中 c 为层次派系的自定义临界值。

2.4　链接预测

链接预测作为社会网络分析中的一个子任务，其目的是估计两个节点之间发生链接的可能性。链接预测可以分为未知（缺失）预测和未来预测。未知（缺失）预测预测网络中已经存在但未被观察到的链接；未来预测预测将来可能出现的新的链接。本书主要针对第二种链接预测问题展开分析。

在社会网络中，两个节点之间的关系会随着时间而改变。预测社会网络的节点关系变化称为链接预测。链接预测的具体定义如下：假如有一个社会网络 $G=<V,E>$，其中，V 表示所有节点，E 表示所有边。$G[t,t']$（$t'>t$）表示在时间区间$[t,t']$内所有的节点与边。链接预测的形式化表示如下：选择 3 个时间点 $t_0<t_1<t_2$，计算时间区间$[t_0,t_1]$的社会网络 $G[t_0,t_1]$，然后给出一个算法作用于 $G[t_0,t_1]$，获得一个预测模型，根据预测模型预测在时间区间$[t_0,t_1]$内，会对节点 $V(x)$产生链接的节点。

2.4.1　链接预测方法

现有的链接预测方法大致可以分为 3 种：基于最大似然估计的链接预测、基于概率模型的链接预测、基于相似性的链接预测。

最大似然算法假设一些网络结构的组织原则，这些原则是通过观察到的结构最大可能性获得的，然后根据详细规则和具体参数来计算网络中未被发现的链接存在的可能性。典型的两种基于最大似然估计的方法有层次结构模型（Hierarchical Structure Model）和随机分块模型（Stochastic Block Model）。基于概率模型的预测主要是将整个网络结构抽象为一个概率模型，然后通过数据集学习各种参数，最后在学习到的模型上进行链接预测。基于最大似然估计的链接预测的预测准确度偏低，而且只适合中小型网络；基于概率模型的链接预测准确度较高，但是算法很复杂，在实施上有难度。基于相似性的链接预测的优点是方法简单、算法复杂度低；缺点是受目标网络结构的影响，预测能力会不同。

2.4.2　基于节点相似性的链接预测方法

近几年，基于节点相似性的链接预测方法是热点。基于节点相似性的链接预测思想如下：两个节点之间的相似性越大，它们之间存在链接的可能性就越大。描述相似性的方式很多，主要从节点属性（爱好、交互内容等）和节点网络结构两个角度出发。目前的相似性指标主要利用节点的网络结构信息衡量两个节点的相似性，分为基于局部的相似性指标和基于全局的相似性指标。基于全局的相似性指标有 Katz 系数、RWR 系数等，本部分将重点阐述基于局部的相似性指标，如表 2-4 所示。

表 2-4　相似性指标

指标名称	指标公式	指标名称	指标公式
共同邻居（CN）	$\lvert\Gamma(x)\cap\Gamma(y)\rvert$	大度节点不利指标	$\frac{\lvert\Gamma(x)\cap\Gamma(y)\rvert}{\max\{k(x),k(y)\}}$
Salton 指标	$\frac{\lvert\Gamma(x)\cap\Gamma(y)\rvert}{\sqrt{k(x)\times k(y)}}$	LHN-1 指标	$\frac{\lvert\Gamma(x)\cap\Gamma(y)\rvert}{k(x)\times k(y)}$
Jaccard 指标	$\frac{\lvert\Gamma(x)\cap\Gamma(y)\rvert}{\lvert\Gamma(x)\cup\Gamma(y)\rvert}$	优先链接指标	$K(x)\times K(y)$
Sorenson 指标	$\frac{2\lvert\Gamma(x)\cap\Gamma(y)\rvert}{k(x)+k(y)}$	Adamic-Adar 指标	$\sum_{z\in\Gamma(x)\cap\Gamma(y)}\frac{1}{\lg k(z)}$
大度节点有利指标	$\frac{\lvert\Gamma(x)\cap\Gamma(y)\rvert}{\min\{k(x),k(y)\}}$	资源分配指标	$\sum_{z\in\Gamma(x)\cap\Gamma(y)}\frac{1}{k(z)}$

以上指标分为两类，一类以共同邻居（CN）指标为基础，共有 6 个指标，分别是 Jaccard 指标、Salton 指标（余弦相似性）、Sorenson 指标、大度节点不利指标（Hub Depressed Index）、大度节点有利指标（Hub Promoted Index）和 LHN-l 指标。CN 指标是指两个节点的相似性由它们的共同邻居决定，共同邻居越多，则表明这两个节点越相似。其他指标都是在 CN 指标的基础上拓展而来的。还有一类是以节点度的相似性为优先链接的指标，该指标的思想如下：一条即将加入的新边链接到节点 x 的概率正比于节点 x 的度 $k(x)$；因此，新边链接节点 x 和 y 的概率就正比于两节点度的乘积。

Adamic-Adar 算法在 CN 算法的基础上进行了扩展，区分了不同节点对链接的贡献力度。指标给度数小的节点分配较高的相似度函数值。Adamic-Adar 算法认为一项事务被越少的对象拥有，相比于被较多对象拥有的事务，它对链接预测的影响就越大。在 Adamic-Adar（AA）指标的基础上进一步演化，从网络资源分配（Resource Allocation）的角度提出新的 RA 指标。网络中没有直接相连的两个节点 x 和 y，它们的共同邻居可以成为媒介，协助建立链接。

2.5　混合图模型及算法

2.5.1　混合图模型

近十年来，复杂网络作为结合图论和统计学手段描述复杂系统结构的一种新兴方法，已经受到国内外学者的广泛关注，并已渗透到物理学科、生物学科、社会科学、计算机科学等众多领域，成为当前最重要的多学科交叉研究领域之一。随着大量系统被描述成复杂网络，以复杂网络为对象的数据挖掘问题也获得了广泛的关注，复杂网络中的链接预测（Link Prediction）问题作为数据挖掘的方向之一，一直被应用于个性化推荐系统的设计中。链路预测的方法有很多种，图论（网络结构相似性）也是其中一种方法，也是最为简单的方法。多个实际网络的实验证明，基于网络结构相似性的图论方法能够起到很好的预测效果。

图论（Graph Theory）是数学理论的一个分支，这里所研究的图是由有限个节点及连接任意两个节点的边构成的，用来表示事物之间的某种特定关系。图中的节点代表的是事物个体，而连接两个节点的边则表示相应两个事物个体间具有某种关联关系。一般的二维平面上的图为单部图，也可以演化为多维空间图。在图论方法基础上衍生出来的二部图思想，在复杂网络链路预测协同推荐领域愈加被关注，其核心思想就是构建一个用户—项目二部图（Bipartite Graph）来表示用户—项目矩阵，而这个用户—项目二部图中包含了用户节点和项目节点，用户对项目的评价或评分则可以用一条由用户节点指向项目节点的边来表示。三部图（Tripartite Graph）在二部图基础上进行扩展，融入用户标注信息、项目分类信息等。随后部分学者基于二部图和三部图，提出了融合多种社会网络关系构建混合图模型的思想。混合图更准确地描述了用户、资源及其之间的关联关系，包含的信息更全面，基于混合图模型的推荐效果也更优。

2.5.2　基于混合图的推荐算法

现有的基于混合图的推荐算法很多，比较常用的是链接预测算法、随机游走算法和重启动随机游走算法等，它们都是基于网络结构信息来进行推荐研究的。

1. 链接预测算法

链接预测（Link Prediction）简单来说就是对网络中任意两个节点之间产生链接的可能性进行概率预测，但它有一个前提条件，就是这两个节点之间目前尚未链接。那么依据什么来预测它们的链接概率呢？一般都是依据这些用户所在的网络结构等信息来进行评估预测，前提是这些信息是已知的。链接预测也会面临两种情况：一种是原先这两个节点之间已经存在某种链接关系，只是暂时未被发现而已，这样的链接预测过程被称为预测未知链接；另一种是现在这两个节点之间并不存在任何链接关系，但不代表未来也不可能产生新的链接，所以，这样的链接预测过程又称为预测未来链接。

链接预测是在虚拟社区中进行社会网络结构分析的重要辅助工具，它可以根据已知的社会网络结构信息和用户个体的相关特征预测哪些用户之间存在潜在的链接可能性，所以，在个性化推荐系统中经常会应用到链接预测方法，它可以帮助用户发现哪些人应该是他们的好友，哪些人在未来可能会成为他们的好友，并将这个结果以“好友推荐”的形式推送给社交用户，如果用户点击了系统的推荐，说明这样的链接预测方法具备一定的道理和可行性。正如我们常用的微博、微信、知乎等社交 App 中的“朋友推荐”也可以采用这种基于社交网络结构分析的链接预测方法。

电子商务推荐系统中应用的链接预测方法有 4 种，传统的链接预测只是从网络结构中节点的属性特征角度进行预测研究，虽然在一定程度上提高了链接预测的精确度，预测依据的单一性、非普适性的参数都使得该方法并不能够得到广泛的应用。传统的链接预测与基于网络结构的最大似然估计这两种方法的计算复杂度都比较高，限制了它们的应用。此外，通过大量的虚拟社区网络为案例进行实验研究，发现基于网络结构相似性（图论）的方法能够提高链接预测的效果。基于图论的方法从基于局部信息相似性角度可以产生 8 种相似性指标，包括共同邻居（CN）指标、Jaccard 指标、Salton 指标（余弦相似性）等。基于随机游走相似性可产生 4 种指标，分别是平均通勤时间（Average Commute Time）、Cos+指标、重启动随机游走（Random Walk with Restart，RWR）、SimRank 指标。

2. 重启动随机游走算法

随机游走这一概念最早在 1900 年巴舍利耶的论文中提到，他发现了随机游走过程其实是一种布朗运动。1953 年，英国有一位统计学家研究股票价格的波动规律时，发现股票价格的波动根本不遵循任何规律，股票的价格是难以计算的，它就像一个随机数字，换一种说法就是股价波动遵循的是随机游走规律。

用户上网一般都是在 Google、百度、360 等搜索引擎上输入要查询的关键字，或者直接在地址栏输入网址，搜到目标网页并进行浏览。对用户浏览行为的研究，一般采用链接分析算法，这些算法都是基于随机游走模型设计的。假设用户对当前页面的链出信息都感兴趣，会依次点击并查阅信息，并且用户点击任意一个链出信息的概率是相等的。若当前页面中只有 1 个链接，那么跳转到其他网页的概率就是 1；如果有 2 个链接，那么跳转到其他任一网页的概率是 1/2；所以，如果有 n 个链接，那么从当前页面跳转到其他页面的概率就是 $1/n$。如果用户对当前页面的所有链出都不感兴趣，会重新进行关键词检索或输入其他网址。

从图论衍生而来的二部图、三部图及混合图模型的定义可知，基于混合图的推荐就是度量图中节点之间的相关性，即根据节点相关性进行随机游走的过程。很多实际应用研究表明，随机游走模型是计算图中节点之间相关性的有效方法之一。

重启动随机游走（RWR）算法是从随机游走算法改进而来的，其思想是从混合图中的某个节点出发，沿着图中的边随机游走。从图中任意一个节点开始，RWR 算法将会以一定的概率随机选择与该节点相邻的任意一条边，并沿着这条边游走到下一个节点，不过也有可能以一定的概率重新返回出发的节点。就这样反复进行有限次的随机游走，直到图中的每个节点的概率值都达到平稳分布状态，下一次的迭代不会改变图中的任何一个节点的概率分布值。对于个性化的社会化专家推荐，从需要得到推荐的用户节点（目标节点）出发，离目标节点越“近”的节点越容易到达，稳定概率越大。因此，可以用稳定概率衡量用户的相似程度，从而生成候选专家列表。RWR 的数学表达式如下：

$$\boldsymbol{p}^{(t+1)} = (1-\alpha)\boldsymbol{S}\boldsymbol{p}^{t} + \alpha\boldsymbol{q} \tag{2-5}$$

式中，$\boldsymbol{p}^{(t+1)}$、$\boldsymbol{p}^{t}$ 和 $\boldsymbol{q}$ 都是列向量，$\boldsymbol{p}^{t}$ 表示第 t 步图中的概率分布，$\boldsymbol{p}_i^{t}$ 表示第 t 步到达节点 i 的概率。列向量 $\boldsymbol{q}$ 为重启动向量，表示初始状态，$\boldsymbol{q}_i$ 表示出发节点为节点 i 的概率。列向量中取目标用户节点值为 1，其余值为 0。$\boldsymbol{S}$ 是转移概率矩阵，它的元素表示当前在节点 i，下一步到达节点 j 的转移概率，α 为直接回到出发节点的概率。概率分布使用式（2-5）计算，它在图的随机游走过程中被执行，对于周期不可约的图，重复迭代，直到式（2-5）收敛，得到目标用户节点到图中其他各节点的稳定节点概率分布。从这个稳定的节点概率分布结果可以得出个性化的专家推荐列表，并将这些专家推荐给目标用户，为其提供专家解答服务。

2.6 本章小结

本章对本书涉及的主要理论进行了简单的阐述，主要介绍了社会网络、复杂网络社团、用户画像、链接预测及混合图推荐这 5 个理论的基本思想、表示方法、分析方法，以及各理论涉及的具体算法及其步骤，为后续的模型构建及实证研究提供理论基础。下一章将在此章基础上，针对虚拟社区中的用户识别模型及虚拟社区中的知识网络模型进行研究。

Chapter 3

第 3 章 面向虚拟社区的社会化专家建模

为了达到虚拟社区知识共享的目的，本章针对虚拟社区中的专家用户识别及虚拟社区的模型构建，从虚拟社区专家用户建模和社区建模两个角度进行研究，提出了基于证据增强混合图的专家用户模型及基于知识共享网络的虚拟社区模型的构建方法。采用融合多类专家证据的混合图生成方法对虚拟社区中的用户进行建模，该方法充分利用了社区中的各类专家证据，以提高模型的精度，对各模型构建问题的描述及定义、建模框架、建模具体流程及算法等进行详细的介绍，为后续的虚拟社区在线社会支持、社会化专家推荐等相关研究提供有效的模型与算法支撑。

3.1 专家用户建模的多类专家证据

专家证据，从字面上理解就是能够证明用户是专家型用户的所有信息，这些信息是判断用户是否为专家的依据。因此，本书将专家证据定义为“能够用于识别专家和反映其专长的各种显式或隐式依据”，它是专家检索与推荐的重要数据基础。

但现有的研究并没有对专家证据做出明确的界定，考虑到虚拟社区的特点，本书将专家证据归纳为以下 4 个类别。

（1）支持文档类证据：与专家相关的各类支持文档及文档特征等，如问答社区中专家的问答文档集、专家个人描述等。支持文档类证据包含丰富的潜在语义信息，对该类证据的解析是用户兴趣或偏好挖掘、用户专长发现、用户专业度识别及专家推荐研究的重要内容，同样也是本书社会化专家推荐研究的重要依据。

（2）社交网络类证据：通过社交用户之间的回复关系、兴趣圈关系、朋友关系等构建的多种社交网络。采用社会网络分析法，对由用户的日常交互行为产生的多种社交网络进行深入分析，研究其结构特征及属性特征。从个体层面来看，社交网络中个体属性的评价分析有个体的度中心性分析，包含出度、入度等，从而评价用户在网络群体中的地位或作用；对整体网络结构特征的分析有中心势分析，对整体网络属性的分析包括网络密度分析、小世界网络分析等。

（3）用户评价类证据：来自“集体智慧”的各种显式或隐式评价信息。来自集体智慧的各类评价信息的存在，有助于用户判断并获取目标信息，对于规避 Web 2.0 环境下的低质量信息和作弊行为也有帮助。针对专家推荐问题，需要考虑的用户评价类证据主要有用户投票数（支持或反对）、被评为最佳答案数、回答采纳率、回答被赞同数、被关注数、转发数等。

（4）情境类证据：指专家产生回答行为时所处的各种情境信息，包括人口统计学特征、提问及回答问题的时间偏好和地点偏好、近期活跃程度、工作量负荷等。这类证据对于预测专家的可用性有极大的帮助，有必要采用统计学方法将这些指标进行量化统计，然后有机地融入混合图模型。

直观地讲，用户—专长—词项混合图的构建，就是在用户—专长—词项三部图的基础上有机融合上述多类专家证据。具体表现为对用户—专长—词项三部图的节点属性特征进行扩展，对用户与用户之间的关联关系、用户与专长之间的关联关系、专长与词项之间的关联关系进行扩展和补充，同时增加专长与专长之间的语义关联关系等，进一步丰富用户节点的属性特征及关联边的类型。

3.2 基于主题模型的用户—专长—词项三部图构建

3.2.1 问题描述和定义

本章主要针对社交类网站（如微博、问答社区、求助论坛等）思考如何将待研究的虚拟社区抽象成理论研究模型，从而在抽象模型的基础上研究社会化专家推荐理论及算法。但前提是该模型能够很好地表达虚拟社区丰富的信息，还要符合本书的需求，有助于解决社会化专家推荐问题。

首先，社交类网站比较复杂，用户规模比较庞大，而且用户类别数不胜数。用户的个人背景、教育水平、薪资水平、所处领域、兴趣偏好等都不尽相同，如何才能对用户进行建模研究、应建立怎样的模型、采用怎样的建模技术才能更好地诠释用户等，也是本章的重点内容。

其次，社交类网站上除用户个体外，在用户之间还存在多种复杂的社交关系，如微博关注、转发、评论关系等。Facebook 等社区中的好友关系并非代表兴趣相同，更多的是线下好友关系的网络化，可能只有校友或者熟人才会互相关注。这类社交关系是静态的，社交类网站中还包含更为丰富的动态社交关系，而且这些动态活跃的社交关系比静态的社交关系更为重要。它能实时反映或者表达用户当下的兴趣偏好，因为用户的兴趣偏好可能随着时间的转移会发生一点或很大的改变，而用户此时此刻的兴趣偏好对推荐研究更有帮助。例如，百度知道平台上的某位用户一年前比较关注网络游戏领域，也回答了很多与游戏相关的问题，而现在其专攻医学领域，所以，再向这位用户推荐问题时，可能更多地要考虑该用户当前关注的兴趣点，这样才能提高专家推荐的可用性。另外，这里动态活跃的社交关系是指由于用户之间的交互行为而产生的社交关系，如评论（Commenting）关系、转发（Retweeting）关系等。所以，本章还要考虑如何构建虚拟社区中用户与用户之间各种复杂的交互关系，考虑这些交互关系如何进行分类和描述、这些关系在社会化专家推荐中起到的作用，以及如何量化这些关系的权重等。除此之外，来自“集体智慧”的各种显式或隐式评价信息，如用户投票、最佳答案等，对于规避低质量信息和作弊行为有很大的帮助。

最后，本书是要向提问者推荐专家，所以，要研究社交用户擅长的领域，即专长有哪些、专长的概率分布情况、专长之间的语义关联关系等，这些信息也要纳入模型之中。需要强调的是，本书中的社会化专家是指虚拟社区中在特定领域具有丰富的专业知识和经验的专家型用户，他们当中可能有些是具有该领域专业背景的用户，有些是没有专业背景的用户，但是他们通过自身实践或者后期学习积累，同样具备丰富的专业知识。专家型用户的专业程度可以用“用户专业度”来衡量，即用户在特定领域所具备的回答问题或者进行特定活动的专业技能水平。

综上所述，在前期调研的基础上，本章将采用混合图的思想，从图模型角度出发对虚拟社区进行建模研究。另外，根据专家推荐研究的需求，将虚拟社区抽象成一个能够全面表达社交网络的用户—专长—词项混合图模型，该模型能够包含各类专家证据信息，包括支持文档类证据、社交网络类证据、用户评价类证据和情境类证据等丰富的社区知识。用户—专长—词项混合图模型示例如图 3-1 所示。

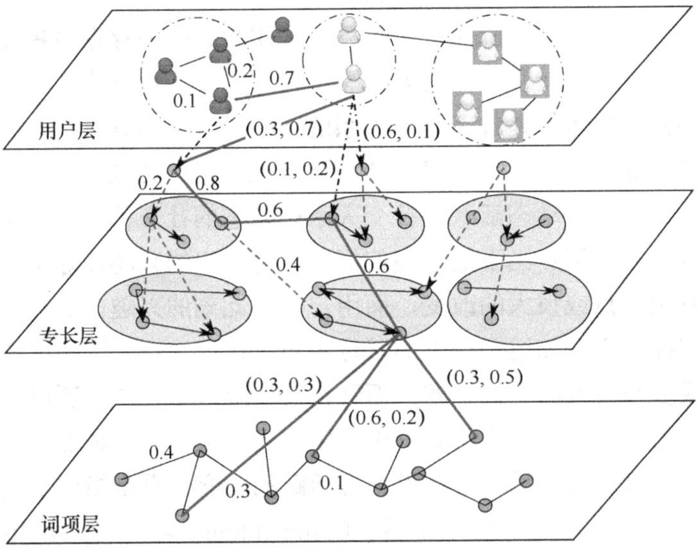

图 3-1　用户—专长—词项混合图模型示例

社交网络中的用户与用户之间、用户与词项（词项特指专长）之间、词项与词项之间的相互联系可用图 3-1 简化表示。社交网络中一个用户与另一个用户之间的关联可以通过标有箭头的实线表示，若用户 u_1 与用户 u_2 之间有一条由用户 u_1 指向用户 u_2 的实线箭头，那就代表用户 u_1 关注了用户 u_2，即建立了关注（Followship）关系，微博类社交网站中的关注关系是单向的。用户都有自己的专长领域，这个专长领域可能有一个或者多个，可以从用户在社交网络中产生的文本内容及交互关系中挖掘出来，通过主题模型识别和社会网络分析法获取。所以，就有了用户节点与专长领域节点之间的关联关系，若用户 u_1 与专长节点 e_1 之间有一条由用户 u_1 指向专长 e_1 的虚线，那么就代表用户 u_1 拥有专长 e_1，其能够回答该专长领域的问题。在研究如何提高专家推荐系统的精确度和可用性问题上，可以考虑用户专长的概率分布情况、用户之间的显式/隐式评价信息及用户的当前及历史情境信息，这些都是极其重要的专家证据信息。

下面介绍模型图表示的基本概念。

定义 3.2.1　用户（User）：用户表示社交网络中所有注册用户的集合。可以利用多个维度属性来表示用户，如用户唯一标识、用户性别、年龄、所在地、职业、个人标签等，用 U_{id} 等表示用户的唯一标识等属性，每个用户有不同的属性值。因此，对用户的定义可表示为

$$\mathrm{User}=(U_{\mathrm{id}},U_{\mathrm{sex}},U_{\mathrm{age}},U_{\mathrm{city}},U_{\mathrm{job}},U_{\mathrm{label}},\cdots,U_u) \tag{3-1}$$

定义 3.2.2　主题（Topic）：主题由多个词项构成，这些词项在社交网络的不同文档中出现的频率非常高，是主题的隐式表达。主题可以形式化为一个三元组，如式（3-2）所示。其中，T_{id} 是社交网站中主题的唯一标识，User 是在定义 3.2.1 中的属性集合，表示参与主题讨论的网络用户，Item 表示构成主题的词项。

$$\mathrm{Topic}=(T_{\mathrm{id}},\mathrm{User},\mathrm{Item}) \tag{3-2}$$

定义 3.2.3　词项（Item）：虚拟社区中所有文档包含的词项表示为集合 Item。其形式化为一个二元组，如式（3-3）所示，每个词项都是使用自然语言处理工具从社交网络中抽取出来的具有代表性的词项，元素 I_{id} 是该词项的唯一标识。

$$\mathrm{Item}=(I_{\mathrm{id}},\mathrm{Topic}) \tag{3-3}$$

定义 3.2.4　动态社交网络（G）：在虚拟社区中，每个用户都可以随时随地与其他用户进行沟通交流，如对用户的问题进行回答或通过评论表达自己的看法等，通过这样的方式将用户连接起来的网络就是动态社交网络。这种社交网络的特点：与现实中真实的社交关系不同，虚拟社交网络的用户是通过相同兴趣而聚集在一起的，因此，社交网络的黏合性与内容高度相关。就

一个特定用户 u 而言，他所在的动态社交网络可以用一个三元组表示：

$$G_u=(V,L,u) \tag{3-4}$$

式中，V 代表用户 u 所在的动态社交网络中的所有节点的集合，这个节点又可分为用户节点（用 U 表示）和词项节点（用 I 表示）。此外，V 不能为空，即社交网络中不能没有用户或者项目，而且这些节点个数是有限的。

L 是用户所在的动态社交网络中的所有关联边的集合，这个集合不能为空，即用户至少与一个其他用户互动过。社交网络中关联边的性质也是不一样的，有些是因为兴趣而产生的边，有些是因为关注关系而产生的边，而且这些关联边的个数也是有限的。

此外，问答类社交网络中的项目节点（I）具体是指提问（Question）和回答（Answer），一般从网站上爬取问答数据后，会以格式化的形式存入数据库。每个问题都可以用问题唯一标识 Q_{id}、提问用户、问题提出时间、问题所属主题、问题答案等多个属性来表达：

$$\text{Question}=(Q_{\text{id}},Q_{\text{user}},Q_{\text{time}},Q_{\text{topic}},Q_{\text{answer}},\cdots,Q_q) \tag{3-5}$$

同样，问题所对应的每一条回答记录也可以由答案唯一标识、回答者、回答时间、答案所对应的问题、回答是否得到提问者采纳等多个属性来表达：

$$\text{Answer}=(A_{\text{id}},A_{\text{user}},A_{\text{time}},A_{\text{question}},A_{\text{adopted}},\cdots,A_a) \tag{3-6}$$

3.2.2 用户—专长—词项的模型构建

1. CRP 模型

针对虚拟社区中的各种社交类网站，为了发现特定领域的专家型用户，首要任务是发现研究对象（社交用户）的专长领域概率分布情况。用户专长其实就是用户擅长的领域主题，因此，本书基于主题模型发现用户的专长领域的概率分布情况。什么是“主题”？其实就是诸如一篇文章、一段话或者一个句子所表达的中心思想，而且往往这个中心思想不止一个。

主题模型在信息分类与检索中得到了广泛研究，可用于提取文档（如问题答案、用户观点及评论等文本信息）中隐含的主题，可能是一个，也可能是多个，通过主题模型可以使文档按照不同主题进行规约、分类和检索。LDA 主题模型虽然能自动识别文档主题，但是不能自动确定文档主题的数量，而本书要研究的文档主题是用户专长，文档可以反映用户多项专长，因此，LDA

主题模型对于研究用户专长的概率分布具有一定的影响。针对上述问题，本书采用 CRP 隐主题模型方法进行用户—专长—词项建模研究，合理地确定社区中每个用户的专长领域。

CRP（Chinese Restaurant Process）模型又称中餐馆模型，被广泛应用于热点评论挖掘、主题识别等研究领域。在日常生活中，我们会经历这样的场景：一名顾客到某餐馆吃饭时，会面临餐桌选择的问题，而餐桌的选择是随机的、离散的。CRP 模型就是对这个餐桌选择过程的模型化表达，它有一个假设条件：这家餐馆里的餐桌和每个餐桌的座位有无数个，即无论顾客什么时候来，都有可以就座的餐桌。而餐桌的选择完全是随机的，顾客可以根据自己的用餐偏好决定，喜欢独自用餐的顾客也可以自选一桌，不与他人同桌，这是一种狄利克雷（Dirichlet）过程。具体分配过程如下：每个顾客依次选择餐桌，第一位顾客任选一个餐桌就餐之后，下一位顾客也任意选择餐桌，可以与前一位顾客同桌，也可以自己独自用一个新餐桌……以此类推，第 m 位顾客选择餐桌 $z_m=j$ 的概率 P 与餐桌 j 上已有的顾客分布情况有一定的关联：

$$P(z_m = j, z_{-m}) = \begin{cases} \dfrac{\alpha}{m-1+\alpha}, & \text{餐桌}j\text{上没有顾客} \\ \dfrac{e}{m-1+\alpha}, & \text{餐桌}j\text{上已有}e\text{个顾客} \end{cases} \tag{3-7}$$

式中，α 是狄利克雷的先验参数；e 是第 m 位顾客选择的餐桌上已落座的顾客总人数。在生活中，当我们选择餐桌时，往往会根据自己的个人喜好进行选择，如喜欢靠窗边的餐桌、喜欢离空调比较近的餐桌、不喜欢过道边上的餐桌等。除了个人喜好，我们的选择还会受他人的影响，如果遇到熟人或者朋友，可能倾向于选择他们所在的餐桌。所以，人们在选择餐桌时，会受多种因素影响。CRP 模型在实际应用中，往往只会根据餐馆的空余餐位为新顾客分配餐桌，但其实顾客在餐位选择上有个人喜好。此外，还应该观察新顾客是否与其他餐桌上的客人有一定联系，可能是熟人或者朋友，也可能是不喜欢的人，所以，要灵活有效地分配餐位。

要研究社会化专家建模，构建用户—专长—词项三部图是第一步。建立用户—专长—词项三部图，首先要获得问答社区中用户的专长领域分布，需要采用 CRP 隐主题模型方法对专长主题数进行估测，通过 Gibbs 抽样方法对该问答社区中用户的问答文档集进行训练，从这些丰富的文档中得出每个用户所擅长的专长领域（隐式主题）和专长的概率分布情况。如果这个用户拥有某项专长，那么就在这个用户与其特定专长之间建立一条关联边，有 n 个

专长就建立 *n* 条关联边，关联边用 L_{UE} 来表示，U 代表用户（User），E 代表用户的隐式专长（Expertise）。此外，用户与隐含主题之间的概率分布可以部分表达用户与专长之间关联边 L_{UE} 的权重，用 W_{UEP} 表示。

2. 用户—专长—词项三部图的生成

Blei 等提出的 LDA 主题模型引发了相关研究热潮，如建模作者与主题关联的 AT 模型、建模主题之间关联的 PAM 模型等。

本章在 LDA 主题模型的基础上，借鉴建模作者与主题关联的 AT 模型和建模主题之间关联的 PAM 模型的核心思想，构建用户—专长—词项（Hierarchical User Expertise Word，HUEW）模型，该模型的特点：专长主题之间的关系表示为带层次结构的有向无环图，在进行主题抽样时，先抽样专长父节点的概率分布，再为每个父节点抽样专长子节点（从同层专长或下层专长选取）概率分布。专长主题的个数拟采用 CRP 隐主题方法估计，通过 Gibbs 抽样方法训练问答社区、用户的问答文档集，得到用户的专长概率分布、专长的词项概率分布和专长之间的语义关联。用户的专长概率分布，在用户—专长—词项三部图中作为用户与专长之间关联边的权重。专长之间的语义关系可以作为专长节点之间关联边的权重，在构建用户—专长—词项混合图时会将其考虑在内。

如图 3-2 所示为 HUEW 模型的生成图，下面介绍这个 HUEW 模型生成图和其中的参数含义。

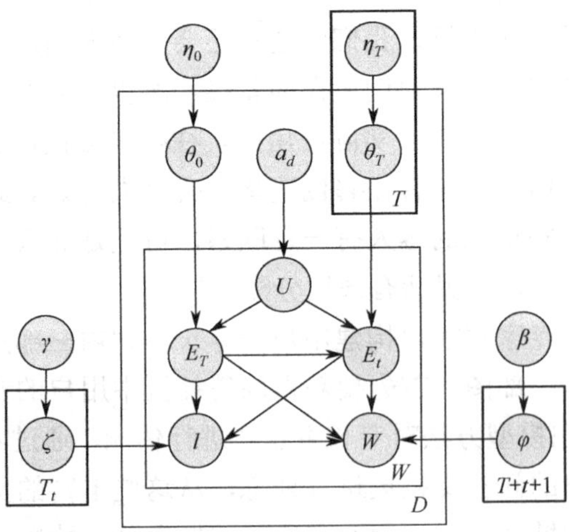

图 3-2　HUEW 模型的生成图

如表 3-1 所示为 HUEW 模型生成图的参数描述。

表 3-1　HUEW 模型生成图的参数描述

参　数	描　述	参　数	描　述
η_0、η_T、γ、β	狄利克雷分布超参数	θ_0	专长父节点概率分布
l	专长层次	θ_T	专长子节点概率分布
W	词项	U	用户概率分布
φ	词项的概率分布	E_T	专长父节点
ζ	专长层次的概率分布	E_t	专长子节点

对于给定的集合：

（1）抽样用户 U。

（2）对于给定的用户 U，抽样一个专长 E。

（3）对于给定的专长 E，抽样一个词项 W。

对于给定的每篇文档：

（1）抽样专长父节点概率分布 θ_0。

（2）对于每个专长父节点，抽样专长子节点概率分布 θ_T。

（3）通过专长父节点和专长子节点的路径定义一个有向无环图 T_t，其中，专长子节点可以是同一层的专长，也可以是下层专长，甚至是直接抽样出来的词项节点。

（4）通过多层的专长路径 ζT_t 输出一个词项，直到完成整个用户或社区的文档。

需要特别说明的是，由于词项层比较复杂，涉及开源分类知识及词项之间的语义相似度，本书主要关注用户层与专长层之间的关系，以及两层内部之间的关联关系，而将用户—专长—词项三部图作为未来研究的一个方向。

用户—专长—词项三部图的生成方法如下：基于 HUEW 模型训练社区和用户的问答文档集，得到用户的专长概率分布、专长的词项分布及专长之间的关联关系；基于上述概率分布确定用户与专长、专长与词项之间的关联边及权值，进而构建三部图。

如图 3-3 所示为用户—专长—词项三部图的生成方法。

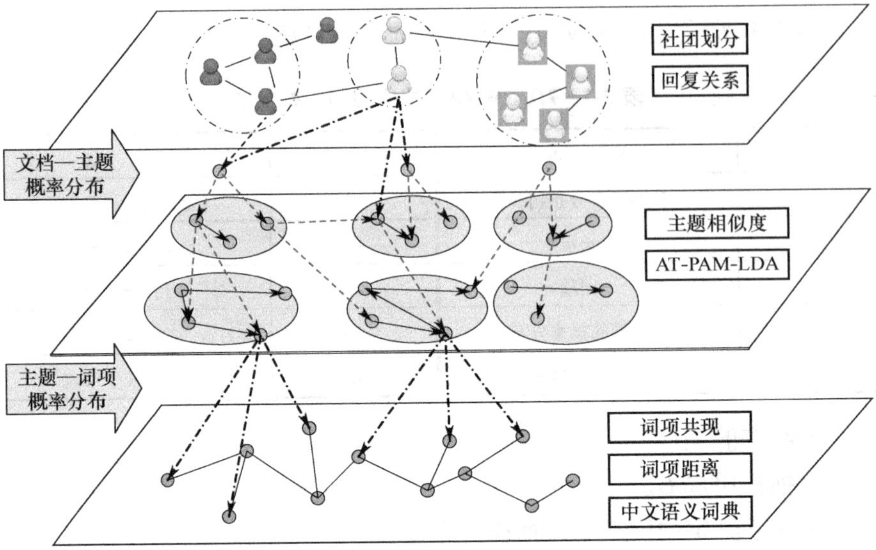

图 3-3　用户—专长—词项三部图的生成方法

以问答社区为例，对社交用户进行建模研究，最重要的任务是抽取每个社交用户的所有问题及回答内容，然而庞大的社交用户规模及海量的用户生成内容是问答社区用户建模的最大问题之一。所以，在后续研究中，拟选取一个特定领域进行建模研究。但是，仅研究一个领域，工作还是难以推进的，因为问答社区中一个主题领域的用户数量和生成内容对实验研究来说还是极其庞大的。因此，我们将进一步对研究对象进行限定，包括时间上的限定，如研究 3 个月、1 个月内的用户数据，同时筛选掉一些在研究时间段内未参与社区交流或者交流极少的用户，因为这些用户的生成内容具有稀疏性，研究价值不高，不会改变最终的研究结果。

3.2.3　基于主题模型的专家用户画像建模

1. 问题的描述和定义

本节主要针对社交类网站，如微博、博客、论坛等，思考如何将待研究的虚拟社区抽象成理论研究模型，从而在抽象模型的基础上研究用户画像的表示及应用。

首先，虚拟社区的用户规模大，且每个用户都是独特的个体。虚拟社区中用户的昵称、性别、年龄、职业、学历、智力水平、经济收入、地域等不尽相同。这些用户属性信息对用户画像建模的影响至关重要。如何利用用户的属性进行用户画像建模、建立怎样的模型以解决用户画像构建及应用问题，是本节思考的重点内容。

其次，社会化标签因使用方便，常被用于虚拟社区中的用户和内容标注。通过社会化标签，我们能够便捷地找到偏好相似的用户和相关的内容。因此，社会化标签在虚拟社区中被广泛用于社群用户和内容的组织与索引，如新浪微博、知乎、豆瓣等热门虚拟社区。虚拟社区中的社会化标签分为两类：预设的固定标签和用户自定义标签。虚拟社区预设的固定标签主要用于引导用户使用标签及组织标签系统。这样的社会化标签一般较为规范，利于分类。随着社群的运营，新的社会热点和社群新话题不断产生，用户自定义的标签能够很好地帮助用户展现自己的偏好。以新浪微博为例，用户可以给自己设定标签，展现自己的兴趣及特长。通过自定义标签搜索，可以轻松找到志趣相投的朋友，产生进一步的分享和互动。随着社会热点的出现，用户也可以自定义话题标签，标记自己喜欢的内容，通过给内容打上社会化标签，很好地表达了用户的偏好及内容的主题。综上所述，虚拟社区用户画像的质量与社会化标签息息相关。

最后，本书研究的虚拟社区的用户画像是动态性的，所以，虚拟社区用户画像需要加入时间维度。一个月前建立的用户画像不能代表现在的用户偏好，因为随着时间的迁移，用户的知识结构和偏好会随着社会热点和学习工作情况不断变化。即使用户在虚拟社区中发布同样的内容和标签，时间差越近的内容和标签越能代表用户的偏好，即在用户画像中体现出来。

综上所述，在用户画像理论基础上，本书将采用主题模型的思想，在文档—主题—词项三层结构中进行拓展，建立用户画像模型。该模型将融入用户属性、社会化标签和时间维度来丰富虚拟社区用户画像的建模。

下面简单介绍虚拟社区用户画像表示的基本概念。

定义 3.2.5　用户（User）：用户表示虚拟社区中所有注册用户的集合。用户由唯一的 ID 标识，并包含多个属性，如用户的昵称、性别、年龄、职业、学历、智力水平、经济收入、地域等。用户属性是虚拟社区用户画像构建重点考虑的因素。在用主题模型构建虚拟社区用户画像的过程中，多以用户文档代替用户，并且以一定的方式结构化文档。

定义 3.2.6　主题（Topic）：主题是用户文档的隐式表达，即文档包含多个隐含的主题。而在主题模型中，主题由多个词项构成。这意味着通过主题模型构建的用户画像的标签描述由隐含主题表达，最终需要通过隐含主题下的词项体现。主题可以通过一个三元组<T_{id}，User，Term>表示。T_{id}是主题的ID标识，通常用编号表示主题，User为拥有该主题的用户集合，Term为该主题下的词项概率分布集合。

定义 3.2.7 词项（Term）：虚拟社区中所有用户文档包含的词项集合。在主题模型中，词项为主题下的概率分布集合。在本书中，词项是通过分词词典工具对用户文档进行的切分，同时标注有词性。词项（词袋假设）是主题模型的基础假设。词项不仅支持分词词典切分的词项，还支持用户自定义的词项及自定义的社会化标签。

定义 3.2.8 主题网络（Topic Network）：主题与主题间的潜在关联关系，以网络形式呈现。通过对主题模型的主题层进行拓展，利用主题间的潜在关系，帮助发现用户画像隐含的规律。

2. 虚拟社区用户画像建模框架

结合本书的研究思路和研究方法，考虑虚拟社区的环境特征，设计适用于虚拟社区用户画像构建的框架体系，如图 3-4 所示。

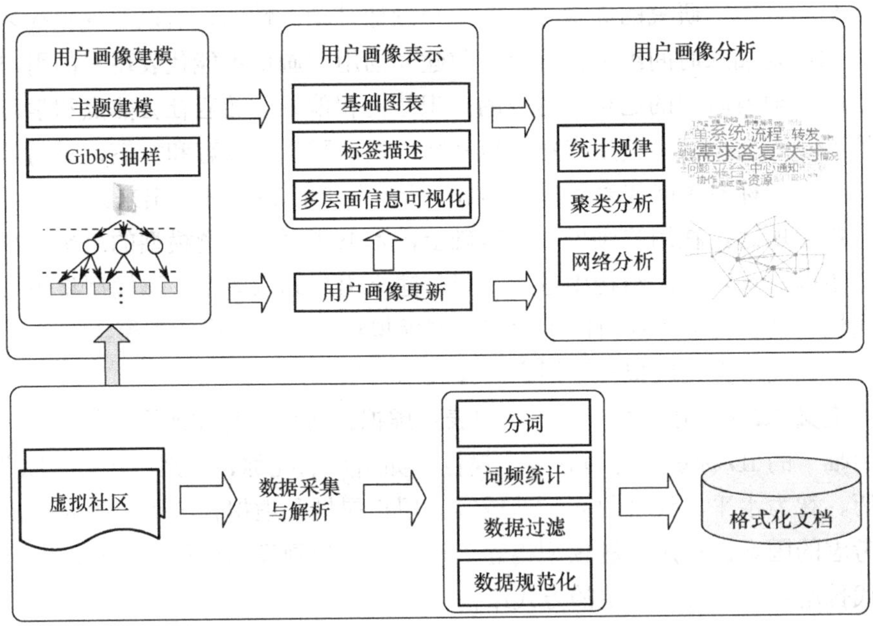

图 3-4 虚拟社区用户画像建模框架

该框架主要包含以下两个模块。

（1）用户画像基础数据获取模块：选择采集源，即选择需要研究的虚拟社区。利用自编网络爬虫程序抓取所有的网页数据，对采集的网页进行解析。采集后的数据经过分词词典处理、词频统计、脏数据过滤后，以规范化的格式进行存储。同时，这些基础数据以用户为单位，按照时间维度进行序列化存储。

（2）用户画像构建模块：结合主题模型思想，构建符合虚拟社区的用户画像。其主要包括以下 4 个步骤。

① 用户画像建模：将格式化存储的用户文档—词项矩阵作为该步骤的输入，然后对输入的文档—词项矩阵进行 Gibbs 抽样迭代，近似推理 LDA 的计算过程，即通过人工设置主题的个数和迭代次数，最终输出文档—主题矩阵和主题—词项矩阵。然后在简单 LDA 主题模型的基础上，融入用户属性、社会化标签等内容。同时进行主题间潜在关系扩展，丰富和提升用户画像建模的内容和效果。

② 用户画像表示：在输入的文档—主题矩阵、主题—词项矩阵和主题网络的基础上，通过基础图表、标签云和主题网络等可视化的形式展现用户画像。

③ 用户画像分析：对建立的用户画像进行统计规律分析、聚类分析、网络分析等，发现虚拟社区用户画像的特征规律，帮助虚拟社区更好地运营及商业拓展。

④ 用户画像更新：用户画像更新包含两个方面，一方面是按照新的用户文档进行用户画像重新建模，满足静态用户画像需求；另一方面是在用户画像中融入时间维度，构建动态虚拟社区用户画像。本书主要探究动态用户画像的更新。

3. LDA 主题模型

1）模型介绍

LDA 主题模型是本书提出模型的理论基础之一。LDA 主题模型是 Blei 等在 PLSI 模型的基础上进行扩展后提出的，是完全的概率生成模型。LDA 主题模型是将文档、主题和词项联系起来的三层贝叶斯概率生成主题模型，如图 3-5 所示。

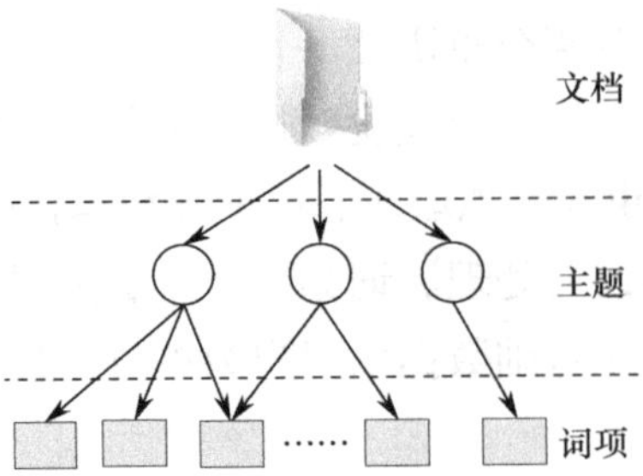

图 3-5　主题模型三层结构

LDA 主题模型主要对 PLSI 模型做了两方面的改进：①区别于 PLSI 模型中的特征矩阵，LDA 主题模型用一个服从 Dirichlet 分布的 *K* 维隐含随机变量表示文档的主题概率分布；②取消了原来对文本标签的先验概率表示，取而代之的是直接从一个主题分布中选取合适的主题。LDA 主题模型继承了 PLSI 模型的所有优点，因为 PLSI 模型是 LDA 主题模型 Dirichlet 分布为一元时的特例。

LDA 主题模型的假设：①词袋（Bag of Words）假设是 LDA 主题模型的一个重要的假设，即允许文档内的词项交换顺序，而不影响模型训练结果。②文档集，即文档也是可以交换的。

虚拟社区中的用户数量和用户生成内容（User Generated Content，UGC）规模大，而且部分用户 UGC 存在稀疏性，传统的建模方法难以完成虚拟社区用户画像建模。LDA 主题模型以词项为单元，解决了部分用户 UGC 稀疏性问题，解决了主题参数个数随训练文档数目增加而线性增加，从而导致过度拟合的问题，因此，其更适合处理大规模语料库，也使得使用主题模型进行虚拟社区用户画像建模成为可能。

主题模型的表示有两种：图模型和生成过程。如图 3-6 所示为 LDA 主题模型的图模型。

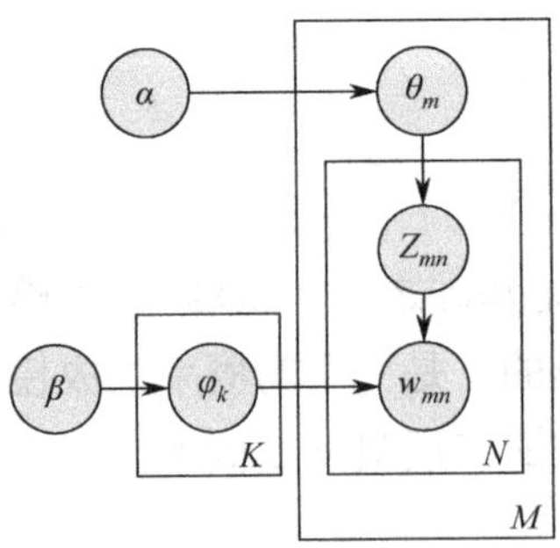

参数	描述
α、β	狄利克雷先验参数
w_{mn}	第*m*个文档中的第*n*个词项
φ_k	词项概率分布
θ_m	主题概率分布
Z_{mn}	第*m*个文档中的第*n*个词项的主题
M	文档总数
N	第*m*个文档的词项总数

图 3-6　LDA 主题模型的图模型

LDA 的生成过程如表 3-2 所示。

表 3-2　LDA 的生成过程

（1）对于给定文档 d： 抽取主题概率分布 $\theta_m : p(\theta_m \mid \alpha)$。 （2）对于文档 d 中的每个词项： a．选择一个主题 $Z_{mn} : p(Z_{mn} \mid \theta_m)$。 b．生成每一个词项 $w_{mn} : p(w_{mn} \mid Z_{mn}, \beta)$。

2）参数推导

LDA 主题模型参数估计方法很多，每个方法都各有利弊。具体选用什么样的方法进行参数估计，主要考虑复杂性、准确性、效率等因素。无论何种方法，都通过最优目标函数计算参数的估计值。本书采用的 Gibbs 抽样方法，因描述简单且易实现，成为 LDA 主题模型最常用的参数估计方法之一。

Gibbs 抽样方法是马尔科夫链蒙特卡洛（Markov Chain Monte Carlo，MCMC）方法的一种特例，通过对一些难以直接抽样的多元概率分布，使用 Gibbs 抽样能够获取一系列简化的随机抽样方法。

经过推导，后验概率 $p(z_i = j | z_{-i}, w_i)$ 的计算方法如下：

$$p(z_i = j | z_{-i}, w_i) = \frac{\dfrac{n_{-i,j}^{(w_i)} + \beta}{n_{-i,j}^{(\cdot)} + V\beta} \times \dfrac{n_{-i,j}^{(w_i)} + \alpha}{n_{-i,\cdot}^{(d_i)} + T\alpha}}{\sum_{j=1}^{T} \dfrac{n_{-i,j}^{(w_i)} + \beta}{n_{-i,j}^{(\cdot)} + V\beta} \times \dfrac{n_{-i,j}^{(w_i)} + \alpha}{n_{-i,j}^{(d_i)} + T\alpha}} \tag{3-8}$$

式中，$n_{-i,j}^{(w_i)}$ 是主题建模中与词项 w_i 相同主题 j 下词项分布的词项个数；$n_{-i,j}^{(\cdot)}$ 是主题 j 下所有词项个数；$n_{-i,j}^{(d_i)}$ 是文档 d_i 中主题 j 下词项分布的词项个数；$n_{-i,\cdot}^{(d_i)}$ 是 d_i 中所有词项的个数；z_{-i} 是排除当前词项的主题。最后估算 φ 和 θ。

$$\varphi_w^{z=j} = \frac{n_j^{(w)} + \beta}{n_j^{(\cdot)} + V\beta} \tag{3-9}$$

$$\theta_{z=j}^{(d)} = \frac{n_j^{(d)} + \alpha}{n^{(d)} + T\alpha} \tag{3-10}$$

LDA 的 Gibbs 抽样学习过程如表 3-3 所示。

表 3-3 LDA 的 Gibbs 抽样学习过程

（1）初始化文档中每个词项 w 的主题 z_0。
（2）计算每个主题下的词项 w 数量。
（3）计算每个文档 d_i 下出现主题 z 中的词项数量。
（4）计算 $p(z_i = j \mid z_{-i}, w_i)$，即排除当前词的主题，为该词项抽取新的主题 z_1。
（5）重复步骤（4），直至文档—主题概率分布和主题—词项概率分布收敛。
（6）输入参数估计 φ 和 θ。

4．基于主题模型的虚拟社区静态用户画像构建

1）融合用户属性的用户画像

用户属性分析是进行虚拟社区用户画像分析的重要途径，因为具有相同用户属性的用户群体具有相似的兴趣偏好。例如，QQ 兴趣部落通过地域、星座、年龄等用户属性，将具有相似兴趣偏好的人聚集在一起，从而增强兴趣部落社群的用户互动。用户属性也是进行用户细分、制订运营策略、提高用户转化率的重要考量因素。例如，微信广点通过融入用户属性数据（包括性别、年龄、婚姻状况和消费水平等）建立用户画像来精准锁定用户，提高推广转化率。因此，如何有效利用用户属性进行用户画像建模，对提高用户画像质量至关重要。

本书在考虑在利用 LDA 主题模型进行用户画像建模的过程中，不能仅关注用户属性的文本内容，还需要将用户属性融入建模过程，将其作为观测值深入分析用户属性与主题间的潜在关联，以及用户属性与词项的共现关系，从而通过基于融合用户属性的用户画像提供更佳的服务。

本书提出的融合用户属性的用户画像图模型如图 3-7 所示。

融合用户属性的用户画像的主题建模的生成过程如表 3-4 所示。

2）融合社会化标签的用户画像

社会化标签是虚拟社区进行用户组织和内容组织的常用方式。用户在发表内容时，可以选择一些词或短语来标注发表的内容，这样的标注词或短语称为“社会化标签”。标签可以是对人的标注，也可以是对内容的标注。这些社会化标签汇集在一起，就能代表虚拟社区中大众用户的偏好或观点。对个体而言，其可通过社会化标签表达自身对内容或资源的偏好，建立用户与资源间的关联关系，如图 3-8 所示。如此一来，通过社会化标签建立的虚拟社

区用户画像可以用于社群中用户和资源的推荐。如果用户与用户间具有相同的社会化标签，我们可以认为其彼此间具有某些相似的偏好。如果用户对某个内容或者资源标注了社会化标签，我们认为这是用户感兴趣的内容或是其想要了解的内容。如果社群中某个标签被频繁使用，我们可以认为虚拟社区中存在当前的热点趋势。

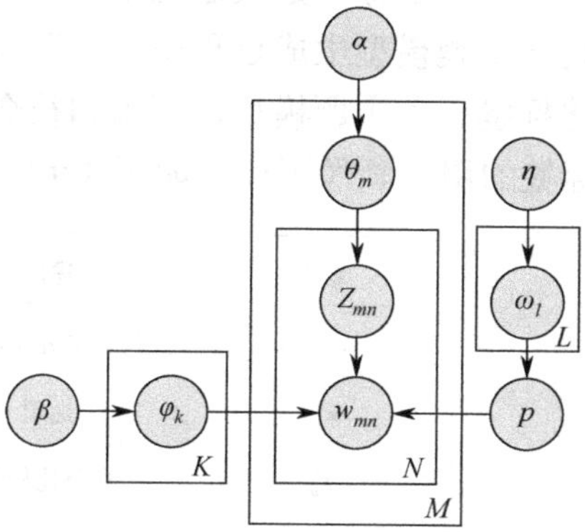

参数	描述
η、β、α	狄利克雷分布超参数
w_{mn}	词项
φ_k	词项概率分布
ω_l	属性概率分布
θ_m	主题概率分布
Z_{mn}	主题
p	属性

图 3-7　融合用户属性的用户画像图模型

表 3-4　融合用户属性的用户画像的主题建模的生成过程

（1）生成文档集上用户属性的概率分布 $\omega_l : \mathrm{Dir}(\eta)$。

（2）对于给定的用户属性 p：

生成用户属性下的每一个词项 w_{mn}。

（3）对于给定文档 d：

抽取主题概率分布 $\theta_m : p(\theta_m \mid \alpha)$。

（4）对于文档 d 中的每个词项：

a．选择一个主题 $Z_{mn} : p(Z_{mn} \mid \theta_m)$。

b．生成每一个词项 $w_{mn} : p(w_{mn} \mid Z_{mn}, \beta)$。

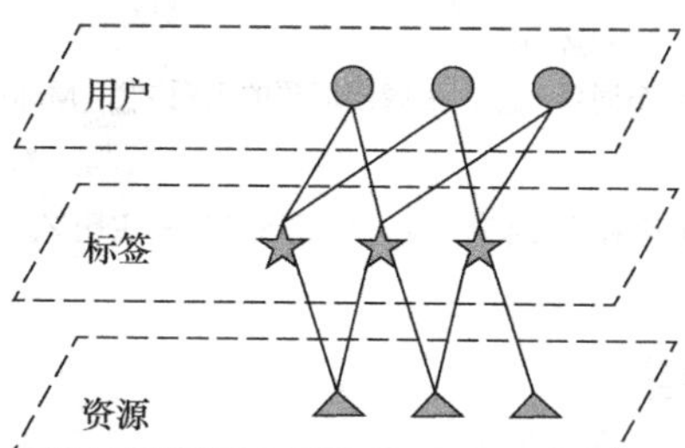

图 3-8　社会化标签概念模型图

本书研究的社会化标签根据标注对象的不同表现为两种形式：一种是用户对自己的兴趣或者知识的标注，展现在个人主页上；另一种是对发表内容的标签标注。另外，前文有提到，根据标签使用的规则也表现为两种形式：预设的固定标签和用户自定义标签。自定义的社会化标签随着使用频率的增加及社群热点的产生，会逐步加入预设的固定标签库。

在本书研究的融合社会化标签的用户画像的建模过程中，社会化标签文本不等同于普通的词项文本，而是在主题模型生成过程中，主题与社会化标签相互影响的生成过程。将社会化标签引入主题模型，词项和社会化标签共享主题的概率分布。融合社会化标签的用户画像图模型如图 3-9 所示。

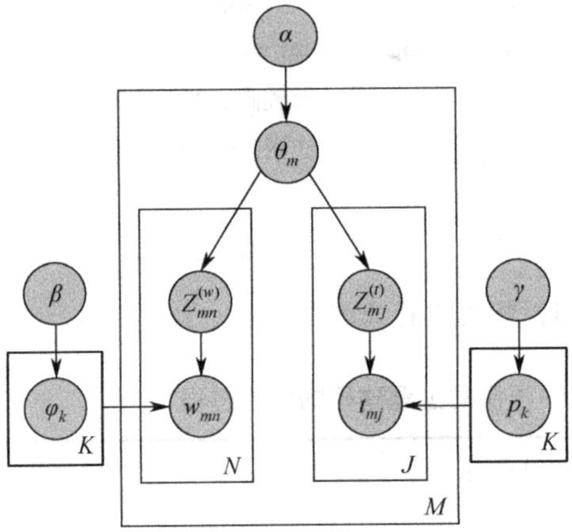

参数	描述
γ、β、α	狄利克雷分布超参数
w_{mn}	词项
t_{mj}	社会化标签
φ_k	词项概率分布
p_k	社会化标签概率分布
θ_m	主题概率分布
$Z_{mn}^{(w)}$	词项的主题
$Z_{mj}^{(t)}$	社会化标签的主题

图 3-9　融合社会化标签的用户画像图模型

融合社会化标签的用户画像的主题建模的生成过程如表 3-5 所示。

表 3-5　融合社会化标签的用户画像的主题建模的生成过程

（1）对于给定文档 d：

a．抽取主题概率分布 $\theta_m : p(\theta_m \mid \alpha)$。

b．对于文档中的第 n 个词项 w_{mn}，生成该词项的主题 $Z_{mn}^{(w)} : \text{Mult}(\theta_m)$，同时生成该词项 w_{mn} : $\text{Mult}(Z_{mn}^{(w)})$。

c．对于文档中的第 j 个社会化标签 t_{mj}，生成该标签的主题 $Z_{mj}^{(t)} : \text{Mult}(\theta_m)$，同时生成该标签 $t_{mj} : \text{Mult}(\varphi_{Z_{mj}^{(t)}})$。

（2）对于选择的每个主题 z：

a．生成该主题下的词项概率分布 φ_k。

b．生成该主题下的标签概率分布 p_k。

3）融合主题网络的用户画像

主题是用户画像的隐式表达，而传统的主题模型需要通过主题下的词项概率分布才能表现出来。主题网络旨在通过主题间的潜在关系反映用户画像特征。这样主题模型中的主题隐含层就不仅仅是一个隐含的主题编号，主题间的潜在关系可以通过主题间的网络结构表现出来。再结合主题下的词项分布及网络结构，能够挖掘更多的用户画像规律。

对于 LDA 主题模型的主题隐含层的扩展研究已相对较多，较成熟的模型包括 HLDA（Hierarchical Latent Dirichlet Allocation）、PAM（Pachinko Allocation Models）和 HPAM（Hierarchical Pachinko Allocation Models）等扩展模型。其中，HLDA 主题模型主题间为树结构，树中的每个节点代表一个主题，其生成过程如下：首先针对文档选择一条从根节点到叶子节点的路径，然后按照各层的比重，选择路径中的一个节点作为主题，以该主题的词项概率分布生成词项，重复该过程直到生成整篇文档。PAM 模型的特点是把主题之间的关系表示成一个有向无环图，其中叶子节点是词项，而非叶子节点（主题）可以看成是由所包含的子节点（主题或词项）构成的。PAM 模型和 HLDA 主题模型的一个区别是，前者的主题可能是词项的概率分布，也可能是其子主题的概率分布，而 HLDA 主题模型中的每个主题都是词项概率分布。HPAM 模型可以看成 HLDA 主题模型和 PAM 模型的结合，这使得 PAM 模型中的非叶子节点也具有词项概率分布。本书研究的用户画像中融入的主题网络可通过 HPAM 模型生成。

如图 3-10 所示为简单 HPAM 图模型，其生成过程如表 3-6 所示。

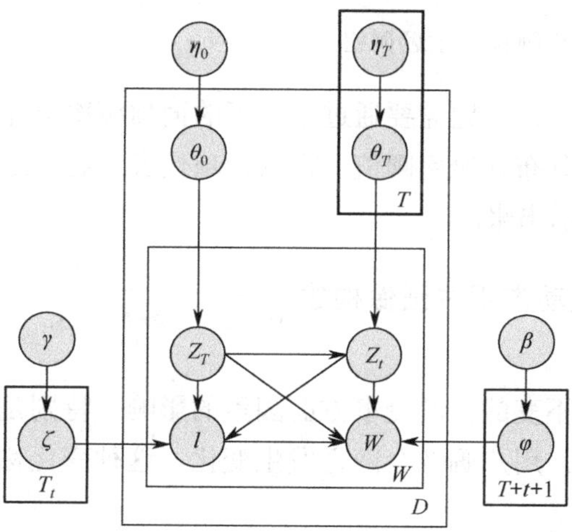

参数	描述
γ、β、η_0、η_T	狄利克雷分布超参数
l	主题层次
W	词项
φ	词项概率分布
ζ	主题层次的概率分布
θ_0	主题父节点概率分布
θ_T	主题子节点概率分布
Z_T	主题父节点
Z_t	主题子节点

图 3-10　简单 HPAM 图模型

表 3-6 简单 HPAM 模型生成过程

对于给定每篇文档 d：

a．抽样出主题父节点分布 θ_0。

b．对于每个主题父节点，抽样出主题子节点分布 θ_T。

c．通过主题父节点和主题子节点的路径定义一个有向无环图 T_t，其中，主题子节点可以是同一层主题，也可以是下层主题，甚至是直接抽样出的词项节点。

d．通过多层的主题路径 ξT_t 输出一个词项，直到完成整个用户或虚拟社区文档。

HPAM 模型的特点是，其在主题层定义了一个有向无环图，主题网络图中每个主题都可以存在词项的概率分布。有一点需要说明的是，在虚拟社区的用户画像中构建的主题网络应该是一个无向网络图，因此，在 HPAM 主题网络构建过程中稍做改进即可。即在 Gibbs 抽样迭代过程中，首先为每个父主题初始化一个子主题的概率分布，然后迭代收敛。其中，主题间关联度为收敛时两个概率分布值的简单算术平均值。因此，用户画像的主题网络如图 3-11 所示。

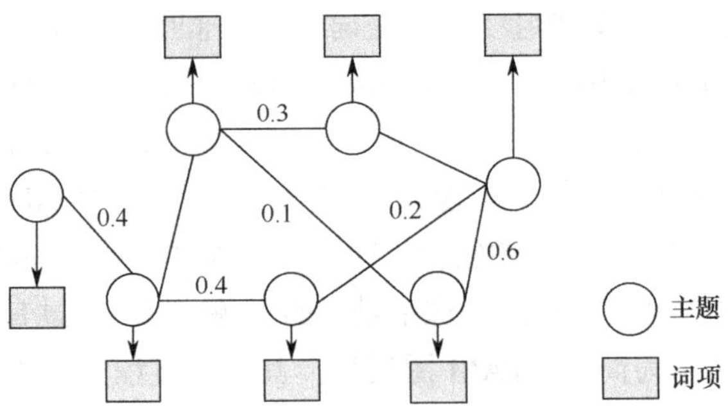

图 3-11 用户画像的主题网络

由于主题网络层是隐含的，所以，主题需要通过主题下的词项概率分布表现出来。通过设定主题下的词项分布的概率阈值，提取词项代表主题，这样用户画像的主题网络就能显式表示出来。

5．基于主题模型的虚拟社区动态用户画像构建

1）动态用户画像定义

虚拟社区的用户画像不是永恒不变的，其受多方面因素的影响，特别是随着时间的推移和社群环境的变化，用户画像会随之发生变化，这种变化称为用户画像的动态性。

用户画像动态性表现为两种形式：虚拟社区画像的变化和个人用户画像

的变化。虚拟社区画像变化是社群用户系统性的整体变化。随着国家政策和社会热点的变化，大多数人的用户画像变化呈现出相似性。例如，在“世界杯”期间，大量用户发布与足球相关的内容。个人用户画像变化是独立的，也是随机的。个人用户画像会受工作、学习、身体状况等诸多因素的影响而变化。本书将考虑两种形式的用户画像变化以发现动态用户画像演化的规律。

用户画像的动态性是一段时间内用户画像的变化，因为从虚拟社区中得到的用户画像不一定是用户在社群中每一天的真实特征体现，有可能是一次偶然行为。通过动态的用户画像描述，可以把握这些时间段内用户画像的变化规律，从而挖掘用户的知识或偏好。

2）动态用户画像建模

本书研究的虚拟社区用户动态画像的动态性主要表现为用户画像在时间段划分上的动态变化。

用户的动态性主要是通过时间窗口的滑动，根据虚拟社区用户内容发布特征，在时间维度上对用户文档进行切分。切分方式有以下两种：①等时间段切分。这种时间窗口切分方式以固定时间跨度切分，常见的为日、周、月等。利用这种方式切分的文档数量分布不均匀，可能会出现某个时间段内文档数量稀少的情况，导致用户画像建模效果差。②等文档数量或大小下的时间切分。这种方式可能导致有些时间片段跨度太大，不利于发现用户画像动态变化的精细化规律，造成用户画像信息丢失。

本书结合以上两种方式的优缺点，先采用等时间段切分方式，当切分的时间段下文档数量达不到规定的阈值时，自动顺滑到下个时间段窗口进行合并。需要补充的是，当连续出现时间窗口下文档数量不足时，建模是无意义的或识别的内容是很有限的。如图 3-12 所示为动态用户画像建模示意图。

在动态用户画像建模过程中，用户文档是部分可交换的，即只能与时间切片内的文档进行交换。在这种情况下，抽取出来的主题差异性较大，用户画像连续性较差。例如，知乎用户 A 在时间段 t_1 内回答了 10 个问题，其中 8 个问题是电子商务类问题。那么在 t_1 时间段内用户 A 的用户画像中“电子商务”标签应该被突出表示。用户 A 在 t_2 时间段内也回答了 10 个问题，但其中电子商务类问题和电影类问题均为 3 个，那么在 t_2 时间段内用户画像中“电子商务”标签和“电影”标签同等重要。而在实际情况中，“电子商务”标签的重要性应该大于“电影”标签。因为用户的知识和偏好是具有连续性的，不会因为人为的时间切分而骤然变化。因此，需要加入平滑因子，以保持主题的连续性。

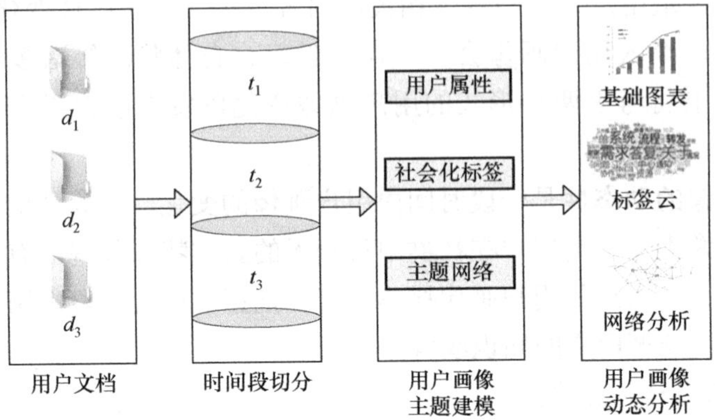

图 3-12　动态用户画像建模示意图

如图 3-13 所示为动态用户画像的图模型。通过在用户模型中加入平滑因子 λ，将 t_1 时间段输出的主题—词项概率分布的后验概率分布作为 t_2 时间段主题—词项概率分布的先验概率。平滑过程的公式如下：

$$\varphi_2 = \lambda \varphi_1 \tag{3-11}$$

式中，$\lambda = \dfrac{\alpha N_t + (1-\alpha) N_{t-1}}{N_{t-1}}$，$N_{t-1}$ 为 $t-1$ 时间段的词项数目，α 为自定义参数。

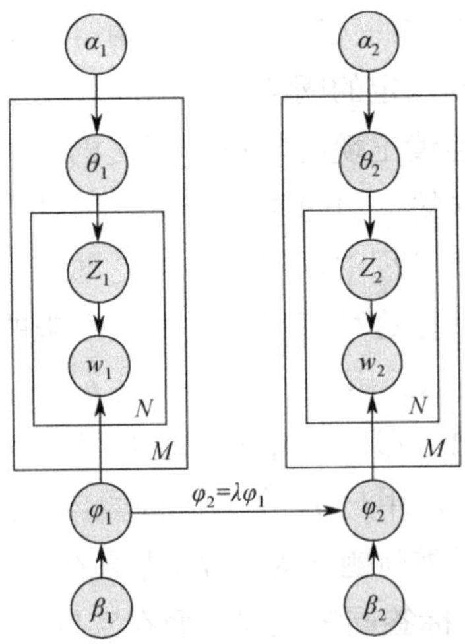

图 3-13　动态用户画像的图模型

平滑因子的加入不仅保证了用户画像的动态性，也使得用户画像保持连续性。动态用户画像的主题建模的生成过程如表 3-7 所示。

表 3-7　动态用户画像的主题建模的生成过程

（1）抽取时间段 t。
（2）若 $t=1$，则：
a．对于给定文档 d，抽取主题概率分布 $\theta_1 : p(\theta_1 \mid a_1)$。
b．对于文档 d 中的每个词项，选择一个主题 $Z_1 : p(Z_1 \mid \theta_1)$，生成每一个词项 $w_1 : p(w_1 \mid Z_1,\beta_1)$。
（3）若 $t \neq 1$，则：
a．计算 $\varphi_t = \lambda \varphi_{t-1}$。
b．对于给定文档 d，抽取主题概率分布 $\theta_t : p(\theta_t \mid \alpha_t)$。
c．对于文档 d 中的每个词项，选择一个主题 $Z_t : p(Z_t \mid \theta_t)$，生成每一个词项 $w_t : p(w_t \mid Z_t,\beta_t)$。

3）动态用户画像模型的参数推导

由于在 t 时间段加入了平滑因子，所以，在模型推导过程中，t−1 时间段影响 t 时间段的概率分布。在 Gibbs 抽样的近似推理过程中，后验概率 $p_t(z_t = j | z_{-i}, w_i)$ 表示为

$$p_t(z_t = j | z_{-i}, w_i) = \frac{\dfrac{(n_{-i,j}^{(w_i)})_t + w(n_{-i,j}^{(w_i)})_{t-1} + \beta}{(n_{-i,j}^{(\cdot)})_t + w(n_{-i,j}^{(\cdot)})_{t-1} + V\beta} \times \dfrac{(n_{-i,j}^{(d_i)})_t + \alpha}{(n_{-i,j}^{(d_i)})_t + T\alpha}}{\sum_{j=1}^{T} \dfrac{(n_{-i,j}^{(w_i)})_t + \beta}{(n_{-i,j}^{(\cdot)})_t + w(n_{-i,j}^{(\cdot)})_{t-1} + V\beta} \times \dfrac{(n_{-i,j}^{(d_i)})_t + \alpha}{(n_{-i,j}^{(d_i)})_t + T\alpha}} \tag{3-12}$$

在后验概率式中，$w\left(n_{-i,j}^{(\cdot)}\right)_{t-1}$ 是 t−1 时间段主题建模中与词项 w_i 相同主题 j 下词项分布的词项个数，$w\left(n_{-i,j}^{(\cdot)}\right)_{t-1}$ 是 t−1 时间段主题 j 下所有词项个数。最后估算 φ 和 θ。

$$(\varphi_w^{(z=j)})_t = \frac{(n_j^{(w_i)})_t + w(n_j^{(w)})_{t-1} + \beta}{(n_j^{(\cdot)})_t + w(n_j^{(\cdot)})_t + V\beta} \tag{3-13}$$

$$(\theta_{z=j}^{(d)})_t = \frac{(n_j^{(d)})_t + \alpha}{(n_{\cdot}^{(d)})_t + T\alpha} \tag{3-14}$$

3.3　基于证据增强混合图的专家用户模型构建

3.3.1　社会化专家建模框架设计

为了对虚拟社区的主体对象进行建模研究，即对社会化专家建模问题进

行剖析与分解，结合本书的研究思路和研究方法，设计出一套应用于虚拟社区的社会化专家建模框架体系，如图 3-14 所示。

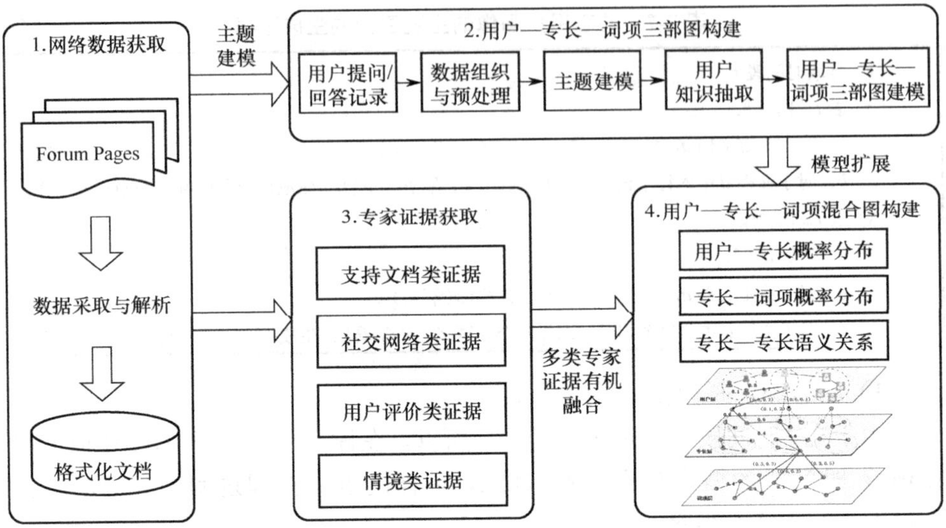

图 3-14　社会化专家建模框架体系

该框架主要包含以下 4 个模块。

（1）网络数据获取模块：针对不同形式的虚拟社区，根据不同的数据采集策略，利用网络爬虫程序抓取所有采集源中的网页数据，对网页进行解析，将虚拟社区的用户基本信息、主题帖/回帖内容、回复关系、好友关系、关注关系等数据信息以规范化的格式存入数据库，完成数据的获取。

（2）用户—专长—词项三部图构建模块：也称为主题建模模块，因为本书认为从用户历史回答的相关文档集中挖掘的主题就是用户的专长所在，有多个主题即有多个专长。建模过程如下。

① 数据组织与预处理：将所有问题和答案按照用户 ID 归集用户文档集，同时按照提问时间，以年为时间单位时序化归集用户文档。接着将归集整理的用户文档进行中文分词词典切分，对切分后的用户文档进行噪声去除，构造主题模型的输入文档—词项矩阵。

② 主题建模：对输入的文档—词项矩阵进行 Gibbs 抽样迭代，近似推理 LDA 主题模型的计算过程，即通过人工设置主题 K 的个数和迭代次数，最终输出文档—主题矩阵和主题—词项矩阵。

③ 用户知识抽取：对输出的文档—主题矩阵和主题—词项矩阵，设定文

档下的主题概率阈值和主题下的词项概率阈值，筛选出能够代表主题的词项。然后人工剔除与主题无关的词项及词序变换，最终输出用户的专长摘要。

④ 用户—专长—词项三部图建模：采用混合图思想，构建用户—专长—词项三部图，用户与专长之间的边的权重即是用户的专长概率值，专长与词项之间的边的权重即是专长的词项概率值。

（3）专家证据获取模块：从用户的问答文档集中获取用户对不同领域的兴趣度，即用户的专长概率分布情况，以及专长之间的语义相似度。从用户之间的交互关系中获取社交网络类证据，包括朋友关系、回复关系等。从其他用户给出的各种显式和隐式评价信息中获取用户评价类证据，包括用户投票、最佳答案等。另外，还可以获取用户回答问题时所处的情境信息作为专家愿意回答问题的证据，对专家推荐的可用性研究有一定的帮助。这里的情境证据包括人口统计学特征、时间、地点、近期活跃度、工作量负荷等。

（4）用户—专长—词项混合图构建模块：在用户—专长—词项三部图的基础上，有机融合上述多类专家证据。各类专家证据将以用户节点属性、专长节点属性，以及用户与专长之间边的权重、用户与用户之间边的权重、专长与专长之间边的权重、专长与词项之间边的权重的形式融入三部图模型，从而生成包含多类专家证据的用户—专长—词项混合图模型。

3.3.2 基于关联边增强的专家证据融合

基于主题模型构建用户—专长—词项三部图后，利用多类专家证据构建并增强三部图中的定点属性、关联边及权值，生成混合图，从而在此基础上对虚拟社区社会化专家进行模型构建。基于混合图的虚拟社区知识、用户知识度量指标与计算方法，如知识广度、深度和稀缺性等能够丰富并增强三部图中的用户与专长、专长与词项之间的关联边及权重，从而将多类专家证据有机融合到三部图中。

在虚拟社区中，专家型用户是一种重要资源。他们能够以其丰富的专业知识、经验和良好的沟通技巧为社会支持寻求者提供更加有效的在线社会支持，进而增强虚拟社区的吸引力和提高虚拟社区用户黏性。因此，如何识别出虚拟社区中这些专业知识水平高、经验丰富、沟通技巧好的专家型用户，并对这些用户资源进行深度挖掘和利用，对于虚拟社区运营和提高社会整体的在线支持水平都具有重要的作用和意义。为了便于研究，本书采用“用户专业度”，即用户在特定领域所具备的回答问题或者进行特定活动的专业技能水平来度量虚拟社区中专家型用户的专业程度。

1. 用户专业度识别框架

用户专业度识别是指判定用户在特定领域所具备的专业技能。本书以在线社会支持论坛这类虚拟社区为研究对象，构建了面向虚拟社区的用户专业度识别框架，如图 3-15 所示。

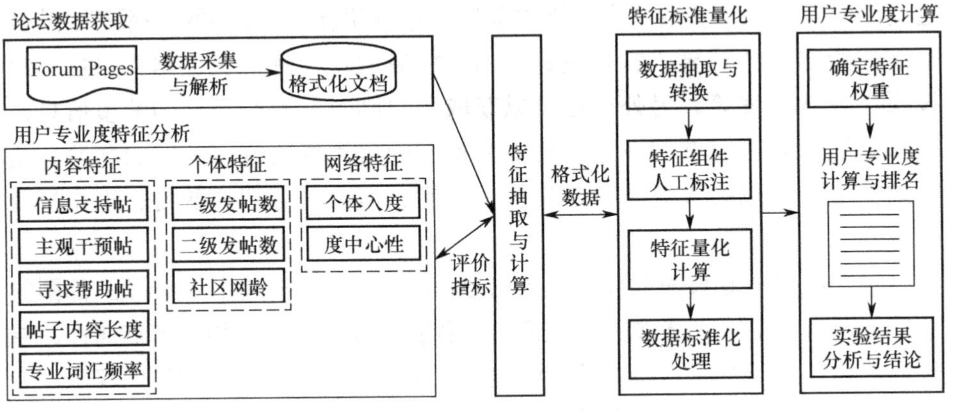

图 3-15　用户专业度识别框架

该框架主要包含以下 4 个模块。

（1）所选取的论坛为数据采集源，利用网络数据采集软件获取论坛所有网页信息，通过编程将需要的数据和关系解析出来，并以格式化结构存入数据库。

（2）在基于内容和网络的混合方法指导下，探究用户专业度的多种影响因素，进而从内容、网络和个体三方面发掘对用户专业度有强解释力的评价指标。

（3）计算评价指标的量化值并标准化。对于定量指标，利用 SQL 语句、编程、Ucinet 和数学统计方法获取指标值；对于定性指标，将机器分类和人工标注的结果用数值表述，可获取指标量化值。

（4）在确定评价指标权重后，对用户专业度进行综合评价计算并排名，通过综合评价值判断用户专业度，并与前期的人工标注结果进行对比分析。

2. 用户专业度评价指标分析及度量

用户专业度评价指标是面向虚拟社区的用户专业度识别方法的关键。现有研究仅从内容、网络或个体等单个维度来识别用户专业度，而本书结合这 3 个维度分析 10 个评价指标，并阐述其度量方法。其中，内容特征除常用的专业词汇频率和帖子内容长度外，本书还提出了信息支持帖、主观干预帖和寻求帮助帖 3 个评价指标，从而更全面地诠释在线社会支持领域的帖子内容特征。

1）内容特征

在线支持社区成员主要通过发帖/回帖进行交流与互动，因此，帖子内容是分析用户行为与特征的关键。内容特征就是在对帖子的文本内容进行分析后，从中抽取的能反映作者态度、情感、行为及其他一些规律的特征。

（1）信息支持帖：提供客观信息知识，不包含作者个人主观情感的帖子。专家偏向于传播客观专业的领域知识，所以，信息支持帖越多，说明该用户的专业度越高。

（2）主观干预帖：社区成员针对特定对象提出建议、阻止等干预性措施的帖子。不同于普通成员的情感慰藉、在线陪伴，专家更倾向于利用自身优势提供合适的建议和指导，即用户的主观干预帖数量与专业度正相关。

（3）寻求帮助帖：通过提问或者自我揭露来寻求帮助的帖子。频繁地主动寻求帮助的用户都不是专家，其专业度水平偏低，即寻求帮助帖数量与用户专业度负相关。

（4）帖子内容长度：由用户发表的所有帖子的平均内容长度来表示。在求助论坛中，帖子质量是衡量用户专业知识水平的一个重要标准，而用户发帖长度与帖子质量呈正相关，所以，帖子内容长度与用户专业度正相关。

（5）专业词汇频率：在所有帖子中，专业词汇出现的总频数。普通用户由于专业知识匮乏，帖子中专业词汇的出现频率较低。相反，专家具有丰富的专业知识和经验，专业词汇的使用频率较高，所以，该指标与用户专业度正相关。

前 3 个指标的量化计算，可以通过人工标注进行分类；也可提取各指标的分类特征向量，采用基于监督机器学习的方法实现文本分类，统计各类别指标的帖子数。帖子内容长度则可通过纯文本字数统计软件分别统计中文和英文字数，两者之和为帖子内容有效长度。而专业词汇频率的计算要结合专业语料库，由分词系统进行分词，再整理统计专业词汇出现的总频数。

2）网络特征

网络特征主要是指基于社会网络分析方法抽取的能说明发帖者之间复杂交互关系的特征。根据虚拟社区用户之间的帖子回复关系可构建社群网络，而发帖者是该网络的参与主体，所以，用户专业度可以由社群网络特征来反映与衡量。

（1）个体入度：有向网络中从其他节点指向该用户节点的边的数目，表示该用户回复过的人数。Welser 等研究证明，在求助论坛中，个体入度与用户专业度正相关。通过编程抽取 dl 格式的用户回复关系，整理统计出用户个体入度。

（2）度中心性：无权网络中与某个节点有连接的相邻节点的数目，即为该节点的度中心性。节点 i 的度 K_i 描述如下：$K_i = C_D(i) = \sum_{j=1}^{N} \boldsymbol{X}_{ij}$，$i \neq j$，式中，$i$ 是中心节点，j 表示所有其他节点，N 表示所有节点个数，$\boldsymbol{X}$ 是邻接矩阵，当且仅当节点 i、j 有边相连时，$\boldsymbol{X}_{ij} = 1$。具有很多相邻节点的用户，网络中心性高，是专家的可能性更大。

3）个体特征

个体特征主要是指用户在日常社区活动中形成的基本行为特征，包括发帖数、回帖数、在线时长等。用户通过在线注册成为在线支持社区中的一员，参与社区交流活动，用户自身的行为特征也是评估其专业度的重要依据。

（1）一级发帖数：一级发帖即根帖，用于发起一个新的话题，吸引大家关注并展开讨论和交流。以艾滋病论坛为例，专家较少主动发根帖，包括提供帮助、自我揭露或提问等，所以一级发帖数与用户专业度负相关。

（2）二级发帖数：二级发帖即回帖，用于回复根帖，延续话题，与根帖互动。艾滋病论坛专家更倾向于通过回帖为用户解难答疑，提供建议和帮助，所以二级发帖数与用户专业度正相关。

（3）社区网龄：从用户注册日期到调查期的时间长度，以月为单位（不满一个月为 0）。用户越早注册，其参与社区交流的机会越大，获取的领域知识越多，则越有机会成为该领域的专家。所以，社区网龄与用户专业度正相关。

3．基于 AHP 的指标权重分析

用户专业度受多个因素影响且因素间存在明显的类别划分，同时各指标对专业度的影响程度无法直接通过数据进行量化计算，而层次分析法

（Analytic Hierarchy Process，AHP）可以解决该问题。AHP 是一种运用多因素分级处理来确定因素权重的多准则思维方法，指标权重的计算过程如下。

（1）建立层次结构模型，如图 3-16 所示。比较同一层次的各指标对上层某一准则的相对重要程度。构造两两判断矩阵，计算矩阵最大特征值 $\lambda_{\max}$，再利用特征方程求解其特征向量 $\boldsymbol{W}$ 并归一化，即得到同层中各指标对这一准则的相对重要权重。

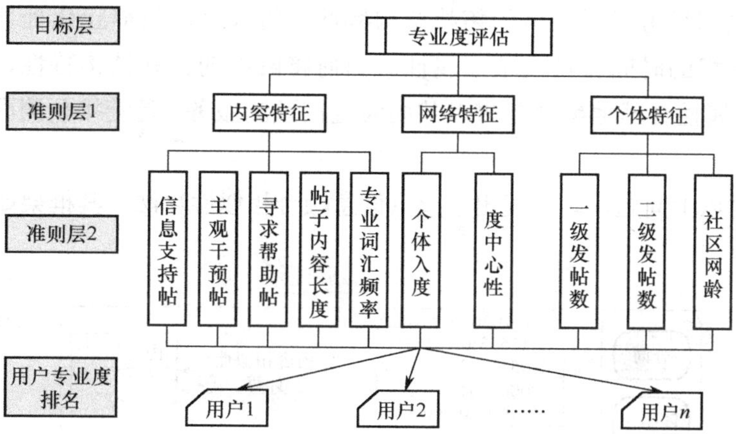

图 3-16　用户专业度评价指标的层次结构模型

（2）定义一致性指标 $\mathrm{CI}=(\lambda_{\max}-n)/(n-1)$（$n$ 为矩阵阶数），与随机一致性指标 RI 进行比较，若判断矩阵的一致性比率 $\mathrm{CI}/\mathrm{RI}<0.1$，说明矩阵具有令人满意的一致性，可以接受，否则需要调整。

（3）令一级指标 i 对目标层的相对重要权重为 W_i，二级指标 j 对一级指标 i 的权重为 W_{ij}，则二级指标 j 相对目标层的总权重的计算公式如下：

$$W_j = W_i \times W_{ij} \tag{3-15}$$

3.3.3　基于节点属性增强的专家证据融合

除了基于专家用户知识进行度量计算以增强各关联边，本书还以多属性的社区网络节点为研究对象，对其进行基于相似性计算的节点链接预测，用于增强用户、专长、词项各节点属性，进而丰富并增强三部图的节点属性及节点间关系，达到多类专家证据与三部图的有机融合。

目前，链接预测的大部分算法都是基于节点的相似程度来设计的。对于这类算法，如何合理地设计相似度评分函数是关键。这些算法的相似度评分函数大都是基于网络的拓扑结构来设计的。但是，它们在对拓扑结构的应用上都存在一定的问题：Common Neighbor 算法将所有的共同邻居等同看待，没有考虑不同的邻居对链接预测的影响是不一样的；Adamic-Adar 算法和 Resource Allocation 算法虽然区分了每个不同的共同邻居对链接预测的不同影响，但是它们都没有考虑权重因素对链接预测的影响；另外，这些算法都只考虑了网络的拓扑结构特性，将社会网络静止化处理，忽略了社会网络的时间特性及节点属性。如何将网络的拓扑结构特性、时间特性、节点属性合理地整合起来以共同为链接预测服务，是链接预测面临的巨大挑战。

针对以上问题，本书提出了节点信息融合相似性算法，其框架如图 3-17 所示。

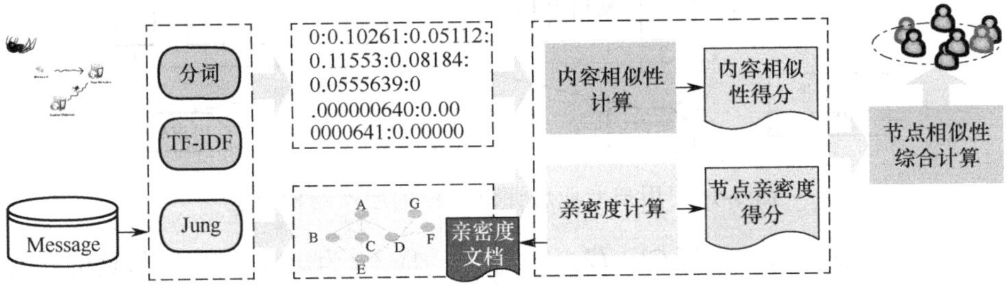

图 3-17　节点信息融合相似性算法框架

上述框架的整个流程如下：通过网络爬虫抓取网络数据，通过分词、TF-IDF、Jung 方式处理数据，获得以用户为中心的用户空间向量表示文档及用户间的社会网络图。将这两个作为输入，通过亲密度计算、内容相似性计算获得节点亲密度得分、内容相似性得分；再将这两项作为输入，经过节点相似性综合计算获得用户之间的相似性。

1. 基于节点亲密度的相似性链接预测

2003 年，Adamic 和 Eytan Adar 利用两个对象之间共同点越多，它们之间存在联系的可能性越大的思路，通过分析两个页面之间的文本、邮件列表等来寻找两个页面之间的相似度以实现链接预测。Adamic 和 Eytan Adar 认为，如果一个事项被越少的对象拥有，那么它比那些被较多对象拥有的事项的权重大。这在社会分析中是很容易理解的，例如，在一个学校的论文征稿中，如果只有 2 个人提到链接预测，说明这 2 个人都对链接预测感兴趣，那么他们成为朋友或者同事的可能性就比其他人大，相比之下，如果有 10 个人在文章中提到文本分类，那么这 10 个人成为朋友的概率就要比对链接预测感兴趣的 2 个人成为朋友的概率小。在文本分类中，经典的权重计算方法是 TF-IDF 方法。这个方法的思想是综合考虑特征项的特征频数和反文档频数。TF（Term Frequency）表示某个特征项在文本中出现的次数；IDF（Inverse Document Frequency）表示某个特征项在越多的文本中出现，那么它对文本分类的影响就越小。Adamic-Adar 相似性指标区分了不同的节点对链接预测的贡献力度，如果一个节点拥有的邻居越多，那么它对链接预测的贡献就越小。

受到以上计算方法的启发，本书定义了一个新的链接预测指标——节点亲密度，其综合考虑了共同邻居及链接权重对链接预测的影响，能更好地衡量节点引导其他节点产生新链接的能力。

2. 节点亲密度定义与计算方法

用 $G[t,t']=<V,E>$ 表示社会网络的拓扑结构，边集定义为 E，节点集定义为 V。定义 3 节点 v 的邻居节点集合 $U(v)$；定义节点 x、y 的共同邻居集合 $\Gamma(x,y)$；proximity(x,y)表示两个节点之间的亲密度。

在前面介绍的几种相似度计算的公式中，如果出现如图 3-18 所示的情形，不论是用 Common Neighbor 算法、Jaccard 算法还是 Adamic-Adar 算法，计算出来的图 3-18（a）和图 3-18（b）中节点 A 和节点 E 之间的相似度都是一样的。在图 3-18（a）和图 3-18（b）中，链接的权重代表回复的次数，两个图中的权重是不一样的，可以看出，图 3-18（a）中节点 A 和节点 E 与相邻节点的链接较图 3-18（b）中更为紧密。

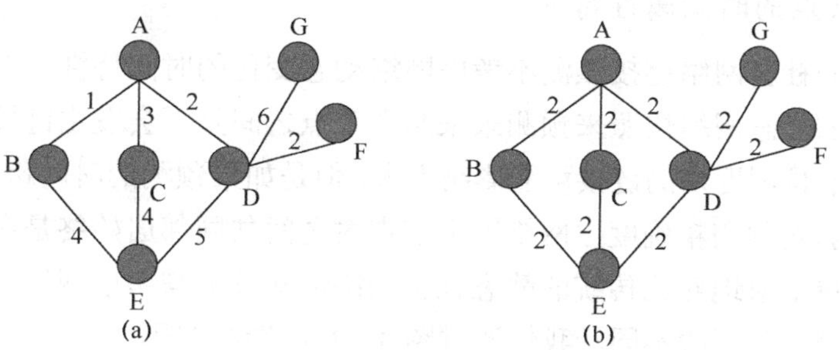

图 3-18　社会网络示例

通过以上例子可以发现，传统的相似性链接预测算法并能不够很好地计算加权网络中节点的相似度，因此，本书设计了节点亲密度来处理加权网络节点间的相似性。节点亲密度计算公式如下：

$$\text{Proximity}(x,y)=\frac{\text{weight}(x,y)}{\left(\sum_{v\in U(x)}\text{weight}(x,v)+\sum_{v\in U(y)}\text{weight}(y,v)-\text{weight}(x,y)\right)} \tag{3-16}$$

式中，$\text{weight}(x,y)$ 表示节点 x、y 之间的权重。用户之间的权重可以根据不同的应用需求而定义，在本书对于虚拟社区的研究中，权重是对不同主题的回复次数。权重计算公式如下：

$$\text{weight}(x,y)=\sum_{j=1}^{m}\sum_{i=1}^{n}\frac{1}{n} \tag{3-17}$$

式中，m 表示论坛中主题数；n 表示对一个主题的回复数。对于两个非相邻的节点的亲密度，计算公式如下：

$$\text{Proximity}(x,y)=\frac{\left(\sum_{V\in\Gamma(x,y)}\text{Proximity}(x,v)+\text{Proximity}(y,v)\right)}{\left|\Gamma(x,y)\right|} \tag{3-18}$$

计算图 3-18（a）中的节点 A 和节点 B 之间的亲密度 $\text{Proximity}(\text{A},\text{B})=1/(1+3+2+4)$。由式（3-16）和式（3-18）可以看出，两个节点之间的权重越大，即对不同主题的回复次数越多，并且两个节点之间的邻居越少，则两个节点越亲密。也就是说，一个节点拥有的邻居越多，那么它与每个邻居的亲密度也就越低；相反，如果一个节点拥有的邻居越少，那么它与邻居的亲密度越高。

3．节点的时间属性特征

传统的社会网络链接预测不考虑网络动态变化的时间特性，而是通过某一时间点的静态网络快照来预测未来两个节点之间是否会发生链接关系。这种方式对于预测近期的链接可能影响不大，但是如果预测的时间跨度比较大，则会严重影响预测精确度，网络图中节点对之间共同邻居始终是在发生变化的。为了更形象地对比传统的静态社会网络链接预测与考虑网络时间特性的社会网络链接预测的不同，我们通过图 3-19 来详细说明。

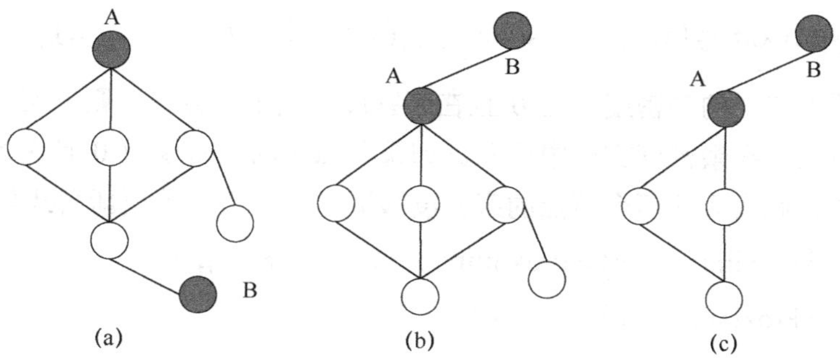

图 3-19　动态网络图

在图 3-19（a）中，节点 A 和节点 B 既没有直接连接，也没有共同邻居。在下一时刻 t，节点 B 发表了一个帖子，在预测谁会对这个帖子进行回复的时候，链接预测点中不会有节点 A。但是在图 3-19（b）、图 3-19（c）中，节点 A 和节点 B 之间有非常直接的连接关系，它们之间存在亲密度。所以，不能选择静态网络图来进行链接预测，因为某一时刻的网络图的选择具有随机性，会使预测结果不准确；而应该追踪网络的历史演变过程，考虑节点之间的动态关系并进行预测。针对静态社会网络链接预测出现的问题，本书给出了节点亲密度动态计算算法，该算法围绕节点亲密度文档的生成与更新展开。节点亲密度文档用来记录节点之间亲密度随时间变化的情况，用来更新节点之间的亲密度。

算法名称：节点亲密度动态计算。

输入：(t_1, t_2)时间段的社会网络结构、t_1之前的亲密度文档。

输出：节点之间的亲密度。

算法描述：

步骤 1：如果不存在亲密度文档，转入步骤 2；否则转入步骤 3；

步骤 2：当亲密度文档不存在时，根据式（3-16）和式（3-17）计算任意两节点之间的亲密度并形成亲密度文档；

步骤 3：若亲密度文档已存在，则更新亲密度文档；

步骤 4：根据输入的社会网络结构计算任意两节点之间的亲密度；

步骤 5：将第 4 步的计算结果与亲密度文档中的数据进行比较，更新亲密度文档。更新规则如下：

如果节点对的亲密度不为 0 且在亲密度文档中存在，本书认为这两个节点的亲密度增强。对应节点的更新公式如下：

$$\text{Proximity}(x,y)=\text{Proximity}_{(\infty,t_1]}(x,y)+\text{Proximity}_{(t_1,t_2]}(x,y) \quad (3\text{-}19)$$

如果节点对的亲密度不为 0 且在亲密度文档中不存在，则说明生成了一个新的链接，在亲密度文档中插入。如果节点对的亲密度为 0 且在亲密度文档中存在，则认为这两个节点的亲密度减弱，对应节点的更新公式如下：

$$\begin{cases}\text{Proximity}(x,y)=\text{Proximity}_{(\infty,t_1]}(x,y)/(n+1), n<4 \\ \text{Proximity}(x,y)=0, n\leqslant 4\end{cases} \quad (3\text{-}20)$$

当更新后节点之间的亲密度为 0 时，将节点对之间的关系从亲密度文档中删除。

步骤 6：输出亲密度文档。

4．基于节点内容相似性的链接预测

现有的基于节点相似性的链接预测都是通过社会网络的结构特征来预测节点之间的链接的。这种方式的缺点在于，对于没有在网络结构中出现的节点，如虚拟社区中新注册的用户，是无法预测与其产生链接的节点的。基于用户属性的相似性链接预测，目前还没有多少研究。本部分针对上述问题，提出了基于节点内容相似性的链接预测算法。该算法主要分为 3 个步骤：用户生成内容的获取、帖子的预处理、用户生成内容相似性计算。

算法 1：用户生成内容的获取

步骤 1：网络爬虫根据具体的爬行策略采集相关信息，包括用户信息、生成内容等。

步骤 2：将采集到的内容以用户为中心进行整合，形成用户文档。

算法 2：帖子的预处理

步骤 1：利用分词工具对用户文档进行分词处理。

步骤 2：利用词频提取初始特征词表，利用文档频率进行选择，然后用提取的特征词将文档表示为向量空间模型，特征值的权重以 TF-IDF 值表示。

算法 3：用户生成内容相似性计算

步骤：在得到论坛用户文档向量空间模型后，使用余弦相似度计算两个用户文档之间的相似度值。

5．节点相似性综合计算

将亲密度计算、内容相似性计算的结果作为输入，进行综合计算，给出

对于目标节点，每个节点的链接可能性得分。计算公式如下：

$$\text{Proximity}(a,x)=\alpha\times\text{Proximity}_{\text{node}}(a,x)+\beta\times\text{Proximity}_{\text{content}}(a,x) \quad (3\text{-}21)$$

式中，α和 β 用来衡量节点相似性和内容相似性在整个预测中占的比例。对计算出来的相似性得分设定阈值，大于某个值则认为存在链接的可能性。

3.3.4 融合多类专家证据的混合图模型构建

本书所定义的混合图，旨在能够包含虚拟社区中多种对象和多种关系。构建用户—专长—词项混合图的关键是在用户—专长—词项三部图的基础上融合多类专家证据。本书采用的方法是利用这些证据来构建并增强三部图中的节点属性、关联边及权值，从而生成混合图。

融合多类专家证据的用户—专长—词项混合图生成方法如图 3-20 所示。

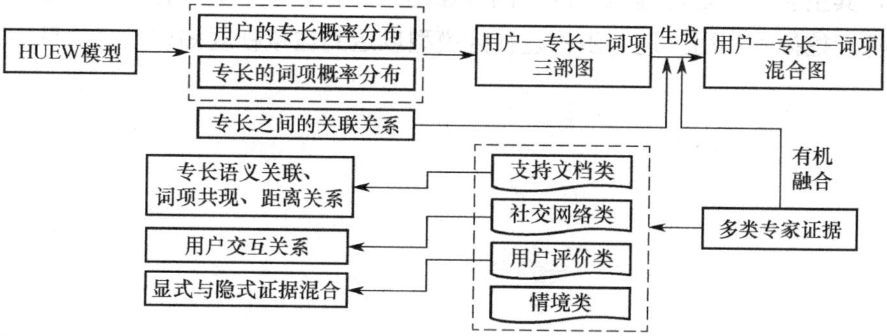

图 3-20　融合多类专家证据的用户—专长—词项混合图生成方法

融合多类专家证据生成用户—专长—词项混合图的过程，就是利用支持文档类证据、社交网络类证据、用户评价类证据和情境类证据进一步增强用户层网络图、专长层网络图，以及用户与专长之间的关联关系。具体如下。

用户层网络图增强：利用社交网络类证据构造用户节点之间的关联边，如利用回复关系、兴趣组关系和朋友关系等构建异质、有向关联边，形成用户层网络图；情境类证据主要用于增强用户节点的属性信息，如时间、地点、设备、活跃度、工作负荷量等。

用户—专长关联增强：用户评价类证据主要用来增强用户—专长的关联边及其权重，包括显式评价证据（投票或最佳答案等）和隐式评价证据（关注、转载、出入度等）的评分方法和混合策略。关联边的二维权值设定如下：

将用户的专长概率分布作为用户—专长边的评分权值 1；分别对显式和隐式用户评价类证据进行评分，并按一定策略混合得到综合评分，将该评分作为边的评分权值 2。此外，将反映用户在某专长领域的文档的时间记为用户—专长边的时间戳，以此反映用户的兴趣变化。

专长层网络图增强：通过上阶段利用支持文档类证据进行 HUEW 模型训练得到的专长语义关联，构建专长节点之间的关联边，生成专长的有向无环图，并将专长之间的语义关联量化值作为边的权值。

3.4 本章小结

本章是本书的核心部分，包括虚拟社区中专家用户建模和社区建模两部分，其主要功能是对虚拟社区中的专家用户进行识别，并对这些用户资源进行深度挖掘和利用，进一步构建社区模型以达到虚拟社区知识共享的目的。

Chapter 4

第 4 章 基于证据增强混合图的社会化专家推荐

为了发现虚拟社区中具有专业特长的用户，并将其推荐给信息需求者，本章对虚拟社区中的社会化专家推荐进行详细阐述，针对虚拟社区中社会化专家推荐存在的推荐精度低和推荐可用性差的问题，提出了一种基于证据增强混合图的社会化专家推荐方法，将用户专长知识、网络关系和情境信息等充分融入社会化专家推荐。基于证据增强混合图的两阶段推荐方法：一是基于重启动随机游走的社会化专家推荐；二是基于情境感知的社会化专家推荐。采用情境后过滤策略对第一阶段的候选专家进行过滤或顺序调整，这更加有利于帮助虚拟社区中的用户寻找更加适合自身需求的社会化专家，从而更好地解决“信息爆炸时代”的信息过载问题。

4.1 社会化专家推荐系统框架设计

4.1.1 社会化专家推荐系统概述

什么是推荐系统？其实它的基本原理很简单，我们可以举一个生活中常见的例子来说明。如果你想买一袋饼干，那么可以通过哪些渠道买到呢？你可以选择去附近的便利店逛逛，其店面比较小，你可以快速浏览货架，然后找到存放饼干的区域，在几个牌子中对比价格和口味，找到你中意的饼干，接着付钱走人，这应该是最简单有效的方法。如果附近有一家大型商场，如沃尔玛、家乐福等，置身于这样的大超市里，由于商场里的东西实在太多，你往往需要依赖超市里的商品指示牌来寻找目标商品，而且其场地规模较大，种类更为丰富，因此需要花费大量的时间才能找到想要买的饼干。如果你喜欢宅在家里，可以在电商网站上搜索饼干，在搜索结果中进行选择，然后付款，等待送货上门。在网络购物时代，越来越多的人开始享受随时随地在线购物的乐趣，然而，由于电子商务网站上的商品信息是海量的，相比于线下购物，人们可能需要花费更多的时间和精力来选择目标产品，用户体验度可能会急剧下降。这时就需要有一套机制，能够根据用户的浏览记录和购买记录发掘用户的兴趣和偏好，从而向用户推荐他们可能喜欢的商品，将用户从海量信息中解放出来，这就是推荐系统的作用。

最近十多年，互联网已经逐渐普及，随时随地进行网络连接已经不是问题。同时，信息技术的飞速发展使人们从信息极度匮乏的时代走出来，又快速将人们带入一个信息过载（Information Overload）的时代。从信息消费者的角度来看，要想从海量的互联网信息中找到自己感兴趣的内容是极其困难的，而在自己的需求不太明确的情况下，这将是难上加难。从信息生产者的角度来看，互联网上的信息资源非常丰富且多元化，自己生产的内容很容易被淹没在这信息海洋中，难以被广大用户关注到。因此，在信息消费者和信息生产者之间需要一个桥梁，而推荐系统就是这个桥梁。推荐系统通过整合用户和信息资源，在帮助信息消费者找到自己想要的信息的同时，也能够将不同的信息资源推荐给感兴趣的用户，实现双赢。

个性化推荐系统一经提出，就得到了业界和学术界的极大关注。个性化推荐系统应用最为广泛的领域是电子商务领域，而电商网站亚马逊无疑是该应用领域的“领头羊”，是如今个性化推荐系统得到如此大规模应用的主要贡献者。亚马逊网站最早接触个性化推荐，之后也一直进行深入的研究，并将研究成果应用于实践，深入到亚马逊的各类产品中。如亚马逊网站上的个性化商品推荐列表和相关商品的推荐列表，其推荐方法和技术一直走在个性化推荐领域的前沿。

当然，除了电子商务网站，个性化推荐系统同样也广泛应用于电影视频网站、个性化网络电台、社交网络等。电影视频网站应用个性化推荐系统的典型代表是 Netflix，它非常注重自身推荐系统的准确度。为了使网站的推荐算法的预测准确度提升 10%，Netflix 举办了非常有名的 Netflix Prize 推荐系统大赛，以寻求能够极大提高系统推荐效果的人才。这样的大型赛事吸引了很多科研人员，比赛不仅为他们提供了大规模的用户行为数据集，也大大降低了推荐系统的预测误差，更为重要的是，推荐系统在业界和学术界的影响力得到快速提升。随着网络歌曲数量的不断增长，听歌的用户无疑面临着信息过载的问题，用户很难找到自己喜欢听的歌，又没有时间一首一首地试听，因此，个性化网络电台出现了，它能够根据用户设置的标签、历史听歌记录及收藏夹中的歌单进一步挖掘用户的品位和偏好，从而将同类型的音乐推荐给用户。现在的音乐 App 都会有歌单推荐或者歌曲推荐版块，能根据用户的试听列表及收藏夹中的歌曲推荐符合其品位及喜好的歌曲，做得比较好的有网易云音乐、虾米音乐等，这些 App 中推荐的歌曲或者歌单，用户采纳率比较高，用户体验非常好。在社交网络时代，个性化推荐越来越重要，虚拟社区是海量用户和信息资源的汇聚地，这里时时刻刻都需要推荐，例如，在社交网络中可以向好友或者陌生人推荐个性化的商品或信息资源；也可以向用户推荐好友、小组甚至圈子等，使得网络连接更加紧密。例如，新浪微博根据用户的注册信息、关注过的好友及用户个人标签等信息，向其推荐其他好友或者其可能关注的潜在用户。

近些年，随着移动互联网及各种 Web 应用的普及，用户上网门槛变得越来越低，更多的人喜欢在互联网上随时随地寻求在线支持，各式各样的在线支持论坛、问答社区、社交网站等越来越受到人们的青睐，已经成为人们获取帮助和共享知识的重要渠道。与此同时，虚拟社区的低门槛及用户数量的快速增长，导致了 Web 信息资源的“爆炸式”增长，使其积累了海量数据，也导致“信息过载”问题越来越严重。信息资源的极大丰富，虽然使人们拥有更多的机会获取各自所需的信息和知识，但也带来了更大的挑战，人们不得不承受从海量数据中获取目标信息的沉重负担。因此，根据用户的需求，快速、准确地找到用户需要的信息或知识并有效地推荐给用户，是一个重要且极具挑战性的问题。所以，个性化推荐系统在知识共享领域也有重要的应用价值，有效的专家推荐可以大大提高虚拟社区的知识共享水平，从用户角度来讲，有效的专家推荐可以提高在线社会支持水平。如今，越来越多的学者对社会化专家推荐领域表现出极大的兴趣，这也是未来一个值得深入探讨的方向，也必将引起业界的重点关注。有关社会化专家推荐的一些基础问题，现在的研究已经比较成熟，也取得了一定的研究成果，但社会化专家建模与推荐技术的相关研究和应用还相对较少，且存在推荐精度低和推荐可用性差两大难题，因此，希望本书的内容能为国内研究和应用提供借鉴和参考。

4.1.2 社会化专家推荐系统框架

在前文社会化专家建模的基础上，我们将进行社会化专家推荐研究。针对虚拟社区中用户提出的新问题，系统要及时有效地为提问者推荐该问题所属领域的专家用户，从而为其提供解答服务，这个过程就是本书要实现的社会化专家推荐。

为了实现上述社会化专家推荐功能，本章设计了一个符合虚拟社区环境特征的社会化专家推荐系统，其架构如图 4-1 所示。

社会化专家推荐系统主要包含 3 个功能模块：对新问题的解析、社交网络用户建模、社会化专家推荐。与这 3 个功能模块相对应的是社会化专家推荐系统研究需要解决 3 个核心问题：一是如何正确识别用户提问的问题，对用户想表达的意思进行充分理解；二是如何对社交网络用户进行建模以更好地诠释用户，从而更全面地融合多类专家证据信息，以便发现目标用户；三是采用什么推荐方法才能向提问者推荐最合适的专家用户，从而为其提供解答服务。

在图 4-1 中，社会化专家推荐是该推荐系统的关键，推荐效果的好坏直接反映了这个系统的可行性和有效性，也是判断系统能否为用户提供及时有效的解答服务的重要依据。

本书提出了基于证据增强混合图的社会化专家推荐方法，又称为两阶段推荐方法，包含基于用户—专长—词项混合图的社会化专家推荐和基于情境后过滤策略的社会化专家推荐两部分内容，该方法的基本思路如下。

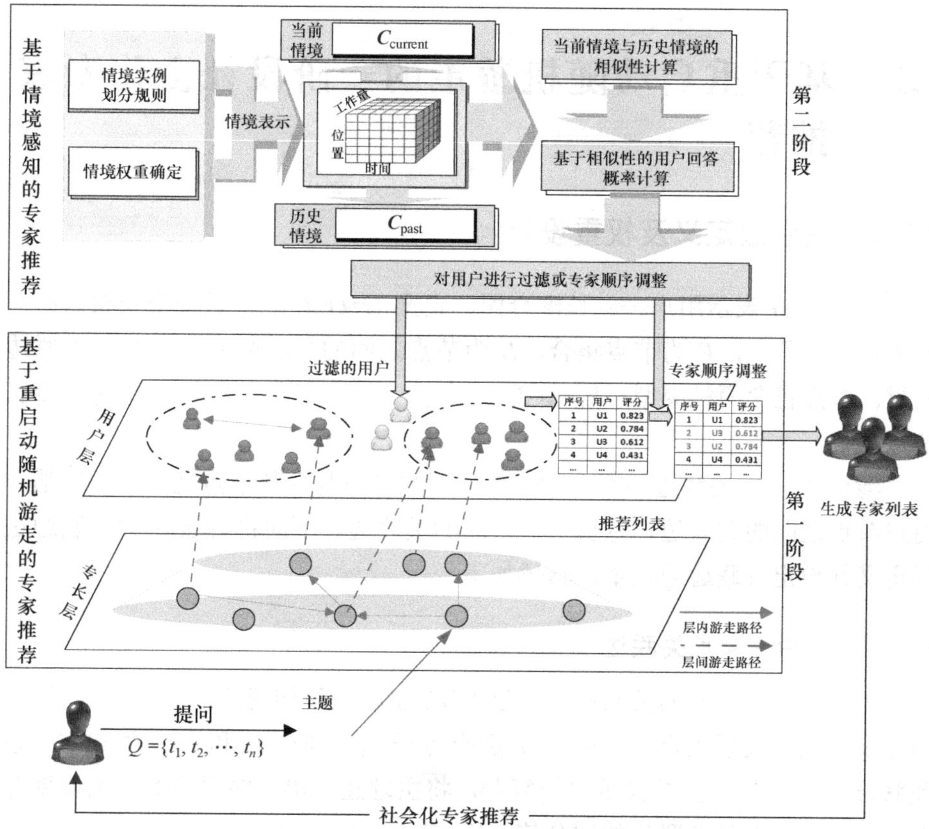

图 4-1　社会化专家推荐系统架构

第一阶段：在不考虑情境信息的前提下，基于用户—专长—词项混合图进行社会化专家推荐。首先，扩展 LDA 主题模型，生成用户—专长—词项三部图；然后，将支持文档类、社交网络类和用户评价类证据有机融入三部图，生成用户—专长—词项混合图，也就是证据增强混合图；最后，采用重启动随机游走（RWR）算法在混合图中进行随机游走，计算节点相似度，最终生成候选专家推荐列表。

第二阶段：采用情境后过滤策略进行社会化专家推荐，即在第一阶段生成的候选专家推荐列表的基础上，依据情境类证据，基于情境感知进行社会化专家推荐。这一阶段的核心是要建模提问者的当前情境和候选专家的历史回答情境，然后结合情境相似性对候选专家进行二次过滤，从而生成最终的专家推荐列表，并推荐给提问者。

4.2 基于重启动随机游走的一阶段社会化专家推荐

4.2.1 关联边定义及权重设定

本书用 G 表示用户—专长混合图，定义 $G=(V,L,W)$，是一个带权值的有向无环图。其中，V 为节点集合，L 为节点之间的关联边集合，W 为关联边权重。节点包含两种类型：V_U 和 V_E，其中，V_U 为用户节点集合，V_E 为专长节点集合。

混合图 G 中关联边共有 3 种类型：用户节点与专长节点之间的关联边、用户节点之间的关联边、专长节点之间的关联边。下面将对这 3 种关联边进行定义并设定关联边的权重，具体如下。

1. 用户—专长关联边

用户与专长之间的关联边是通过 LDA 主题模型构建的，用 L_{UE} 表示用户与专长之间的关系集合，若用户 u_1 拥有专长 e_1，则在 u_1 和 e_1 之间建立一条关联边。关联边 L_{UE} 的权重比较复杂，将主题建模得到的用户的专长概率分布作为用户—专长关联边的评分值，用 W_{UEP}=[0,1]表示。

此外，来自“集体智慧”的用户评价类证据也是衡量用户与专长之间关联关系的重要参考依据。用户评价类证据包含显式评价和隐式评价两种类型。其中，显式评价主要用用户回答收到的赞数、投票数、被选为最佳答案数表示，也就是说，如果用户某个回答被赞的次数最多，那么该用户是对应问题所属领域的专家的可能性越大，即用户拥有某项专长的可能性越大。而用户回答被关注和被转载则属于隐式评价，用户回答被转载次数越多，说明用户在特定领域被认可的程度越高，即用户拥有某项专长的可能性越大。所以，要分别对显式和隐式用户评价类证据评分，再按一定策略混合，从而得到综合评分，评分值用 W_{UEG}=[0,1]表示。由于显式评价信息更能直观表达用户的专业度，所以，本书设定：综合评价值 W_{UEG}=显式评价评分值×0.6+隐式评价评分值×0.4。

因此，用户—专长关联边 L_{UE} 的权重 W_{UE} 由两个评分值 W_{UEP} 和 W_{UEG} 共

同构成，考虑到支持文档类证据和用户评价类证据都非常重要，所以，本书设定：$W_{UE}=W_{UEP}\times 1/2+W_{UEG}\times 1/2=[0,1]$，将该结果作为最终的权重值。因此，具有权重的用户—专长关联边表示的是用户专长及其专长程度。

2. 用户—用户关联边

用户之间的关联关系可以分为两种，一种是朋友关系，另一种是回复关系。所以，用户之间是异质关联边，表示不同的交互关系。若两个用户之间仅是回复关系，则只存在回复关联边，用 L_{UUA} 表示用户之间的回复关系集合；若两个用户互相关注，则存在好友关联边，用 L_{UUF} 表示用户之间的朋友关系集合。好友关联边 L_{UUF} 的权重可用信任度 $W_{UUF}=(0,1)$衡量，其中，数值 0 表示互不信任的非好友关系，数值 1 表示两者是好友关系且相互信任。另外，回复关联边 L_{UUA} 的权重由权威性 $W_{UUA}=[0,1]$表达，而这个权威性可用关联边的待跳转节点的度中心性衡量。在无权网络中，计算一个节点的度中心性，就是计算与该节点有连接的相邻节点的个数总和，如节点 i 的度 K_i 描述为

$$K_i = C_D(i) = \sum_{j=1}^{N} \boldsymbol{X}_{ij}\ ,\quad i \neq j$$

式中，i 是中心节点，j 表示所有其他节点，N 表示所有节点的个数总和，$\boldsymbol{X}$ 是邻接矩阵，当且仅当节点 i、j 有边相连时，$\boldsymbol{X}_{ij}=1$。度中心性高的用户，其在网络中的权威性较大，将其推荐给提问者的概率较大。

3. 专长—专长关联边

对专长层而言，专长与专长之间可能存在语义关联关系，若专长 e_1 和专长 e_2 之间具有语义关联，则 e_1 和 e_2 之间有一条关联边。本书用 L_{EE} 表示专长之间的语义关系集合，而关联边的权重由 $W_{EE}=[0,1]$表示，可以通过计算专长节点之间的语义相似度获得权重值。专长是通过隐主题模型生成的，每个专长节点都可用向量空间模型表示，再采用余弦相似性方法计算专长之间的语义相似度，计算值即为关联边的权重值。

4.2.2　转移概率矩阵计算

重启动随机游走算法的核心是计算转移概率矩阵 $\boldsymbol{S}$，转移概率矩阵又称为跃迁矩阵（Transition Matrix），是指客观事物由一种状态转移到另一种状态的概率，它只与当前所处状态有关，而与过去的状态无关。

在混合图中，将整个网络转换为转移概率矩阵 **S**，元素 $\widehat{s}_{i,j}$ 表示从节点 i 到节点 j 的游走概率。所有节点从当前状态转移到下一个状态的转移概率如表 4-1 所示。

表 4-1　转移概率

下一个 / 当前	u_1	u_2	…	u_m	e_{m+1}	e_{m+2}	…	e_{m+n}
u_1	$\widehat{s}_{1,1}$	…	…	$\widehat{s}_{1,m}$	…	…	…	$\widehat{s}_{1,m+n}$
u_2	…	…	…	…	…	…	…	…
…	…	…	…	…	…	…	…	…
u_m	$\widehat{s}_{m,1}$	…	…	$\widehat{s}_{m,m}$	…	…	…	$\widehat{s}_{m,m+n}$
e_{m+1}	…	…	…	…	…	…	…	…
e_{m+2}	…	…	…	…	…	…	…	…
…	…	…	…	…	…	…	…	…
e_{m+n}	$\widehat{s}_{m+n,1}$	…	…	$\widehat{s}_{m+n,1}$	…	…	…	$\widehat{s}_{m+n,m+n}$

在表 4-1 中，列表示当前所有节点状态，行表示下一个节点状态。每一列之和为 1，因为已经假设下一个状态只会跳转到这些节点中的一个。

由此得出的转移概率矩阵为

$$\boldsymbol{S}=(\widehat{s}_{i,j})=\begin{bmatrix}\widehat{s}_{1,1} & \cdots & \widehat{s}_{1,m} & \cdots & \widehat{s}_{1,m+n}\\ \cdots & \cdots & \cdots & \cdots & \cdots\\ \widehat{s}_{m,1} & \cdots & \widehat{s}_{m,m} & \cdots & \widehat{s}_{m,m+n}\\ \cdots & \cdots & \cdots & \cdots & \cdots\\ \widehat{s}_{m+n,1} & \cdots & \widehat{s}_{m+n,m} & \cdots & \widehat{s}_{m+n,m+n}\end{bmatrix}$$

式中，转移矩阵 **S** 的每一个元素 $\widehat{s}_{i,j}$ 都表示从当前一个节点转移到下一个节点的概率，例如，第 m 行第 $m+n$ 列的值为 $\widehat{s}_{m,m+n}$，这表示从当前节点 u_m 跳转到下一个节点 e_{m+n} 的概率。

转移概率的计算贯穿重启动随机游走算法的初始化过程，是决定该随机游走方法有效性的重要角色。因此，本书通过定义不同种类网络之间的转移概率 λ 来实现节点之间的跳转，从而实现社会化专家推荐。具体定义如下：

（1）当随机游走到某个专长节点时，下一步跳跃至专长相关关系、用户专长关系的概率分别为 λ_{EE}、λ_{UE}。根据转移概率理论，需要满足如下条件：

$$\lambda_{\text{EE}}+\lambda_{\text{UE}}=1 \tag{4-1}$$

对于下一步跳跃，有两种选择：专长节点或用户节点。

当从专长节点转移到专长节点时，转移概率计算公式如下：

$$\widehat{s}_{i,j}=\frac{\lambda_{\text{EE}}}{\gamma_{i,j}},i,j\in V_E \tag{4-2}$$

式中，$\gamma_{i,j}$表示专长节点 i 与专长节点 j 之间的语义相关度，也就是专长节点之间关联边的权重 W_{EE} 的值。

当从专长节点转移到用户节点的时候，转移概率计算公式如下：

$$\widehat{s}_{i,j}=\frac{\lambda_{\text{UE}}}{p_{i,j}},i\in V_E,j\in V_U \tag{4-3}$$

式中，$p_{i,j}$ 表示用户与专长之间关联边的权重，即等于 W_{UE} 的值。在跳转过程中，优先选择关联边权重更高的路径，即跳转至专业度更高的用户节点。

（2）当随机游走到用户节点时，下一步跳跃至用户专长关系、用户相关关系的概率分别为 λ_{UE}、λ_{UU}。根据转移概率理论，需要满足如下条件：

$$\lambda_{\text{UE}}+\lambda_{\text{UU}}=1 \tag{4-4}$$

当在用户节点时，对于下一步跳跃，同样也有两种选择：专长节点或用户节点。

当从用户节点转移到专长节点时，转移概率计算公式如下：

$$\widehat{s}_{i,j}=\lambda_{\text{UE}}p_{i,j},i\in V_U,j\in V_E \tag{4-5}$$

式中，$p_{i,j}$ 等于用户节点与专长节点之间关联边的权重值 W_{UE}。

当从用户节点转移到用户节点时，由于用户节点之间有两种关系——用户回复关系和用户好友关系，所以，转移概率计算公式如下：

$$\widehat{s}_{i,j}=\lambda_{\text{UU}}[a\times\kappa_{i,j}^{A}+(1-a)\kappa_{i,j}^{F}],i,j\in V_U \tag{4-6}$$

式中，$\kappa_{i,j}^{A}$ 的数值等于用户节点 i 和用户节点 j 之间的回复关联边的权重 W_{UUA}；$\kappa_{i,j}^{F}$ 的数值等于用户节点 i 和用户节点 j 之间的好友关联边的权重 W_{UUF}；参数 a 用来调节回复关系和好友关系权重，且 a=[0,1]。

4.2.3　基于重启动随机游走的专家列表生成

本书把社会化专家推荐问题转化为一个图的问题，提出使用重启动随机游走（RWR）算法研究社会化专家推荐，它是本书基于证据增强混合图进行社会化专家推荐的第一阶段。这个阶段首先要对用户的提问进行解析，采用 CRP 隐主题模型的方法对用户提出的问题进行主题识别，提问的主题可以映射为回答者的个人专长。因此，基于混合图的随机游走从专长节点出发，经过有限次的随机游走过程，直到图中每个节点的概率值实现平稳分布。最后对得到的稳定概率值进行排序，稳定概率越大，被推荐的机会就越大，从而生成候选专家 Top-N 列表。

基于证据增强混合图的社会化专家推荐算法描述如下。

输入数据：提问用户 u，问题 Q，混合图 G（$V=V_U \cup V_E$，$L=L_{\mathrm{EE}} \cup L_{\mathrm{UE}} \cup L_{\mathrm{UUA}} \cup L_{\mathrm{UUF}}$），重启动概率参数 α，网络权重调解参数 λ_{EE}、λ_{UE}、λ_{UUA}、λ_{UUF}。

输出数据：按降序排名的回答问题 Q 的候选专家列表。

步骤 1：对提问者的问题 Q 进行解析，得到问题的主题 T。

步骤 2：根据主题 T，找到最相似的专长节点 e。

步骤 3：构造重启动向量 $\boldsymbol{q}$，专长节点 e 的对应元素设置为 1，其余元素为 0。

步骤 4：初始化专长节点 e 在图中的初始化概率分布 $p^{(0)}=q$。

步骤 5：根据式（4-1）～式（4-6）建立转移概率矩阵 $\boldsymbol{S}$。

步骤 6：根据式（2-5）迭代更新 p^t、$p^{(t+1)}$，直至收敛。

计算得到稳定状态向量，按照降序排序稳定状态向量中的用户节点，选取 Top-N 个用户生成社会化专家推荐列表。

算法结束。

上述算法分别构造了式（2-5）中的 $\boldsymbol{q}$、$p^{(0)}$ 和 $\boldsymbol{S}$，然后迭代计算 p^t，直到 p^t 的变化小于某个阈值。得到的向量为提问用户 u 到其他用户节点的概率，即相似性。最后，将稳定状态向量下的用户按照降序输出 Top-N 个回答问题 Q 的社会化专家用户，流程结束。

4.3 基于情境感知的二阶段社会化专家推荐

4.3.1 用户情境概述

就推荐系统而言，情境信息可以有效提高推荐系统的精确度和推荐的可用性，从而提升用户的满意度。如果研究的领域不一样，那么情境包含的内容也会大不一样。例如，在信息检索与推荐领域，情境包括用户检索任务、时间、设备状态等；在电子商务个性化应用领域，情境包括用户购买意图、季节、位置、天气等。

同样，情境信息对于解决社会化专家推荐精度低和可用性差的问题也具有重要作用。在社会化专家推荐领域，情境类证据是指专家做出回答行为时所处的各种情境信息。根据我们的调查研究，可用于社会化专家推荐的用户情境有很多种类，包括人口统计学特征、时间、设备状态、情绪、地理位置、活跃度、工作负荷等，这些情境类证据在社会化专家推荐问题上可以说是至关重要的，在很大程度上影响社会化专家推荐的可用性，即推荐是否有效。此外，不同用户受不同情境的影响程度也不尽相同，有必要确定各类情境对用户回答行为的影响权重，从而提高社会化专家的推荐精度和推荐可用性。

为了便于理解，本书针对社会化专家推荐中值得探讨的几种情境类证据，分别举例阐述它们与社会化专家推荐的密切联系。

1．人口统计学特征

在社交问答社区中，向提问者推荐合适的专家型用户时，往往有必要考虑用户的性别、年龄层次、文化水平、职业、工资水平等人口统计学特征。例如，百度研究院 Liu 等的一项研究指出，在百度知道问答社区中，拥有博士学位的 30 岁以上的女性更愿意接受问题推荐。如果用户提出一个关于女性服装设计的问题，那么其更希望是具有服装设计专业背景的女性用户来回答这个问题，这样的用户偏好是显而易见的，因此，可以说，人口统计学特征是虚拟社区社会化专家推荐需要考虑的一个重要因素。但往往在这样的虚拟社区中，用户都是匿名的，职业、工资水平等部分人口统计学特征信息难以获取，这类情境类信息比较少。

2．时间

本书中的时间情境是指用户在提问或者回答问题时的具体时间。为了便于分析，我们对提问/回答时间这一重要情境信息进行划分，如 7:00 之前、7:00～9:00、9:00～12:00、12:00～14:30、14:30～18:00、18:00～22:00、22:00～00:00、00:00 以后。因为学习或工作原因，每个人登录问答社区的时间都有所不同。假设用户的生活比较规律，则用户应该大致有一个比较稳定的上网时间段，我们将其称为用户时间偏好。时间情境在专家推荐中非常重要，它决定提问者能够获得解答的时效性，如果某个用户于早上 9 点前在问答网站上提出一个新问题，那么系统最好给他推荐偏好在 9 点前浏览问答网站的专家型用户，这样能让提问者在最短的时间内获得专业的答案，从而大大提高用户的满意度。

3. 设备状态

这里的设备状态是指用户提问或回答问题时所使用的硬件设备，即用户是通过计算机在线参与社区问答的，还是通过手机 App 参与社区互动的，或者使用其他平板设备。由于社交活动的碎片化特征及移动设备的普及性，越来越多的用户离不开手机这一移动设备，利用手机可以随时随地进行在线社交活动，给生活带来了极大的便利性。因此，在新问题产生时，如果向提问者推荐偏爱使用手机设备回答问题的专家，可能会提高问题回答的时效性，这样可以充分利用用户的碎片化时间，从而提高知识共享的效率。

4. 地理位置

如今，电信运营商为移动用户提供了基于地理位置的服务（Location-Based Service，LBS），通俗来讲，就是移动定位服务，它是电信运营商基于地理信息系统（Geographic Information System，GIS）发展出来的一种增值服务，用户使用这个增值服务，可以随时随地获取自己具体的地理坐标。例如，手机用户在发表 QQ 空间动态、微信朋友圈、微博信息时，都可以分享当前的地理位置。问答社区也是如此，只要用户开放了自动获取地理位置的权限，那么，当社交用户提出一个问题时，随之会显示用户详细准确的地理位置。有这样的一个场景：一个外地新生刚来武汉上学，如果他在百度知道上提问“周末想出去吃饭，有什么好饭店推荐？”，而该用户的地理位置显示的是洪山区街道口附近，那就将这个问题优先推荐给同样住在街道口附近的用户，在一定程度上可提高推荐专家的可用性。

此外，社会化问答平台 Quora 也推出了结合时间与地理位置的问答服务，促进了基于情境感知的社会化专家推荐的应用研究。

5. 情绪

这里谈到的情绪，是指人们回答问题时的心情。用户往往习惯在“工作之余”或者“心情愉悦”时回答问题，下班之后在饭店、咖啡厅或者家里这些休闲放松的兴趣场所时，人们往往会利用这样的闲暇时间进行社交活动，喜欢利用这样的碎片化时间浏览社交网站，获取自己想要的信息，并进入论坛、贴吧等问答社区查看并回复别人的问题。因此，了解用户当前的情绪，也是社会化专家推荐需要考虑的一个方面。

6．活跃度

活跃度是衡量用户社交行为的一项重要指标，Lai 等指出问答社区中的用户越活跃，其回答问题的可能性越大，而且基于用户活动规律进行问题推送，准确率提高了 37.34%。每个人在社区中的活跃度可能都不一样，有些人活跃度很低，可能一星期甚至一个月都不浏览问答网站，而有些人每天都会浏览问答社区。如果将问题推荐给这些活跃度低的用户，那么等待回答的时间就会比较长，难以满足用户当前的需求，所以，要向提问者优先推荐近期活跃度比较高的用户，这些用户的回答意愿会比较强烈一些。由此得出，用户近期的活跃度对问题推荐来说是一个极其重要的因素，同样在研究社会化专家推荐问题时，引入用户活跃度，可使社会化专家推荐的可用性在一定程度上得到提升。

7．工作负荷

有研究表明，过多的“工作负荷”会降低用户的回答意愿。也就是说，如果将问题都推荐给同一个专家回答，毕竟每个人的精力有限，不能做到一一解答，那么，必然有很多推荐的问题一直无人问答。所以，不能一味地给提问者推荐相同的专家，或者将大量问题推荐给同一个专家处理，要合理分配专家资源。因此，在研究社会化专家推荐时，专家的工作负荷也应该进行考虑。

在研究基于情境感知的社会化专家推荐时，我们将社交用户的情境知识分为两类：历史情境和当前情境。历史情境是站在回答者的角度，从用户的历史回答记录中提取出来的，包括用户的人口统计学特征、回答问题的时间、地理位置、用户活跃度及工作负荷等。当前情境是站在提问者的角度，从提问者的提问和个人信息中提取出来的，包括用户的人口统计学特征、提问时间、设备状态、地理位置信息等。

4.3.2 情境知识的获取与情境表示

要想将情境知识应用到社会化专家推荐中，首先要获取用户的情境知识。针对 4.3.1 节中不同类别的情境知识，本书将采用不同方式来进行获取，为基于情境感知的社会化专家推荐做好数据准备。

其中，①社交用户的人口统计学特征的提取比较简单，可以从用户当初注册社交账号时填写的个人资料中获取，一般来说，用户的性别、年龄层次、教育水平、职业这类基本个人信息比较容易获取，但是工资水平这类比较隐私的信息并不多，较难获取。②用户参与社区问答的设备状态可以通过问题或答案的来源获取，例如，在百度知道问答社区中，问题或者答案都会标注来源，用户若是通过手机提问的，问题后面一般会标识“来自手机知道”，没有标注即为通过计算机在线提问的。③地理位置是环境信息中的一类重要情境，提问者的地理位置可能随用户的移动而实时改变，可以通过移动运营商提供的 GPS 定位功能获取用户详细的地理坐标信息。④用户提问/回答的时间偏好信息，可以用网络爬虫工具抓取用户所有的历史回答记录，解析后以格式化结构存入数据库，并进一步分析其时间特征，对回答时间进行聚类，得出用户主要在哪个时间段回答别人的提问。⑤在数据库信息中，可以采用 SQL 语句计算出用户在某个时间段内的活跃度，即一段时间内用户的回答/提问次数。⑥用户的工作负荷量获取也相对容易，可以通过统计方法得出，即计算用户过去每天回答问题的总数。

相比而言，用户的情绪是最难以捉摸和获取的，这类情境知识并不是普通的机器语言能够理解和描述的。由于时间和能力有限，本书并没有对用户情绪这一情境信息进行更深入的探讨，也不打算将用户情绪这一情境信息应用到社会化专家推荐之中，这也是本书的缺陷之一。

假设已经将上述几种情境知识都成功提取出来了，接下来的任务就是如何用计算机能理解的语言来表示这些情境知识。基于前期的调查研究，本书决定采用向量空间模型（Vector Space Model，VSM）这一信息检索技术来表示情境知识。用户情境知识由用户人口统计学特征、时间、设备状态、地理位置、活跃度、工作负荷等属性维度构成，情境的定义如下：

$$\text{Context}=(C_{\text{demographics}},C_{\text{time}},C_{\text{device}},C_{\text{location}},C_{\text{activity}},C_{\text{workload}},\cdots,C_{c}) \quad (4\text{-}7)$$

Salton 等在 20 世纪 60 年代末提出了向量空间模型，并成功将其运用于非常有名的 SMART 文本检索系统。VSM 应用非常广泛，概念比较直观且易于理解，其核心思想就是将难以处理的文本内容用一个向量空间模型来表示，那么，文本内容之间的语义相似度的计算就可以通过向量运算来实现。

在研究某个文档时，为了便于分析和计算，往往构造出一个多维度的特征向量 $\boldsymbol{V}(d)=(t_1,w_1(d):\cdots:t_n,w_n(d))$来表示这个文档，其中，$t_i(i=1,2,\cdots,n)$是从该文档中提取出来的互补相同的词项，$w_i(d)$为词项 t_i 在文档 d 中的权值，一般被定义为词项 t_i 在文档 d 中出现频率 $\mathrm{tf}_i(d)$的函数，即 $w_i(d)=\psi(\mathrm{tf}_i(d))$。TF*IDF 函数是应用最为广泛的词项的权值计算方法，具体如下：

$$\psi=\mathrm{tf}_i(d)\times\log\left(\frac{N}{n_i}\right) \tag{4-8}$$

式中，N 为文档总数；n_i 为含有词项 t_i 的文档总数。TF*IDF 公式也有其他形式的计算方式，这里就不多做介绍了。

本书将待处理的文档都用特征向量表示，那么任意两个不同文档之间的语义相似度计算，就可以简单地通过它们各自对应的特征向量之间的相似度计算来获得。特征向量之间的余弦距离计算是文本处理最常用的方法，通常称为余弦相似度计算。

文档 d_i 和 d_j 之间的夹角余弦计算见式（4-9），余弦值也就是这两个文档之间的语义相似度。

$$\mathrm{Sim}(d_i,d_j)=\cos\theta=\frac{\sum_{k=1}^{n}w_k(d_i)\times w_k(d_j)}{\sqrt{\left(\sum_{k=1}^{n}{w_k}^2(d_i)\right)\times\left(\sum_{k=1}^{n}{w_k}^2(d_j)\right)}} \tag{4-9}$$

4.3.3　基于情境后过滤策略的二次专家筛选

本章推荐方法的第二阶段为基于情境感知的社会化专家推荐，基本思想是在基于混合图的社会化专家推荐算法的基础上，通过提问者与候选专家之间的情境（人口统计学特征、时间、地理位置、工作负荷、活跃度等）信息相似度对候选专家列表进行二次过滤，从而保证推荐专家的可用性。也就是说，通过计算候选专家的历史情境和提问者的当前情境的相似度来匹配适合的专家，得出最终的社会化专家推荐列表 Top-N*。

在第一阶段得出的候选专家的基础上，我们将基于情境后过滤策略的社会化专家推荐算法描述如下。

输入数据：提问用户 u，第一阶段生成的候选专家列表 Top-N。

输出数据：按降序排名的能够及时有效地回答问题 Q 的社会化专家列表 Top-N*。

步骤 1：初始化提问用户 u 的当前情境向量 $\boldsymbol{C}_{\text{current}}$ 与候选专家 Top-N 的历史情境向量 $\boldsymbol{C}_{\text{past}}$。

步骤 2：根据余弦相似性公式，分别计算用户 u 与候选专家 Top-N 之间的情境相似度。

步骤 3：根据情境相似度进行重新排名，并按降序排序，生成 Top-N*列表，得到最终的社会化专家推荐列表。

除此之外，结合情境知识进行社会化专家推荐的另一种策略是情境预过滤，其与前面描述方法的不同之处在于：先结合提问用户的情境信息进行预过滤，将与提问者情境不符的用户先排除掉，得出与提问者情境相符的用户列表；下一步再采用重启动随机游走算法进行专家推荐，对上一步过滤得到的用户列表进行更新，并得出最终的社会化专家推荐列表。但这种推荐方法的缺陷在于，第一步预过滤得到的与情境相符的用户非常多，作用不大，难以体现情境知识对推荐的重要作用，故本书不对此策略进行进一步研究。

4.4 本章小结

本章针对虚拟社区实际应用之一的社会化专家推荐进行研究，在第 3 章社会化专家建模部分设计出的用户—专长—词项混合图模型的基础上，提出基于证据增强混合图的社会化专家推荐算法（两阶段推荐法），该推荐算法主要包括重启动随机游走和情境感知两部分。第一阶段：在不考虑情境信息的前提下，基于用户—专长—词项混合图进行社会化专家推荐。采用重启动随机游走（RWR）算法在证据增强混合图（用户—专长—词项混合图）中进行随机游走，计算节点相似度，最终生成候选专家推荐列表。第二阶段：采用情境后过滤策略进行社会化专家推荐，即在第一阶段生成的专家推荐列表的基础上，依据情境类证据，进行基于情境感知的社会化专家推荐。这一阶段的核心内容是要建模提问者的当前情境和候选专家历史回答情境，然后结合情境相似性对候选专家进行二次过滤，从而生成最终的推荐列表，并推荐给提问者。

本书创新性地把社会化专家推荐问题转化为一个图的问题，并融入多类专家证据，使得图包含的信息更加丰富、全面。此外，通过提问者与候选专家之间的情境相似性对候选专家列表进行了二次过滤，该算法极大地提高了社会化专家推荐的准确性与可用性。

Chapter 5

第 5 章

面向虚拟社区的应用与实证研究

用户画像能够通过对用户特征进行客观准确的描述，精准识别出虚拟社区中特定的用户并满足用户的个性化需求；社会化专家推荐可以发现虚拟社区中具有专业特长的用户，并推荐给信息需求者，信息需求者可以快速获取其帮助，共享其隐性知识，对于解决信息过载问题、提升用户体验和知识共享水平具有重要作用；在线社会支持作为一种极具潜力的社会支持方式，通过提供广泛的信息、情感和网络陪伴等，能够保障社会成员身心健康、实施弱势群体救助和提升社会幸福感，并通过特殊领域的深度支持，有效疏导转型时期的社会情绪，缓解社会矛盾，或阻止高危传染性疾病的不良传播。基于此，本章重点针对虚拟社区中基于主题模型的用户画像、基于证据增强混合图的社会化专家推荐算法，以及在线社会支持的网络演化追踪理论进行实证研究，用以检验本书的模型是否具有实际应用价值及有效性和可行性。实证数据来源于新浪微博、百度知道、39 健康网艾滋病论坛等虚拟社区平台，而详细的数据采集方法将在第 6 章进行介绍。

5.1　基于新浪微博的用户画像应用与实证

1. 实验基础

新浪微博 2018 年第二季度财报显示，其月均活跃用户数（Monthly Active User）为 4.31 亿。本实验将新浪微博作为研究对象，验证基于主题模型的虚拟社区用户画像建模的可行性及有效性。

本实验的实验数据利用网络爬虫采集，包括用户节点 528390 个、用户关系信息 100 万余条、微博文档 1642950 条；时间为 2009 年 8 月 29 日至 2012 年 2 月 9 日。其中，用户节点包括用户属性信息和用户个人主页的自定义社会化标签；微博文档包含话题标签和微博内容。新浪微博的用户属性信息包括基本信息（昵称、真实姓名、所在地、性别、感情状况、生日、血型、博客地址、个性域名、简介、注册时间）、联系信息（邮箱、QQ、MSN）、职业信息（单位名称、部门、职位、工作时间、工作所在地）和教育信息（学校类型、学校名称、入学时间）。采集的数据经过数据解析后，存储到数据库和索引信息中。

下面对本次实验数据经过数据清理后的格式化文档进行详细说明。从 100 万余条用户关系中随机选取 5000 条用户关系，构建虚拟社区用户关系网络（见图 5-1）。

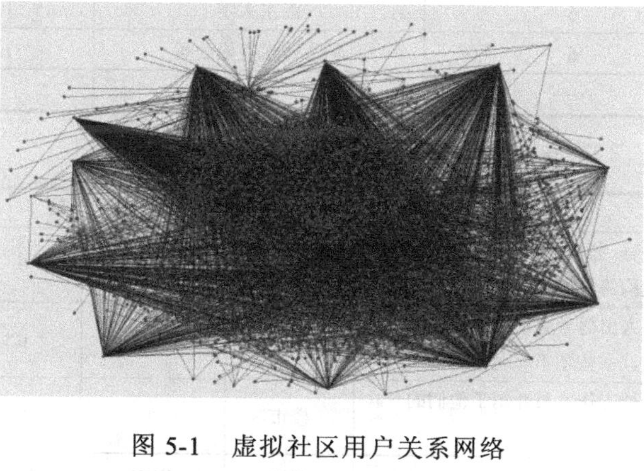

图 5-1　虚拟社区用户关系网络

虚拟社区用户关系网络的重要用途是对主题模型构建的用户画像进行用户推荐效果评测。用户属性信息存在多值和空值问题，例如，为了保护个人隐私信息，联系信息、教育信息和职业信息多为空值，其中教育信息和职业信息又会出现多值。为了节省存储空间，将用户属性分别存于虚拟社区用户属性表和虚拟社区用户属性值表，分别如表 5-1、表 5-2 所示，虚拟社区用户生成内容表（部分）如表 5-3 所示。在本实验中，为了保护虚拟社区隐私，隐去用户在虚拟社区中的 ID，重新生成新的 ID。

表 5-1　虚拟社区用户属性表（部分）

ID	属　性	属性类型
1	昵称	基本信息
2	性别	基本信息
3	所在地	基本信息
4	邮箱	联系信息
5	单位名称	职业信息
6	学校名称	教育信息
……	……	……

表 5-2　虚拟社区用户属性值表（部分）

ID	属性 ID	属 性 值	用户 ID
1000	3	湖北武汉	1892413151
1001	3	浙江杭州	1295743385
1002	3	湖北武汉	1288565264
1003	2	女	1641561812
1004	6	南京大学	1249458581
1005	6	华为技术有限公司	1244285954
……	……	……	……

表 5-3　虚拟社区用户生成内容表（部分）

ID	内　容	标签话题	评　论	转　发	用户 ID
1000	电影预言：指电影导演若干年前拍的电影中虚构的景象、语言在后来……	互动百科	0	0	1646051850
1001	环卫工人出国考察不能不让人思考一个问题，一些还不够现行……	—	1	0	1646051850
1002	链家一位工作人员介绍了他们的一个新业务……	楼市	4	0	1646051850
……	……	……	……	……	……

结合已有的数据，本实验的研究主要分为两个部分：静态用户画像的构建和动态用户画像的构建。实验环境：Intel®Core™ i7-4770 CPU@3.40GHz、8GB 的内存、KINGSTON 120GB 固态硬盘的 PC，操作系统为 Windows 7，实验工具为 Java 1.6 及 MyEclipse 10。

2. 评价指标

本实验涉及多个实验过程，我们分别采用不同的评价指标对不同实验过程进行评估。其中，主题模型建模过程是本实验建模的基础。混淆度（Perplexity）是评估主题概率模型的常用方法之一，用来评估虚拟社区用户画像主题建模中 Topic 数量何时最佳，即在多大程度上接近虚拟社区的实际情况。Perplexity 是评估概率模型的标准方法，将训练文档的预测似然值归一后的负值作为自然指数。Perplexity 值越小，说明主题建模效果越佳，即越接近实际概率分布。

$$\text{Perplexity} = \exp\left[-\frac{\sum_{d=1}^{M}\log w}{\sum_{d=1}^{M}N_d}\right] \tag{5-1}$$

本实验还在虚拟社区用户画像建模的应用——用户推荐上对模型进行评价。评价指标主要是用户信息检索领域的指标，分别为 *P@N* 和 IMAE。*P@N* 表示前 N 个推荐项目的查准率（Precision，P），即基于用户画像的推荐项目中与实际结果相匹配的推荐项目所占的比例。平均绝对偏差（IMAE）评价推荐效果。IMAE 越小，推荐质量越高。如式（5-2）所示，n 为相关度降序排列的前 n 个推荐的用户；P_{ui} 为人工标注的相关度；S_{ui} 为各种算法得到的用户 u 和第 i 个推荐出的用户的相似度。

$$\text{IMAE}_u = \frac{\sum_{i=1}^{n}\left|P_{ui} - S_{ui}\right|}{n} \tag{5-2}$$

3. 静态用户画像

1）实验过程

本次实验主要包括两部分：一是构建静态用户画像，二是静态用户画像分析。静态用户画像构建的具体实验步骤如下。

步骤 1： 生成主题模型的输入文件——文档—词项矩阵。随机选取 10 名用户，说明个人用户画像的建模过程。选取的虚拟社区用户如表 5-4 所示。同时，以抓取的虚拟社区所有文档数据为单元归集，研究虚拟社区整体用户画像建模。需要特别说明的是，为了提高词项表达的效果，在构建文档—词项矩阵的过程中，通过中文分词词典切分后，只保留动词、名词和形容词等有实际意义的词项。同时，允许自定义的具有社群特征的词项。

表 5-4　选取的虚拟社区用户

序　号	用户社区 ID	用户表示	序　号	用户社区 ID	用户表示
1	1646051850	a1	6	1644489953	a6
2	1890443153	a2	7	1639498782	a7
3	1195403385	a3	8	1944289954	a8
4	1288915263	a4	9	1435160552	a9
5	1641561812	a5	10	1760342342	a10

步骤 2：主题建模。融合用户属性、社会化标签和主题网络，将文档—属性矩阵、文档—社会化标签矩阵和文档—词项矩阵作为模型输入，加入 LDA 主题模型。具体融合方法，参照静态用户画像构建的内容，此处不再赘述。

步骤 3：确定建模参数。混淆度（Perplexity）反映的是当前训练的模型对未知数据的预测能力，混淆度越小，预测能力越好。如图 5-2 所示，本书的虚拟社区用户画像建模的主题模型 Perplexity 明显小于 LDA 主题模型，说明该模型具有较好的泛化能力。另外，随着主题数的增加，Perplexity 不断降低。当主题数量为 50 时，模型性能最佳。因此，在建模过程中，选取主题数量为 50。

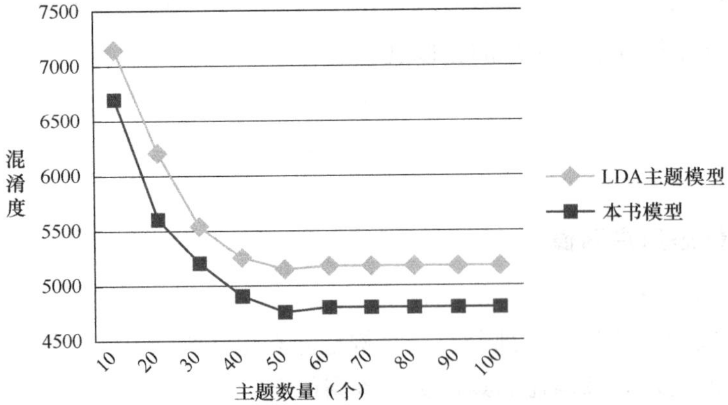

图 5-2　不同主题数量下的混淆度（一）

步骤 4： 模型 Gibbs 近似推理，模型输出。根据前面的内容，结合用户属性、社会化标签和主题网络的融合，进行 Gibbs 采样，输出主题—词项矩阵、文档—主题矩阵和主题网络。其中，用户属性和社会化标签虽然在推理过程中区别于词项，但其随主题—词项矩阵一同输出。

步骤 5： 用户画像表示。静态用户画像表示主要包括基础图表、标签化描述。

考虑到主题下某些词项（包括用户属性和社会化标签）权重过低难以表示主题，以 1.0×10^{-4} 的词项权重阈值来筛选主题下的词项概率分布。选取主题权值排名前 10 的主题及主题下权重排名前 8 的词项，再人工剔除与主题无关的词项及词序变换，用最终剩余的词项生成用户画像描述词项，如表 5-5 所示。

表 5-5　虚拟社区用户画像词项描述（部分）

用 户 名	词　　项	用户属性	社会化标签
a1	演播室 记者 数学 意义 真相 幼儿园 媒体 电视剧 食品 物价 政府 真理 制度 空气质量 菜市场 计算机	北京 女 北京大学	格致 北大 新闻 财经 美食 主播
a2	男人 女人 孩子 儿子 妇女 民众 学生 知道 朋友 看到 内阁 力量 老婆 世界 网站 有限公司 乞丐 政策 机器人	江苏 男	经典语录 家教 两性 冷笑话 内涵 股票 热 点新闻 社会焦点 历史
a3	代言人 难民 朋友 世界 岁月 事实 素质 女性 广告 栏目组 气质 杂志 司机 晚饭 粉丝 主角 声音	北京 朝阳区 女	电影 文明观剧 孩子
a4	市场 个人 概率 前提 经济学 走势 看法 逻辑 危机 企业 政策 财富 指数 压力 资金 方法 幅度 人性	广东 广州 男	投资分析 投资理财 心理学 股票
a5	语言 论坛 法律 年会 律师 法学 标语 公约 隐私 委员会 官方 社论 国际法 旗帜 所有权 根基 权利	北京 海淀区 北京大学 法学院 西南政法大学	司法改革 观察者 法学 教书匠 燕园漫步 托尔维克 新书出世
a6	谢谢 政府 扑克 官员 得克萨斯 缺点 筹码 民警 内战 小米 作业本 广告 民谣 人生 垃圾 航班	男 淘宝店 北京 朝阳区	偏执狂 喜发呆 神经病 没养分 爱热闹 爱数学 得克萨斯扑克 小米
a7	主持人 兄弟 假装 医院 妇女 玩儿 媳妇 班长 屎 卫生巾 学校 老师 记得 内涵 故事 网友	河北大学 河北 廊坊 数学与计算机学院 男	搞笑 笑一笑十年少

（续表）

用户名	词项	用户属性	社会化标签
a8	转发 手机 小米 互联网 红包 产品 钱包 媒体 电影 条码 研究生 消费者 电子商务 数据 搜索引擎 机器人 终端 市场	湖北 武汉 女	自由 旅游
a9	经济学家 学者 房产 公信力 经济体 社论 利息 开发商 制造业 房价 规律 金融业 重税 货币 产权交易 产业安全 宏观经济	中国人民大学 北京 海淀区 男	微观经济学
a10	星座 狗 孩子 金牛座 双鱼座 射手 星座 女人 时尚 经典语录 双子座 天蝎座 手机 恋人 化妆品 肌肤 地址 冷色 胖瘦 正品	—	简单 蘑菇街 唯品会 欧美汇 团购 时光机

用户画像的基础图表的表示，只能通过用户词项、用户属性和社会化标签来简单描述用户，但是不能直观表示用户画像的重心。因此，通过生成的词项概率分布生成用户画像的标签云。如图 5-3 所示，通过 Wordcloud.js 工具可视化 a1 用户画像的标签云。

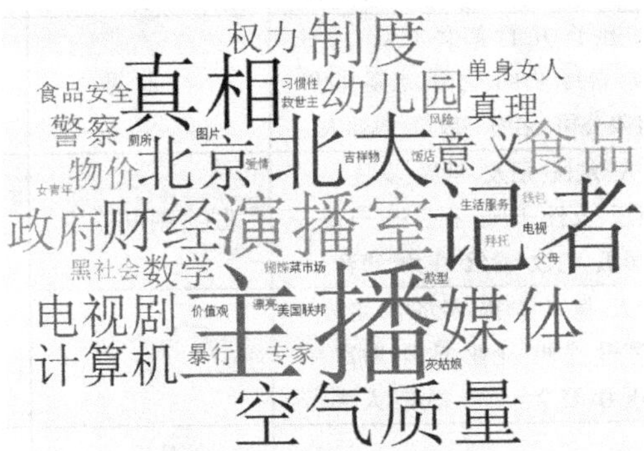

图 5-3　用户画像的标签云表示

对用户画像建模输出的主题网络进行可视化，由于主题的隐含性，需要通过主题下的词项（包括用户属性和社会化标签）表示。这里用每个主题下概率最大的词项表示主题。其中，主题权重由文档下的主题概率分布值表示。如图 5-4 所示，通过 Ucinet 6 软件可视化虚拟社区用户 a1 的用户画像的主题网络。主题节点的大小由权重决定，即用户文档下主题概率越高，用户画像的主题网络中节点越大。因此，在用户画像的主题网络表示图中，节点越大的标签越具有代表性。

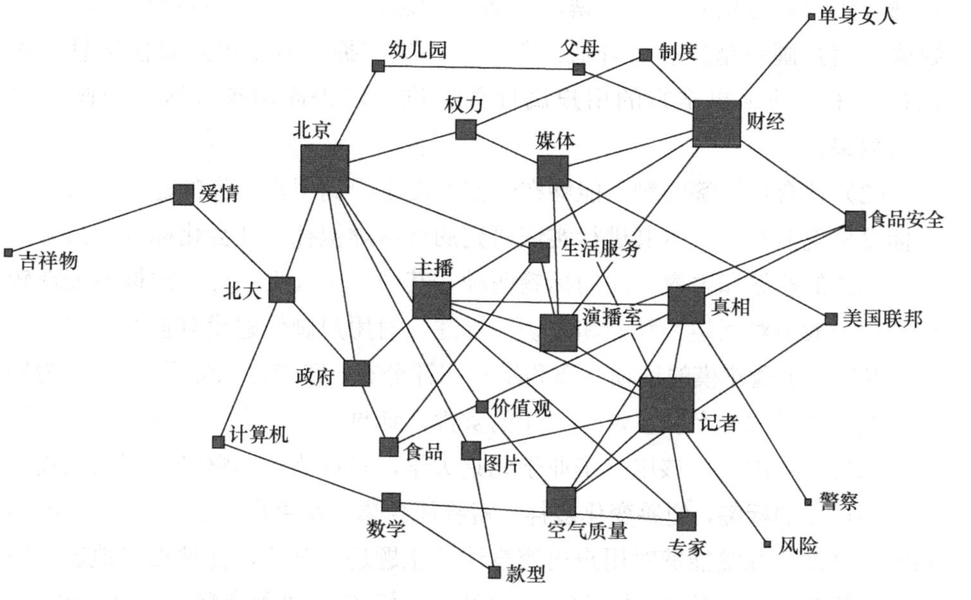

图 5-4　用户画像的主题网络表示

2）实验结果及分析

在本书研究的静态用户画像建模中，用户属性、社会化标签和主题网络的融入有效地提高了用户画像建模的效果。图 5-2 说明本书研究的模型具有较好的泛化能力，同时通过可视化的形式对用户画像的建模结果进行分析，可以使用户画像直观明了。下面对用户画像建模结果及规律进行总结。

（1）用户属性的融入能够准确地定位用户画像，对用户画像建模有着重要的作用。没有用户属性的画像是不全面的、信息缺失的。例如，仅通过主题建模的词项分布，用户 a5 可能为一名律师或者法律知识较丰富的人。而融合用户属性建模后，结合用户属性词项的地点和教育信息，我们可以判定其是北京大学法学院的教授或者学生，曾经有过在西南政法大学学习或工作的经历。同样，仅通过主题建模的词项分布，用户 a9 可能为一名经济学相关学者。而融合用户属性建模后，结合用户属性词项的地点和教育信息，我们可以判定其毕业于中国人民大学或者目前为中国人民大学经济学教授或学者，在北京海淀区。通过建模效果，我们可以发现，融入用户属性后，用户画像更加精准和全面。但是，由于通过爬虫抓取的用户属性信息有限，很多人为了保护隐私将部分用户属性隐藏，同时，本实验为了保护用户隐私，也将部分用户属性信息（如微博域名等）剔除。这些因素导致部分用户属性缺失，用户画像精度有所降低。但这并不影响拥有海量用户属性信息的虚拟社区平台使用更丰富的用户属性数据进一步提高虚拟社区用户画像建模的效果。

（2）社会化标签的融入能够在一定程度上提高用户画像的建模效果，并且标签呈现多样性。本书进行实证研究的微博虚拟社区社会化标签分为个人主页标注的标签和内容标注的标签两种。其中，个人主页标注的标签表现较稳定，一般为对兴趣、职业和知识的标注，对用户画像建模有重要影响。例如，仅通过主题建模的词项分布和用户属性分布，我们可以知道用户 a1 为毕业于北京大学的一名从事媒体工作的女性。通过融入社会化标签，可以把用户画像进一步细化：该用户毕业于北京大学，目前为一名财经新闻女主播。而内容标注的标签，便签变化多样，随着社会热点及用户兴趣的变化而变化。同时，这部分标签能够对用户内容表达的主题进行强化，能够很好地表达用户画像的多样性。例如，在用户 a6 的社会化标签中，“得克萨斯扑克”和“小米”为用户对内容的标注，这两个标签表示用户 a6 经常玩得克萨斯扑克，分享小米手机的内容。“爱热闹”“神经病”“没养分”等标签为用户个人主页标注的标签，契合了经常发布的内容，即恶搞、笑话等内容。综上，在社会化标签中，个人主页标注的标签主要表达用户画像长期稳定的部分，内容标注的标签主要体现用户画像多样变化的部分。

（3）主题网络的融入有助于发现用户画像中一些潜在关系。由于主题网络是用户文档的隐含表示，主题与主题之间的潜在关系构成了主题网络。通过图 5-4，我们可以直观地看到 a1 用户的主要标签为“记者”“财经”“主播”“北京”“演播室”“媒体”，很好地表示了用户重要标签，同时主题标签与主题标签间的关联也一目了然。另外，用户画像的主题网络中隐藏的更复杂关系可以通过网络分析方法进行分析。例如，对用户 a1 的用户画像主题网络进行派系分析，对主题网络进行划分，相同的颜色表示一个派系，如图 5-5 所示。通过用户画像主题网络的派系分析图可以发现，用户画像的主题网络具有明显的结构特征。可以将用户主题网络划分为 3 个部分，即用户画像主要表现为 3 个方面，分别为新闻主播领域、政府领域和生活领域，并且在每个领域中，可以通过节点大小筛选出重要标签。

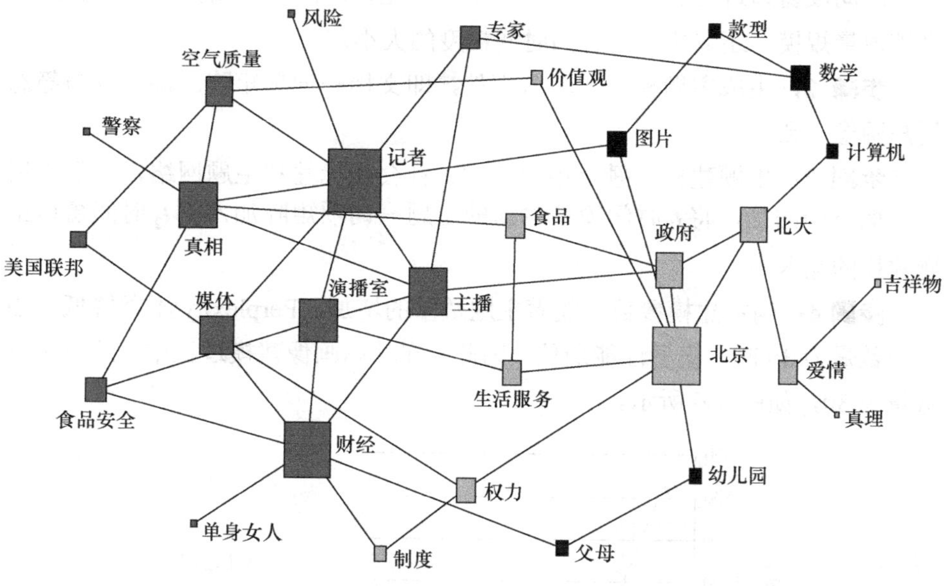

图 5-5 用户画像主题网络的派系分析

（4）3 种用户画像表示方法各有优缺点，但分析结果一致。用户画像的词项表示能够清晰地罗列出用户的词项、用户属性和社会化标签，但重要性需要通过概率分布确定。用户画像的标签云表示能够直观地表示用户标签和权重，但无法表示用户标签的类别或领域。用户画像的主题网络表示能够清晰地展示用户画像的结构特征，但主题是隐含的，需要通过主题下的词项进行表示。但 3 种方式都很好地将用户画像可视化，直观明了且保持一致性。

4. 动态用户画像

1）实验过程

动态用户画像的构建过程与静态用户画像构建过程类似，主要差异在于，动态用户文档的时间切分及时间段间主题建模的平滑过程。动态用户画像构建的具体步骤如下。

步骤 1： 用户文档时间窗口的切分。本次实验首先按照半年的时间窗口进行切分，当该切分的时间段下文档数量达不到规定的阈值时，自动顺滑到下个时间段窗口进行合并。需要特别说明的是，时间窗口切分除了依据用户文档数量规模，还取决于研究的时间粒度的大小。

步骤 2：生成主题模型的输入文件，即文档—词项矩阵。该步骤与静态用户画像一致。

步骤 3：主题建模。融合用户属性、社会化标签和主题网络，与静态用户画像不同的是，将 t_1 时间窗口输出的主题—词项矩阵加入到 t_2 时间窗口主题建模的输入中。

步骤 4：确定建模参数。随着主题数量的增加，Perplexity 不断降低。当主题数量为 30 时，模型性能最佳。因此，在动态画像建模过程中，选取主题数量为 30，如图 5-6 所示。

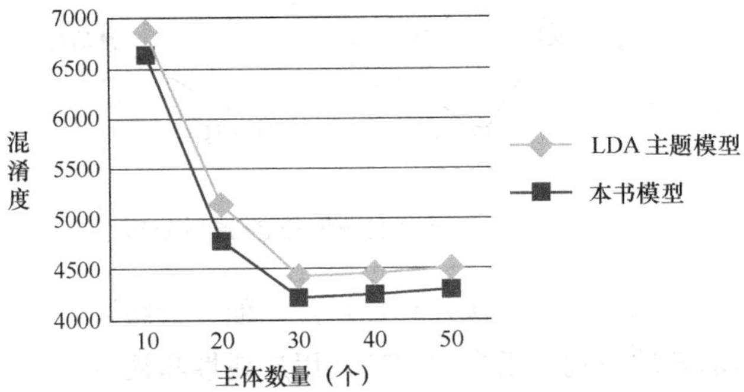

图 5-6　不同主题数量下的混淆度（二）

步骤 5：模型 Gibbs 近似推理，模型输出。通过 Gibbs 近似推理，输出用户画像的基础数据，包括文档—主题矩阵、主题—词项矩阵和主题网络。

步骤 6：用户画像表示。动态用户画像的表示与静态画像一致，但动态用户画像是一个与时间相关的过程。我们以用户 a9 的用户画像为例，说明动态用户画像表示过程。

如表 5-6 所示为动态用户画像词项描述。

表 5-6　动态用户画像词项描述

时　间	词　项	用户属性	社会化标签
t_1	房价 政府 问题 政策 开发商 认为 社会 骗局 国家 危机 市场经济 企业 房子 全球 货币 普通话 小说 苹果	中国人民大学 北京 海淀区 男	微观经济学

（续表）

时　间	词　项	用户属性	社会化标签
t_2	政府 房价 市场 高铁 事故 开发商 货币 观点 黄金 铁路 铁道部 造谣 民意 人才 管理者 电视台	中国人民大学 北京 海淀区 男	微观经济学
t_3	房价 政府 问题 政策 开发商 真话 宾馆 研究院 结构性 社会 危机 货币 房子 制造业 原材料 趋势	中国人民大学 北京 海淀区 男	微观经济学
t_4	政府 房价 年代 政策 问题 社会 危机 全球 市场 国家 知道 货币 开发商 国家队 神话 指数 泡沫	中国人民大学 北京 海淀区 男	微观经济学

动态用户画像的标签云表示如图 5-7 所示，表示 a9 用户 $t_1 \sim t_4$ 的用户画像标签云表示的变化过程。

图 5-7　动态用户画像的标签云表示

动态用户画像的主题网络表示如图 5-8 所示，表示 a9 用户 $t_1 \sim t_4$ 的用户画像主题网络表示的变化过程。

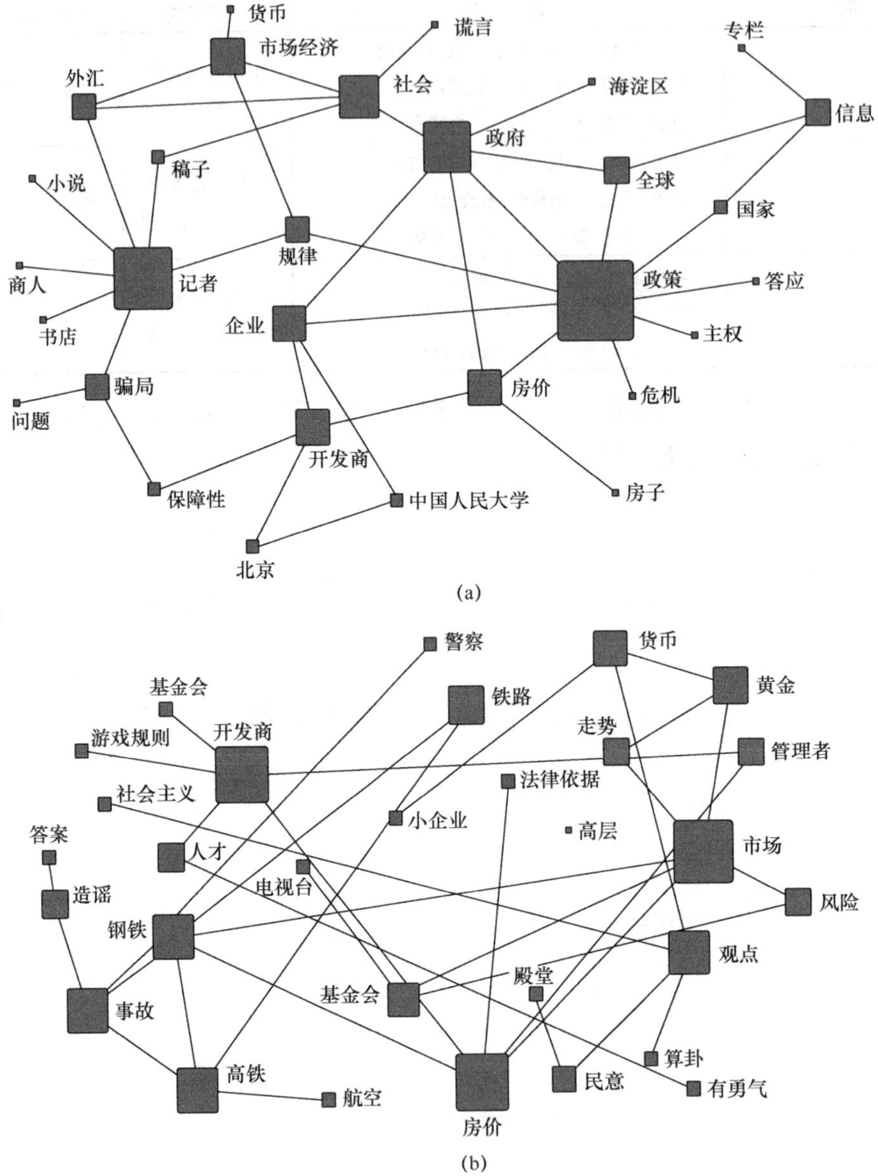

图 5-8 动态用户画像的主题网络表示

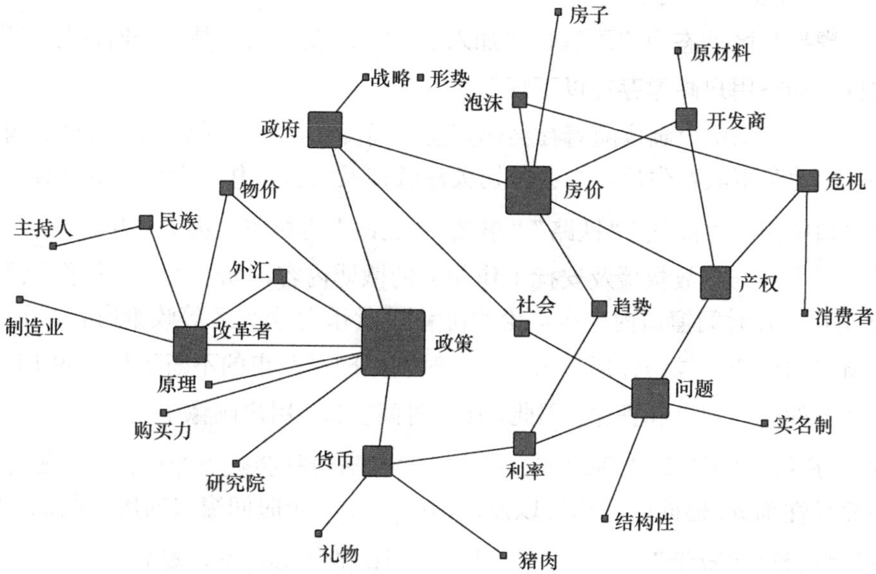

(c)

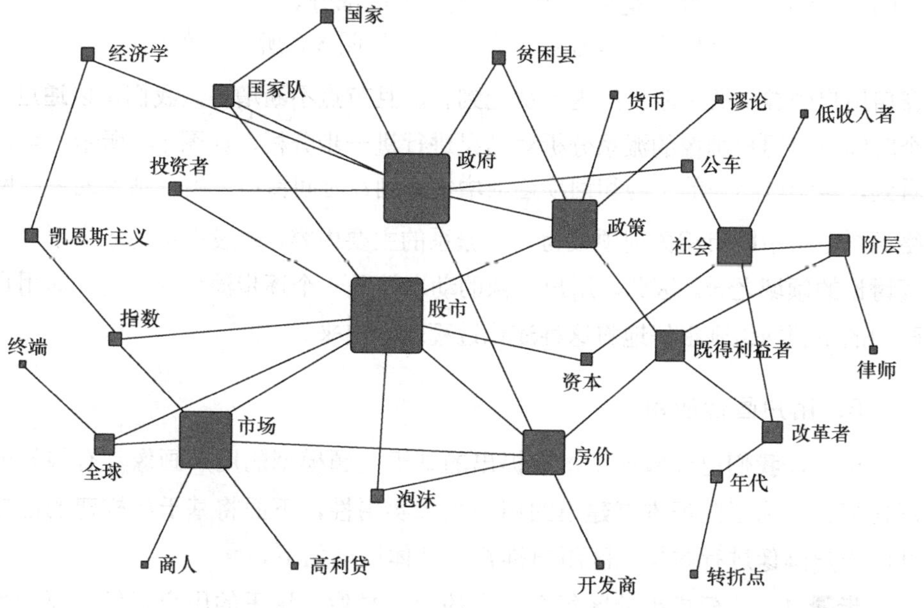

(d)

图 5-8　动态用户画像的主题网络表示（续）

2）实验结果及分析

虚拟社区动态用户画像构建加入了时间维度，因此是一个时间序列化的过程，动态用户画像存在以下规律。

（1）动态用户画像随着社会热点变化而变化，但同时体现稳定性。例如，7·23 动车事故发生后，社会密切关注救援及安抚工作。此时，a9 用户 t_2 时间窗口中出现“高铁”“铁路”“事故”“造谣”等标签。因为该用户在此期间发布了很多与事故救援及安抚工作相关的微博内容，同时严厉斥责了造谣者。a9 用户在 t_3 时间窗口内较多谈论“利率”“货币”“外汇”等政策内容，在 t_3 时间窗口的用户画像中体现出来。在 t_4 时刻，随着股市的不断下行，a9 用户发布较多的股市观点和评论。因此，在 t_4 时间窗口，用户画像中出现“指数”“泡沫”“危机”“国家队”等内容。以上主要是随着社会热点变化，用户画像中，的变异性部分。但同时我们可以发现，在 $t_1 \sim t_4$ 4 个时间窗口的用户画像中“政府”“房价”“政策”等标签一直是用户画像的核心特征，稳定不变。说明无论社会热点如何变化，房价及房地产相关政策是用户一直关注的内容，是用户的专业领域，因此也是用户画像的重要组成部分。

（2）用户画像随着时间迁移不断演化。如图 5-8 所示，在 $t_1 \sim t_4$ 4 个时间窗口用户画像中关于股市的内容从无到有，且节点不断增多。我们可以通过 4 个时间窗口用户画像的派系分析对结果进行进一步分析，如图 5-9 所示。可以看到，该领域相关的主题和词项逐渐增多，到 t_4 时间窗口，用户画像的主题网络派系分析中股市相关词项成为一个派系的主要内容，即股市话题成为用户主要讨论的领域之一。因此，用户画像的动态性是一个逐步演化的过程，而用户画像的主题网络则很好地将这种演化过程表示出来。

5. 用户画像应用

至此，我们已经验证了本书提出的基于主题模型的用户画像具有很好的泛化能力。为了验证本书建模的用户画像实用性，下面将基于已构建的虚拟社区用户画像进行虚拟社区用户推荐，具体过程如下。

步骤 1：构建虚拟社区每个用户的用户画像。这里的用户画像主要指静态用户画像。

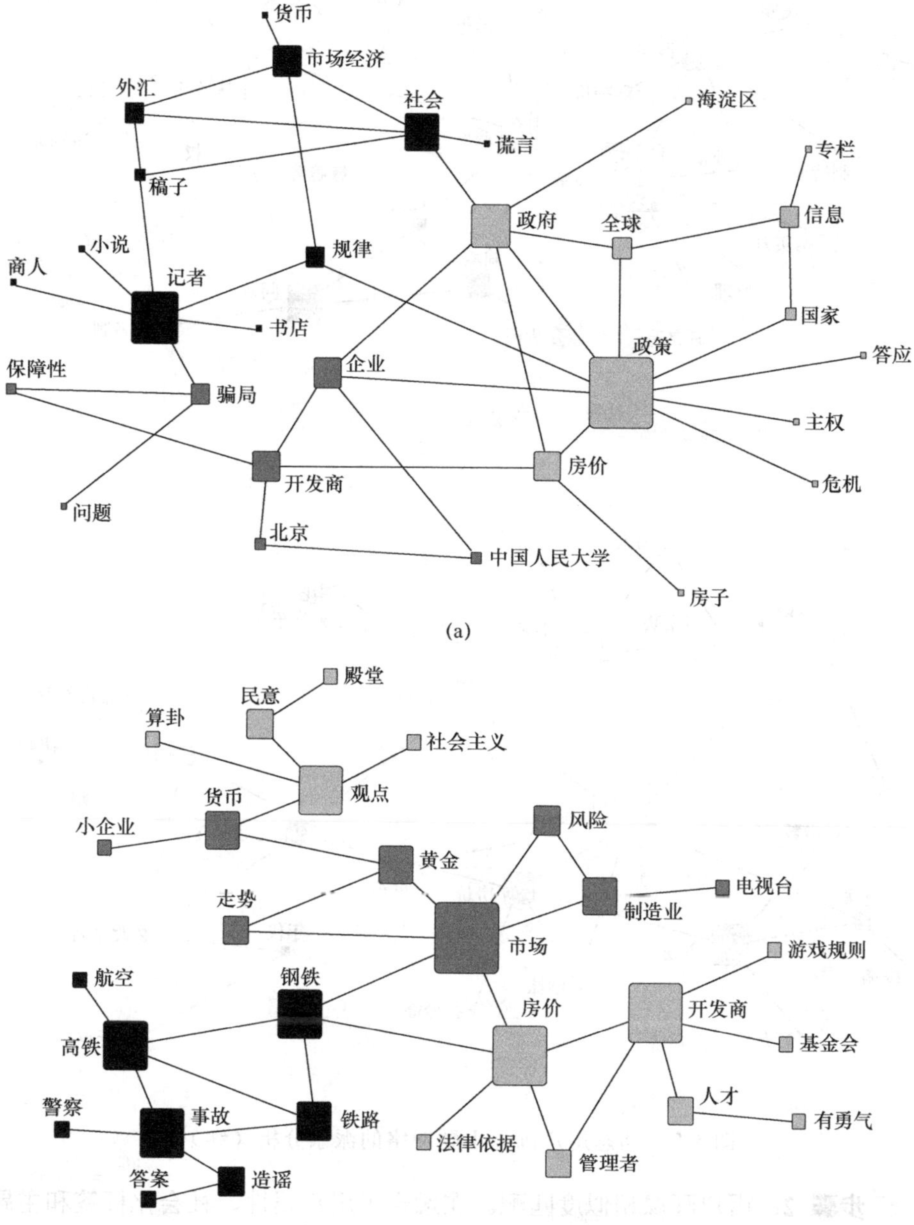

(a)

(b)

图 5-9　动态用户画像主题网络的派系分析

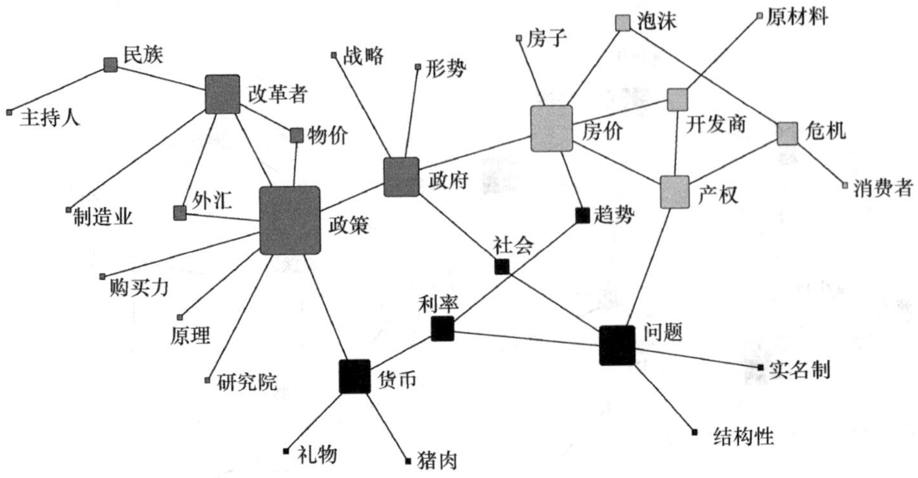

(c)

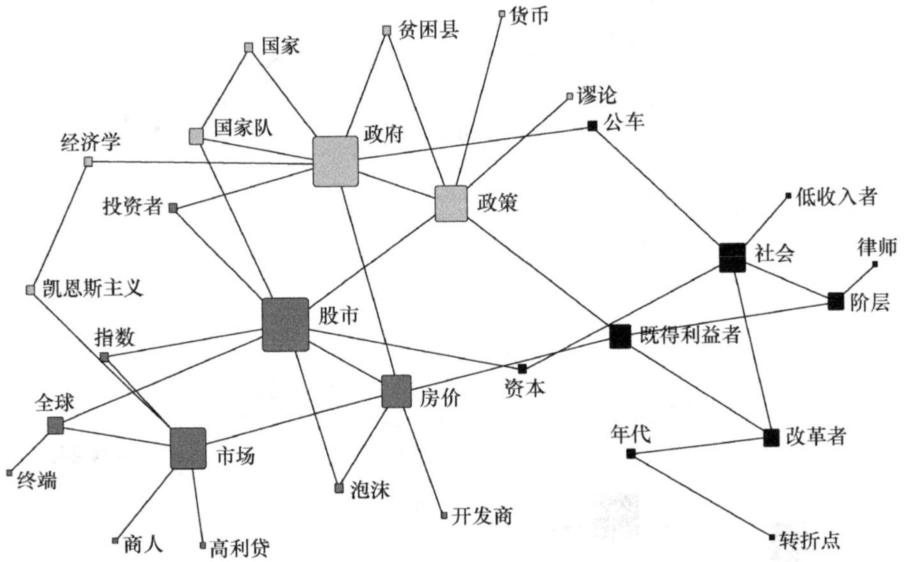

(d)

图 5-9　动态用户画像主题网络的派系分析（续）

步骤 2：用户画像相似度匹配。在融合了用户属性、社会化标签和主题网络后，输出静态用户画像。对用户画像进行向量表示，如式（5-3）所示。$\boldsymbol{P}_i$ 为第 i 个用户的用户画像向量。S_{in} 为 $\boldsymbol{P}_i$ 的第 n 个标签的权重，这里的标签包括文本词项、用户属性和社会化标签。其中，向量的长度为所有用户的用户画像标签数量，标签的权重为主题在文档下的概率值与词项在主题下概率值的乘积。因此，两个用户间的相似度可以通过两者用户画像的向量空间的内积表示，如式（5-4）所示。

$$\boldsymbol{P}_i = \left(S_{i1}, S_{i2}, \cdots, S_{in}\right) \tag{5-3}$$

$$m\left(\boldsymbol{P}_i, \boldsymbol{P}_j\right) = \frac{\boldsymbol{P}_i \times \boldsymbol{P}_j}{|\boldsymbol{P}_i| \cdot |\boldsymbol{P}_j|} = \frac{\sum_{k=1}^{n} S_{ik} S_{jk}}{\sqrt{\sum_{k=1}^{n} S_{ik}^2} \sqrt{\sum_{k=1}^{n} S_{jk}^2}} \tag{5-4}$$

步骤 3：返回推荐用户列表。针对每个用户，根据用户画像的相似度返回用户列表。将现有用户关注关系和人工判断相结合来评价推荐用户是否有效。因为用户发布的很大一部分内容是转发的关注好友发布的内容，所以我们认为相互关注的好友间用户画像存在很大的相似性，这种推荐是有效的。如果用户非好友，则需要人工判别推荐有效性。用 *P@N* 来评价推荐结果的准确性，结果如表 5-7 所示。用 IMAE 来评价推荐结果的准确性，结果如图 5-10 所示。

表 5-7　基于虚拟社区用户画像的用户推荐结果评测（*P@N*）

评测指标	评测结果
P@5	0.617
P@10	0.583
P@20	0.516

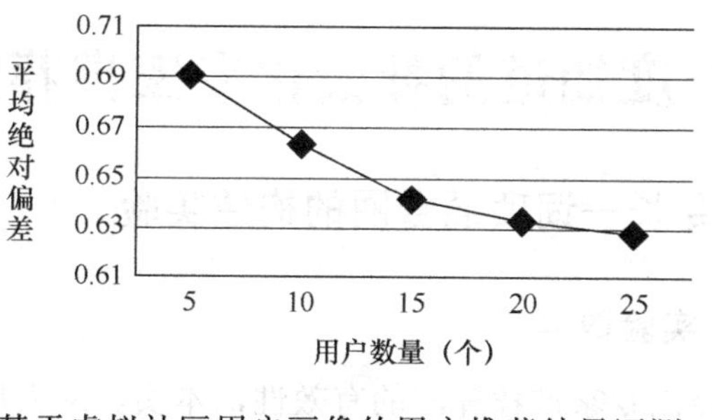

图 5-10　基于虚拟社区用户画像的用户推荐结果评测（IMAE）

可以看到，*P@N* 的结果还是较理想的，同时，IMAE 的值随着用户数量增加不断减小，说明推荐结果较好，与 *P@N* 的评测结果一致。

6. 实验总结

本实验对新浪微博进行了实证研究。本次实验采集的新浪微博数据量大且信息丰富，为实证研究提供了可靠的数据基础。基于真实的数据，进行了一系列实验完成了虚拟社区的用户画像构建，包括静态用户画像构建和动态用户画像构建，并对用户画像构建方法的性能进行了评估，同时对用户画像构建的有效性进行了验证。结合实证研究的结果，我们对虚拟社区的用户画像进行了分析，并对用户画像的不同形式进行了可视化表示，得出了以下结论：用户属性的融入有助于准确定位用户画像，对用户画像建模有重要影响；社会化标签的融入能够在一定程度上提高用户画像建模效果，并且标签呈现多样性；主题网络的融入有助于发现用户画像中的一些潜在关系；用户画像随着社会热点变化而变化，但变异性中体现稳定性；用户画像随着时间迁移不断演化。

本次实证研究不仅探索了虚拟社区的用户画像规律，还对基于虚拟社区用户画像的用户推荐进行了探索，验证了用户画像的有效性。但本次实证过程仍有一些不足之处：①虽然采集的数据集规模较大，但与实际的虚拟社区规模相比较仍较小，与用户画像的实际需求还存在一定的差距，后续需要利用更大规模的数据来验证本书用户画像的构建方法的有效性；②在用户画像的规律探索方面，主要考虑了个体用户画像的规律，群体用户画像的规律需要进一步探索。而如何充分利用虚拟社区用户画像的隐含信息仍是一个挑战。

5.2 基于百度知道的社会化专家推荐应用与实证

5.2.1 用户—专长—词项混合图的构建实验

1. 模块一：实验数据

为了测试社会化专家推荐算法的有效性，本实验从百度知道中抽取实验数据集，进而对本书提出的社会化专家推荐算法的准确性和可行性进行评估。本实验利用 Java 语言编写爬虫程序，采集了从 2014 年 5 月 1 日至 5 月 31 日“保健养生”这一话题的所有问题和答案，以及参与该话题互动的所有用户信息。这里的用户信息包括详细的个人资料，如昵称、性别、身份等级等；用户参与百度知道平台的个人基本信息，如提问总数、回答问题的总数、用户答案被采纳率、用户答案被赞同数、经验值等；问题答案对，包括提问者、提问情境、问题分类、标题、正文、回答者、回答情境、答案内容等。在存储数据之前，先通过预处理去掉大量冗余信息及价值不大的用户，再将用户信息、用户情境、问题答案对、回复关系、好友关系等数据解析出来，并以格式化的数据表形式存入数据库，本次实验的数据库选择应用较为广泛且简单易用的 MySQL。在实验中，可以根据实际需求从数据库中提取相关数据，如利用 SQL 语句进行查询和简单的统计；可以利用社会网络分析软件从数据库中抽取数据，构建出形象生动的能够表达用户与用户之间复杂互动关系的网络图，从而便于进一步的研究分析。

在实验过程中，要先对大量数据集进行模型训练，然后再对一部分数据进行模型测试。因此，本实验采用常见的五折交叉验证的方法，将实验数据集划分为 5 个不同的数据集合，在每一次实验中，将其中 4 个数据集合作为实验的训练集，剩下 1 个数据集合则作为测试集。另外，本次实验采集的数据集包含 726 位注册用户，4825 个问题答案对。将与用户相关的基本信息存储到数据库的用户基本信息表中，如表 5-8 所示；考察期内的所有问题答案对将存储在问题答案对 QA 表中，如表 5-9 所示；其他数据表不再一一展示了。实验所需要的其他数据都可以从这些基础数据表中提取并进行二次加工。

表 5-8　用户基本信息表（部分）

用户 ID	用户昵称	回答采纳率	回 答 数	回答被赞同数	经 验 值	财 富 值	提 问 数
1001	文彩春春	61%	1344	30	9055	25450	12
1002	bisit9031	81%	111	2	478	770	0
1003	新仔 318	0%	0	0	41	70	5
1004	life 呼噜噜	30%	54	18	611	309	14
1005	清清新新无悔	49%	1868	130	14875	19298	228
1006	女神女汉子	0%	1	0	11	35	0
1007	郑雨威 31	64%	109	16	1597	1406	112
1008	yangweivv2007	20%	605	31	3012	3584	17
1009	风音 1643	61%	125	19	1677	188	279
1010	yulaotai	0%	0	0	32	10	4

表 5-9 问题答案对 QA 表（部分）

提问者 ID	问 题	回答者 ID	回 答
1034	松针茶里面的沉淀物是什么东西	1166	松针渣，没有影响，可以喝
1278	能用红枣、葡萄干、大米和奶熬粥吗	1365	可以，没有相克的食物
		1632	完全可以呀
1093	猪肝和鸭菌子哪个胆固醇高	1047	猪肝比鸭菌子的胆固醇高多了
1269	妊娠生化后可以喝红糖鸡蛋红枣水吗	1421	都是可以补气血的，当然可以了，不但可以，还对产妇好呢
1458	用艾蒿泡澡真的能治病吗	1090	能治些小毛病，如脓疮类的皮肤病
		1671	顶多驱蚊，治病要用艾灸
1534	香蕉有助于睡眠吗	1384	香蕉里有大量的钾元素，对尿毒症有帮助，对睡眠好像作用不大
1221	枸杞和什么水果混合打汁	1435	建议和苹果或者橙子
1533	吃燕麦片的时候加点腌菜好不好	1058	不是很建议这样搭配，建议搭配牛奶或者蜂蜜

2. 模块二：评估方法

在实验结束后，需要对实验结果进行评估，评估结果是衡量模型或算法优劣的标准，也是理论模型调整的重要参考依据，所以，本实验采用查准率和平均倒数排名两个重要指标来评估本书提出的模型和算法，这两个指标是推荐领域常用的评估指标，同样也适用于社会化专家推荐研究。

查准率（Precision，P）衡量的是社会化专家推荐算法的准确性。$P@N$ 表示前 N 个推荐项目的 Precision 值，计算公式如下：

$$P@N=\frac{\text{推荐正确的专家数目}}{\text{推荐的专家数目}} \tag{5-5}$$

需要说明的是，本实验认为推荐正确的专家，是指与实际提出问题的用户相匹配的专家用户。根据实际经验，向用户推荐多个专家时，用户其实只关注排名靠前的专家，对于排名靠后的专家，用户并不是很在意。相比较而言，我们更注重高位排名结果的准确性，但排名数 N 太小又会减少用户的选择，影响推荐的准确性。因此，本实验主要测试排序前 2、前 5 和前 10 的推荐专家的准确性，并分别计算查准率 $P@2$、$P@5$ 和 $P@10$ 的值。

平均倒数排名（Mean Reciprocal Rank，MRR）是与实际结果相匹配的专家推荐项目在推荐列表中所处位置排名的倒数的平均值，MRR 衡量的也是社会化专家推荐算法的准确率。MRR 值越大，表明社会化专家推荐算法的准确率越高。计算 MRR 值的公式如下：

$$\mathrm{MRR}=\frac{1}{N}\sum_{j=1}^{N}\frac{1}{\text{实际回答问题的专家在推荐列表中的位置}} \tag{5-6}$$

3. 模块三：用户—专长—词项混合图的构建实验设计

构建用户—专长—词项混合图，通过丰富和增强图中边的类型和权值，增强用户节点的属性特征等方式，将四类专家证据有机融合到混合图中，为社会化专家推荐的实验做准备。具体实验步骤如下。

步骤 1： 采用 CRP 隐主题方法估测专长主题个数，并通过 Gibbs 抽样方法训练用户的问答文档集，得到用户的专长概率分布、专长之间的语义关联和专长的词项概率分布，生成用户—专长关联边 L_{UE}、专长—专长关联边 L_{EE}，专长之间的语义关联作为边的权重 W_{EE} 的值，用户的专长概率分布作为边的权重 W_{UEP} 的值。

步骤 2： 利用社交网络分析软件从数据库中抽取用户之间的交互数据，分别绘制用户之间的各种关系网络图，本实验假定用户之间的关系网图有两种：回复关系网和朋友关系网。通过分析计算回复关联边 L_{UUA} 的权重值 W_{UUA} 和朋友关联边 L_{UUF} 的权重值 W_{UUF}。

步骤 3： 采用数理统计方法分别计算用户答案的显式评价分值和隐式评价分值，并按一定策略混合得到综合评价值，就可以得到用户—专长关联边的另一个权重值 W_{UEG}。

步骤 4： 从数据库中抽取用户情境相关数据，包括人口统计学特征、时间偏好、设备状态、地理位置、活跃度、工作负荷等，用这些情境信息增强用户节点的属性特征。

完成上述 4 个步骤后，就可以生成包含多类专家证据信息的用户—专长—词项混合图，将该混合图作为社会化专家推荐实验的输入之一。

5.2.2　基于证据增强混合图的社会化专家推荐实验

1. 基于证据增强混合图的社会化专家推荐实验设计

在上述实验得到的用户—专长—词项混合图基础上，通过识别用户提出的新问题的主题领域，采用基于证据增强混合图的社会化专家推荐算法进行社会化专家推荐，该算法可分为两个阶段，也称为两阶段推荐算法，具体实验步骤如下。

实验 1：首先获取新问题的主题领域，该主题对应专长层中的一个专长节点，作为本次实验的数据输入；然后从该专长节点开始，进行基于用户—专长—词项混合图的随机游走，多次迭代直至图中每个节点的概率值都稳定不变；对得到的稳定概率值进行排序，分别得到候选社会化专家推荐列表 Top-2、Top-5、Top-10。在实验中，需要测试不同规模的数据集对算法性能的影响，以及重启动概率 α 对算法性能的影响。

实验 2：结合提问者的当前情境和候选专家的历史情境知识，采用情境后过滤策略进行社会化专家推荐，即对实验 1 得出的候选专家列表进行更改或调整，并得到最终的社会化专家推荐列表 Top-2*、Top-5*、Top-10*。考虑到百度知道问答平台的数据稀疏性，实验中只考虑了用户的时间偏好、设备状态、活跃度这 3 种情境知识。分别采用单一情境知识进行二次推荐，测试这 3 种情境知识对社会化专家推荐质量的影响。

2. 实验结果分析

1）测试数据集规模对算法性能的影响

通过对不同数量等级的问题实施专家推荐，测试实验数据集规模对推荐算法的影响。不断重复实验 1，并将推荐的专家和实际回答这些问题的专家进行对比分析，用查准率 $P@N$ 评估推荐结果的准确性，结果如表 5-10 所示。

表 5-10 测试数据集规模对算法性能的影响

$P@N$	20 次试验下 P 均值	50 次试验下 P 均值	100 次试验下 P 均值
N=2	0.31	0.38	0.42
N=5	0.44	0.51	0.58
N=10	0.23	0.26	0.27

从表 5-10 中可以看出，当 N 值一定时，随着数据集规模的不断扩大，$P@N$ 的平均值也呈现出不断增长的态势，因此我们大胆推断：当社会化专家推荐系统中的数据集规模越来越大时，本书推荐算法的优势将愈加明显，能够运用于较大规模的专家推荐系统。由于本次实验所使用的数据集有限，不能得出肯定的结论，将来可以采用更大规模的数据集进行算法性能评测。另外，随着 N 值不断增大，$P@N$ 的平均值先变大，然后又变得很小。由此可见，当

一个用户提问时，系统如果向他推荐太多的专家，不仅会降低推荐结果的准确率，同时也会给用户带来选择困扰。

2）测试重启动概率 α 对算法性能的影响

当随机游走到某个专长节点时，下一步跳跃至专长相关关系、用户专长关系的概率分别为 λ_{EE}、λ_{UE}。设置第一组 $\lambda_{EE}=0.3$，$\lambda_{UE}=0.7$；第二组 $\lambda_{EE}=0.5$，$\lambda_{UE}=0.5$；第三组 $\lambda_{EE}=0.7$，$\lambda_{UE}=0.3$。实验中的重启动概率 α 是人工设定的，因此，尝试设置上述 3 组 λ 值的组合，测试重启动概率 α 对算法性能的影响，即 α 对评估指标 MRR 的影响，如图 5-11 所示。

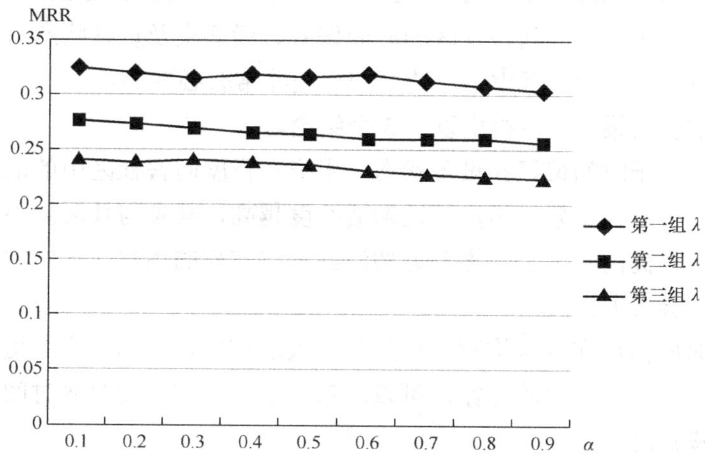

图 5-11　重启动概率 α 对算法性能的影响

从图 5-11 中可以看出，随着 α 逐渐增大，MRR 值总体呈现缓慢下降的趋势，也就是说，随着 α 逐渐增大，算法总体性能缓慢下降。当 $\alpha=0.1$ 时，社会化专家推荐质量最佳。此处仅显示了 3 组 λ 参数组合的结果，其他参数组合结果类似。一些类似的研究发现，大的重启动概率意味着局部性而非整体性，用于朋友推荐是合适的；小的重启动概率在其他一些应用领域性能更佳，如个人搜索和查询建议等。这同随机游走的图本身的结构有关系。实验中使用的是百度问答社区的数据，用户更加倾向于向特定领域中有名的专家寻求答案，而不一定是朋友关系网中比较亲密的用户，使得用户的个性化被削弱，而更加体现整体性。

3）测试不同类别情境知识对推荐效果的影响

分别基于时间偏好、设备状态、活跃度这 3 种情境知识，对候选专家推荐列表进行二次排序，并与实际回答问题的用户进行比对，得出情境过滤之前和情境过滤之后的社会化专家推荐的准确性和可用性，用指标 MRR 评估。实验结果如表 5-11 所示。

表 5-11　不同类别情境知识对 MRR 的影响

情境知识类别	情境过滤前	情境过滤后
时间偏好	MRR=0.264	MRR=0.302
活跃度	MRR=0.264	MRR=0.325
设备状态	MRR=0.264	MRR=0.287

由表 5-11 可以看出，对于 3 类情境知识，情境过滤后的 MRR 值都增大了，可见用户参与百度问答社区的时间偏好、活跃度及设备状态对社会化专家推荐都有一定影响，考虑用户情境知识是非常有必要的。

结合实验结果，可以得出以下 3 个结论。

（1）相比于时间偏好和设备状态，用户在百度问答社区中的活跃度这一情境知识显得更为重要。用户的近期活跃度越高，其参与社区问答的意愿就更为强烈，对提问者而言，推荐近期活跃度比较高的用户，他们的问题得到解答的概率会大大提高。

（2）时间情境在专家推荐中也起到很大的作用，根据用户的提问时间，向其推荐时间偏好一致的专家，可以尽量缩短用户的在线等候时间，从而提高用户的满意度。

（3）通过分析发现，68.5%的用户是通过手机知道 App 来进行提问和回答的，而且时间比较分散。由此可见，问答社区的交互行为呈现碎片化特性，而且在人们越来越依赖移动设备的趋势下，向提问者推荐偏爱使用手机设备回答问题的专家，在一定程度上可以提高问题回答的时效性。

5.3　基于 39 健康网艾滋病论坛的在线社会支持应用与实证

5.3.1　用户专业度识别实验及分析

1. 数据采集与人工标注

（1）数据采集。选取国内知名的“39 健康网”旗下艾滋病论坛为实验数据采集源，利用 Offline Explorer 采集该论坛的所有网页信息，通过预处理去除页面中包含的冗余信息后，将用户信息、帖子内容和回复关系等数据解析出来，以格式化结构存入 MySQL。为了便于分析，本实验将 2011 年 8 月 1 日至 8 月 31 日的参与论坛交流的所有用户及相关数据信息作为实验数据。

（2）人工标注。在艾滋病领域专家的指导下，对选取的实验数据中 138 位用户的专业度及其发表的 780 篇帖子的类型进行人工标注。对于帖子类型标注，判断帖子是否为信息支持帖、主观干预帖、寻求帮助帖。如果是，则标记为 1；如果否，则标记为 0；与艾滋病主题完全无关的帖子不予标注。对于用户专业度标注，分为 5 个等级，用户专业度等级如表 5-12 所示。等级 5 表示专业度最高，等级 1 表示专业度最低。

表 5-12　用户专业度等级

专业度等级	说　明
5	具有专业知识和丰富经验的专家
4	专业知识丰富，但经验相对较少
3	经验丰富，但专业知识相对较少
2	感同身受，对该领域有客观认识
1	一般用户，对该领域略知一二

2．评价指标的标准量化

根据前面阐述的指标度量方法，计算 10 个指标的量化值，然后采用标准 0—1 变换，对数据进行标准化处理，评分指标的标注量化值（部分）如表 5-13 所示。以表 5-13 中的信息支持帖这一特征为例，用户 729 发布了 5 条信息支持帖，在所有用户中是最多的，而 585 等用户相应帖子的数量则为 0，根据公式（5-8），计算得到用户 729 的信息支持帖标准量化值为 1，用户 585 的信息支持帖标准量化值为 0。

表 5-13　评分指标的标准量化值（部分）

用户 ID	信息支持帖	主观干预帖	寻求帮助帖	帖子内容长度	专业词汇频率	个体入度	度中心性	一级发帖数	二级发帖数	社区网龄
402	0.600	0.391	0.333	0.082	1.000	0.156	0.174	0.800	0.390	0.000
568	0.800	0.087	1.000	0.054	0.167	0.067	0.261	1.000	0.300	0.041
585	0.000	0.000	1.000	0.040	0.000	0.022	0.022	1.000	0.020	0.000

（续表）

用户ID	信息支持帖	主观干预帖	寻求帮助帖	帖子内容长度	专业词汇频率	个体入度	度中心性	一级发帖数	二级发帖数	社区网龄
598	0.200	0.087	0.000	0.060	0.278	1.000	1.000	1.000	0.720	0.000
659	0.000	0.087	1.000	0.091	0.028	0.044	0.174	0.800	0.030	0.270
729	1.000	1.000	0.667	0.056	0.389	0.622	0.609	1.000	1.000	0.041
765	0.000	0.000	0.889	0.018	0.167	0.444	0.478	0.400	0.500	0.000
846	0.000	0.087	1.000	0.043	0.056	0.089	0.087	1.000	0.040	0.081
898	0.600	0.435	0.778	0.050	0.306	0.267	0.261	1.000	0.500	0.270
1732	0.000	0.000	1.000	0.006	0.000	0.022	0.022	1.000	0.010	1.000
1985	0.000	0.217	0.889	0.027	0.056	0.244	0.370	1.000	0.300	0.041
2243	0.000	0.000	1.000	0.054	0.028	0.067	0.109	0.400	0.050	0.000
3220	0.200	0.217	0.778	0.161	0.306	0.178	0.348	0.000	0.200	0.000
3366	0.000	0.000	0.556	0.221	0.028	0.000	0.043	0.200	0.000	0.203
3690	0.000	0.000	0.111	0.116	0.167	0.000	0.065	0.800	0.310	0.000
4254	0.000	0.000	0.889	0.208	0.056	0.022	0.065	0.400	0.040	0.000
4663	0.000	0.000	1.000	0.030	0.028	0.044	0.130	0.600	0.020	0.000
4715	0.200	0.000	1.000	0.193	0.444	0.000	0.000	0.600	0.000	0.027

注：① 表中的寻求帮助帖和一级发帖数是标准量化值越小越好的指标，其余则为标准量化值越大越好的指标。

② 数据标准化。对于标准量化值越大越好的指标：

$$Y_i = \frac{X_i - X_{\min}}{X_{\max} - X_{\min}} \tag{5-7}$$

对于标准量化值越小越好的指标：

$$Y_i = \frac{X_{\max} - X_i}{X_{\max} - X_{\min}} \tag{5-8}$$

式中，$X = \{X_1, X_2, \cdots, X_n\}$，表示原始数据；$Y = \{Y_1, Y_2, \cdots, Y_n\}$，表示处理后数据；$X_{\min}$ 为一组数据中的最小值；$X_{\max}$ 为一组数据中的最大值。

3. 指标权重的确定

在用户专业度评价指标体系中，10 个指标的权重计算需要依据 AHP 的多因素分级处理思想，计算每一个层次中各指标对于其上层某一准则的相对权重，相对权重逐级相乘后可获得最底层指标对于目标层的总权重。逐级分层计算过程如下。

根据如图 3-16 所示的用户专业度评价指标的层次结构模型，首先，要确定准则层 1 中各指标对于目标层的相对重要性。根据重要性的等级，因素 1 相对于因素 2 的重要性一般可分为同等重要、略为重要、比较重要、非常重要、绝对重要，对应标度可用 1、3、5、7、9 表示，处于两个判断之间的中间状态用 2、4、6、8 表示。据此，三位专家通过沟通合作，对准则层 1 中三个指标进行两两比较判断后，确定各指标的相对重要性，从而构造准则层 1 相对于目标层的两两判断矩阵，如表 5-14 所示。之后根据前面介绍的判断矩阵一致性比率 CR=CI/RI 进行一致性检验，其中，RI 的取值一般随着指标总数 n 的变化而取不同的定值，详见表 5-15。若 CR<0.1，则表明判断矩阵具有令人满意的一致性，可以接受，从而得出准则层 1 中各指标的权重。

表 5-14　准则层 1 相对于目标层的两两判断矩阵

目　标	内容特征	网络特征	个体特征	权重 W_i	CR
内容特征	1	2	3	0.540	CR=0.007 CR<0.1 可以接受
网络特征	1/2	1	2	0.297	
个体特征	1/3	1/2	1	0.163	

表 5-15　平均随机一致性指标

n	1	2	3	4	5	6	7	8	9	10	11
RI	0	0	0.58	0.90	1.12	1.24	1.32	1.41	1.45	1.49	1.51

然后，采取同样的方法分别确定准则层 2 中三组子指标对于其父指标的相对重要性，构造准则层 2 中每组子指标的两两判断矩阵，从而计算出准则层 2 中各指标的子权重，结果如表 5-16 所示。最后，根据式（3-15）将表 5-14 中的子权重值与表 5-16 中的权重值对应相乘，计算得出准则层 2 中 10 个指标相对于目标层的总权重，即为本实验中用户专业度各评价指标的权重值。

表 5-16　准则层 2 相对于目标层的总目标权重

准　则	准则权重	序　号	子 指 标	子 权 重	总权重（W_j）
内容特征	0.540	1	信息支持帖	0.18	0.097
		2	主观干预帖	0.21	0.113
		3	寻求帮助帖	0.23	0.124
		4	帖子内容长度	0.12	0.065
		5	专业词汇频率	0.26	0.140

（续表）

准　　则	准则权重	序　　号	子 指标	子 权 重	总权重（W_j）
网络特征	0.297	6	个体入度	0.60	0.178
		7	度中心性	0.40	0.119
个体特征	0.163	8	一级发帖数	0.42	0.068
		9	二级发帖数	0.31	0.051
		10	社区网龄	0.27	0.044

4. 实验结果及结论分析

在各指标数据标准化和指标权重确定的基础上，对在线支持社区的用户专业度进行综合评价。将所有指标加权以评价用户专业度，计算用户专业度综合评价值 E_i，并进行排序，E_i 值越大，越有可能是专家。

$$E_i=\sum_{i=1}^{n}w_i\times Y_i，\ i=1,2,\cdots,n \tag{5-9}$$

实验首先以标准化处理后的评价指标数据（表 5-14）为基础，利用表 5-16 给出的总权重值，根据公式（5-9）计算 E_i，可得到用户专业度的综合评价值，如表 5-17 所示。然后将 138 位用户的综合评价值与前期人工标注的用户专业度等级进行对比分析，结果如表 5-18 所示。

表 5-17　用户专业度的综合评价值（部分）

用户 ID	网　　名	综合评价值
729	aaaggg	0.655
598	Liveforlove	0.474
898	abby0511	0.434
402	no-hiv-ever	0.412
568	Zgwan	0.366
765	昵称违规	0.323
1985	dkgs5800	0.317
3220	苹果	0.277
4715	小魔女	0.260
846	ioage2011	0.244
1732	珍惜眼泪	0.243
659	欢喜佛	0.240
585	DKLJASKJ	0.202
4663	GOGOGO21121	0.195

（续表）

用户 ID	网　名	综合评价值
2243	hiv1	0.186
4254	罂粟花	0.172
3690	Cuijingping	0.123
3366	WOPA555	0.115

表 5-18　综合评价值与人工标注结果对比

专业度等级	人工标注用户数	评分结果一致		评分结果不一致	
		用户数	占人工标注结果的比例	用户数	占人工标注结果的比例
5	1	1	100.00%	0	0.00%
4	4	4	100.00%	0	0.00%
3	7	5	71.43%	2	28.57%
2	19	17	89.47%	2	10.53%
1	107	85	79.44%	22	20.56%
总和	138	112	81.16%	26	18.84%

注：当综合评价值 $E_i \geqslant 0.5$ 时，专业度等级为 5；当 $0.4 \leqslant E_i < 0.5$ 时，专业度等级为 4；当 $0.3 \leqslant E_i < 0.4$ 时，专业度等级为 3；当 $0.2 \leqslant E_i < 0.3$ 时，专业度等级为 2；当 $E_i < 0.2$ 时，专业度等级为 1，且判断误差在 0.01 之内。

由表 5-18 可知，在 138 位调查对象中，112 位用户的综合评价值与人工标注结果相吻合，对用户专业度的评估准确率达到 81.16%。其中，专业度等级 4 和等级 5 的评分结果与标注结果的准确率达到 100%，而且其他 3 个等级的评分结果一致率也达到较高水平，可以说明本书的用户专业度识别方法具有一定的可行性。另外，综合评价值最高的用户 729 的专业度也达到了等级 5，其是该艾滋病社区在调查期间专业度最高的用户，可能是领域专家。经过调查分析，证实了该用户是社区中快速成长的用户，已成为该社区专家。

此外，通过其他几组实验分析，得出以下结论：

（1）用户社区网龄与专业度之间没有明显趋势关系，如图 5-12 所示。按照社区网龄递增的顺序，抽取不同年龄段中综合评价值具有普遍代表性的 18 位用户。随着社区网龄的不断增加，用户专业度的综合评价值并未呈现线性变化，无明显趋势关系。线下具有丰富经验的用户虽注册不久，但可以在社区中表现出很高的专业度；普通用户在短期内通过高强度的学习交流，专业知识水平能够大幅提升。相反，很早注册却未参与社区交流的用户，其专业度自然会低，故在统计结果中，两者无明显趋势关系。

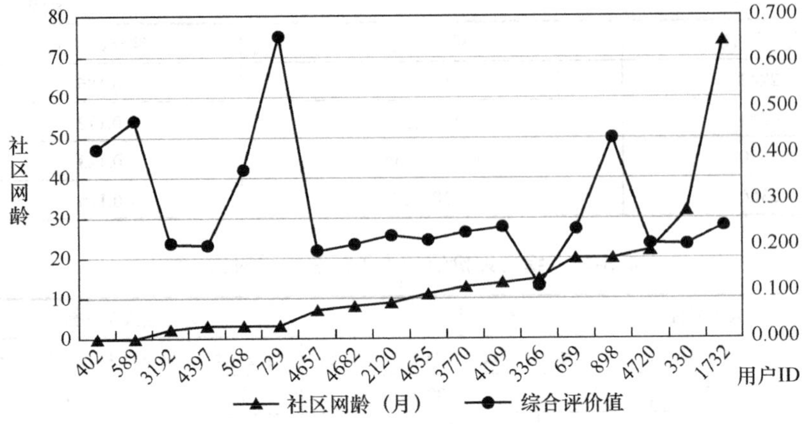

图 5-12　社区网龄与专业度的关系

（2）帖子内容长度与专业度之间也无明显趋势关系，如图 5-13 所示。随着帖子内容长度的增加，13 位用户专业度的综合评价值也没有呈线性递增变化，二者无明显趋势关系。经调查分析，有些发帖者不考虑用户个人需求，发布相关度低但很长的帖子，这并不能表明用户的专业知识水平。

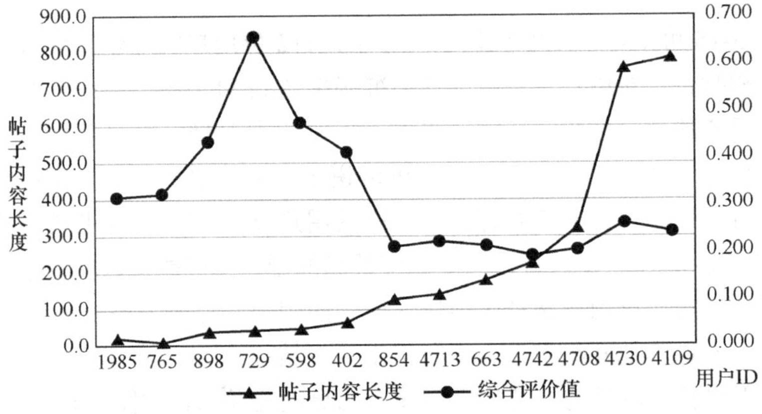

图 5-13　帖子内容长度与专业度的关系

（3）个体入度与专业度之间存在较为明显的正相关趋势，如图 5-14 所示。统计结果显示，在艾滋病论坛中，随着用户的个体入度不断增加，用户专业度的综合评价值整体呈上升趋势。个体入度越高的用户，在社群网络中，指向该节点的其他用户越多，越占有中心性的位置，其专业度也越高。

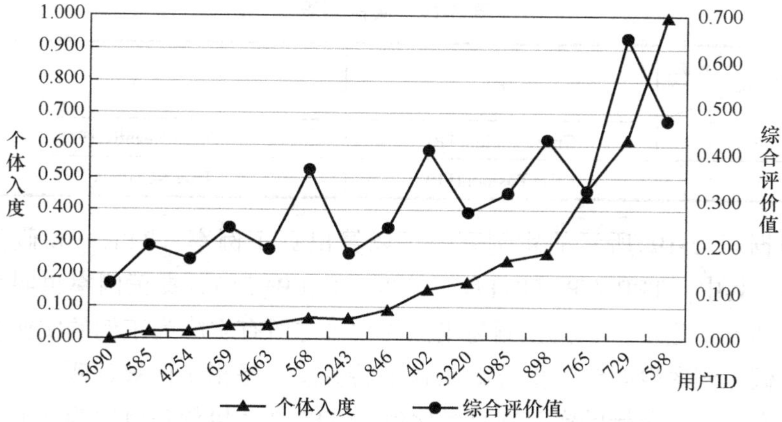

图 5-14　个体入度与专业度的关系

（4）主观干预帖、寻求帮助帖、信息支持帖这 3 个指标是评估用户专业度的首选指标。在艾滋病论坛中，专家的行为是针对用户需求提出建议与解决方法，而不是情感慰藉、在线陪伴，更不是在线寻求帮助。

5.3.2　链接预测实验及分析

1．算法的性能评价标准

本实验采用 ROC 曲线（Receiver Operating Characteristic Curve）及 AUC（Area Under the Roc Curve）来度量算法的性能。20 世纪 90 年代，ROC 曲线被引入计算机领域，开始被应用在机器学习、模式识别及数据挖掘等领域中，通过 ROC 曲线来评价分类器的性能。在一个二分类问题中，所有的实例被分为正例（Positive）或负例（Negative），一个分类器或者预测器的输出结果存在 4 种可能：如果待预测的实例是正例，并且预测器也预测该实例是正例，那么称此实例为真正例（True Positive，TP），TP 加 1，但如果预测器预测该实例是负例，那么称此实例为假负例（False Negative，FN），FN 加 1；如果待预测的实例是负例，并且预测器也预测该实例是负例，那么称此实例为真负例（True Negative，TN），TN 加 1，但如果预测器预测该实例是正例，那么称此实例为假正例（False Positive，FP），FP 加 1。表 5-19 可以清晰地表示预测集合中实例的分布情况。

表 5-19　实例列表

实际＼预测	P	N
P	True Position(TP)	False Negative(FN)
N	False Position(FP)	True Negative(TN)

根据表 5-19 所示的实例列表可以算出真正例率（TPR）和假正例率（FPR）。其中，TPR=TP/(TP+FN)，FPR=FP/(FP+TN)。真正例率也叫命中率或者敏感度，是指正例被预测为正例的数目与所有实际为正例的实例数目的比值；假正例率也叫错误报警率或者 1-特异度，是指负例被预测为正例的数目与所有实际为负例的实例数目的比值。ROC 曲线以假正例率为 X 轴，以真正例率为 Y 轴，并且 X 轴与 Y 轴的长度都为 1，这样就构成一个正方形的二维 ROC 空间，在这个空间中，将各阈值对应的（FPR，TPR）点标出，然后连接两个端点（0，0）和（1，1），就形成一条 ROC 曲线。如图 5-15 所示为 ROC 曲线示例。

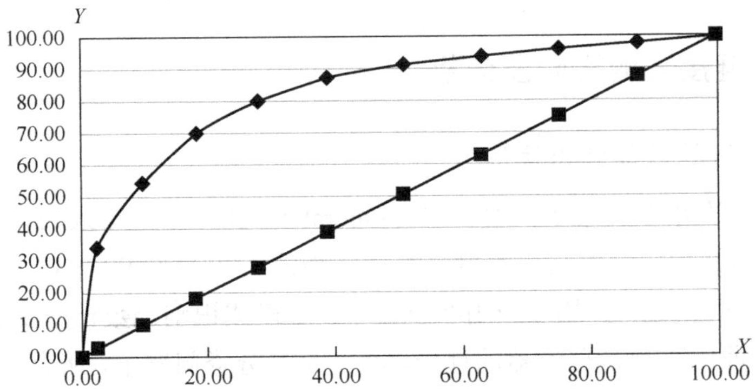

图 5-15　ROC 曲线示例

AUC 是指 ROC 曲线下的面积，AUC 的值越大说明预测器的预测性能越好。对应 ROC 曲线，当预测器随机预测时，AUC 的值是 0.5。通常 AUC 的取值范围是 0.5～1，对于一般的实验，AUC 的值为 0.5～0.7 时，预测性能较差；为 0.7～0.9 时，预测性能良好；而在 0.9 以上时，说明预测效果很好。

使用 ROC 曲线描述预测器的性能有以下几个优点：第一，使用 ROC 曲线可以全面地衡量一个预测算法的性能；第二，ROC 曲线可以直观地显示出不同的阈值对预测算法性能的影响；第三，通过 ROC 曲线，能选择出预测算法最佳的阈值，ROC 曲线越靠近左上角，预测算法的性能就越好，最靠近左上角的 ROC 曲线对应最好的阈值；第四，ROC 曲线可以比较两种或者两种以上的预测算法的性能，将不同预测算法的 ROC 曲线绘制在同一坐标系中，可以直观地看出算法性能的优劣。

2. 实验数据

本实验通过网络爬虫采集国内 39 健康网艾滋病论坛的数据，对链接预测算法的性能进行实验，该数据集可以从 http://bbs.39.net/by/forum/413-1-1.html 中获取。这个数据集涵盖了 2003—2013 年用户的生成内容及相关信息。

采集的数据有几十万条，由于数据量庞大，而且根据观察发现，2009 年用户的活跃度最高，所以将 2009 年的数据作为分析数据。根据实验数据的时间信息，将 2009 年的数据按月进行划分，总共分为 9 个月；然后分别以某月的数据为预测集，将该月之前的数据作为训练集，对预测集进行预测。如将 1 月的数据作为训练集，预测 2 月的数据；将 3 月之前的数据作为训练集，预测 3 月的数据；最后将预测出的链接与真实的网络进行比较，评估算法的性能。

对于以上提到的数据集，构造的已知网络的节点对应论坛中的用户，网络的链接对应用户之间的回复关系，将对于不同主题的回复次数作为两个节点之间关系的权重。

由于采集的数据很多，而且其中很多数据并没有用，所以我们先对数据进行预处理，主要分以下几个步骤。

步骤 1：选取 2009 年的数据。每年数据的密度是不一样的，2009 年的数据较多，而且每个月的数据分布较为均匀，所以选用 2009 年的数据很合适。

步骤 2：删除独立用户节点。独立用户节点包括游客、没有回复的用户节点。因为这样的节点不但对训练集没有帮助，反而会增加网络复杂度和计算复杂度。因此，在实验之前将它们删除。

3. 实验结果分析

本实验先对局部算法中的 Adamic-Adar 算法及本书提出的基于亲密度的算法进行验证，证明基于亲密度的算法比传统算法具有更高的准确性；然后对融合了节点时间属性（Proximity_t）和没有融合节点时间属性（Proximity）的节点亲密度算法进行验证，证明动态社会网络预测较静态社会网络预测的准确性更高。

对二分类取不同的阈值，计算相应的真正例率和假正例率，画出各自对应的 ROC 曲线，给出 Adamic-Adar 算法、Proximity 及 Proximity_t 算法的 ROC 曲线，如图 5-16 所示。从图中可以看出，3 种算法的预测性能各不相同，其中，Proximity_t 算法的预测性能最好，Adamic-Adar 算法的预测性能最差。

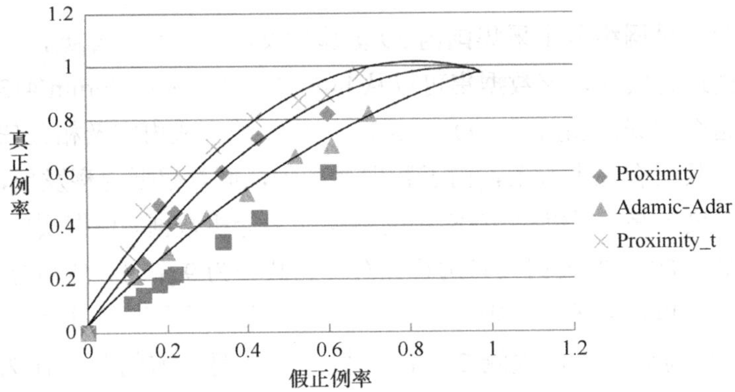

图 5-16　3 种算法的 ROC 曲线

为了更直观、更精确地比较各预测算法的性能，我们计算各算法对应的 ROC 曲线下的面积——AUC 值。如表 5-20 所示为 3 种算法的 AUC 值。

表 5-20　3 种算法的 AUC 值

算法名称	AUC 值
Adamic-Adar	0.6312
Proximity	0.7478
Proximity_t	0.8314

综上可知，Proximity_t 算法的性能最好，以上结果验证了基于亲密度的多属性链接预测算法的可用性。

5.3.3　在线社会支持网络构建实验及分析

1．在线社会支持网络模型构建

模块一：在线社会支持编码方案制订

在研究论坛的社会支持网络结构之前，必须确定在这个论坛中存在哪些种类的社会支持，进而探究论坛中的社会支持网络特征。为了达到这个目的，必须使用一套与论坛实际情况相符的社会支持编码方案。为此本书设计了一套适合 39 健康网艾滋病论坛的在线社会支持编码方案，其本质是对已抓取的论坛帖子进行内容分析，探讨论坛帖子中是否存在和存在哪些类型的在线社会支持。本书综合参考了 Bambina 针对 SOL 癌症论坛设置的社会支持编码方案、Coursaris 对美国艾滋病患者论坛设置的社会支持编码方案和 UlrikePfeil 对老年人设置的社会支持编码方案，并在此基础上结合艾滋病论坛的情况进行了改进，具体方案如表 5-21 所示。

表 5-21　在线社会支持编码方案

支持类型	子　类	示例说明
信息支持	建议	建议病人去医院检查自己是否感染
	推荐	向用户推荐专业人员、专业网站或资源
	病情评估	发现新的信息，重新评估病情
	自我披露	披露自己或亲友的病情及困境，寻求帮助
	教授	教他人如何应对状况
情感支持	鼓励	相互鼓励，提供希望和信心
	同情/理解	对他人处境表示同情，强调与他人有相似经历，给予理解
	祈祷/祝福	为他人祈祷祝愿
尊重支持	肯定	对他人的观点、信仰表示肯定和认同
	称赞	对他人的人格、做法给予积极赞许
网络支持	闲聊	与病情无关却有可能增进成员感情的谈话
	陪伴	表示将陪伴他人渡过难关

本书对艾滋病虚拟社区成员帖子进行内容分析，将社会支持分为 4 大类，包括信息支持、情感支持、尊重支持和网络支持。因论坛中包含实物支持的帖子数目几乎为零，故不将该子类纳入参考范围。在该编码方案中，这 4 大类支持可细分为多个子类，具体如表 5-21 所示。

模块二：在线社会支持网络构建

在制订了适合 39 健康网艾滋病论坛的编码方案之后，首先要从艾滋病论坛中提取社会网络分析所需的各种数据，然后利用社会网络分析软件 NetDraw 处理这些数据，从而构建论坛的在线社会支持网络，进而研究网络特征。应准备的数据包括论坛用户的基本属性数据、用户之间的交流数据等，如表 5-22 和表 5-23 所示。

表 5-22 论坛用户的基本属性数据表

用户基本属性	属性说明
用户 ID	用来识别用户身份
用户昵称	用户注册时使用的名字
发帖数	用户在虚拟社区中发布的帖子数量
回帖数	用户在虚拟社区中回复他人帖子的数量
活跃时间	用来计算用户在论坛中的在线时间

表 5-23 用户之间的交流数据表

属　性	属性说明
发帖人/回帖人 ID	发帖人/回帖人对应的身份
发帖/回帖时间	帖子产生的时间
帖子编号	给帖子编号以方便记录
帖子内容	帖子包含的信息

在以上数据的基础上，要构建社会支持网络并进行社会网络分析，还需要将其转换为适合社会网络分析的数据模型，如表 5-24 所示。

表 5-24 用户间交流信息表

属　性	属性说明
用户 ID 号 1	用于识别论坛中的用户
用户 ID 号 2	与用户 ID 号 1 有交流关系的成员标识
两成员间交流次数	以上两个成员的交流次数

通过表 5-24 可得到各成员之间发帖和回帖的情况，统计每两个成员之间联系的次数，得出所有成员间的联系情况，接着利用社会网络分析软件 NetDraw 处理相关数据，可以得到论坛的在线社会支持网络。

网络中的节点是在研究时段内在论坛中活跃的论坛成员，节点之间的连线表示由成员发帖与回帖而建立起来的联系，连线指向的一方是发帖人，也就是被回复的成员，即接收在线社会支持的一方，而连线的权重表示二者之间回复的次数，具体如图 5-17 所示。

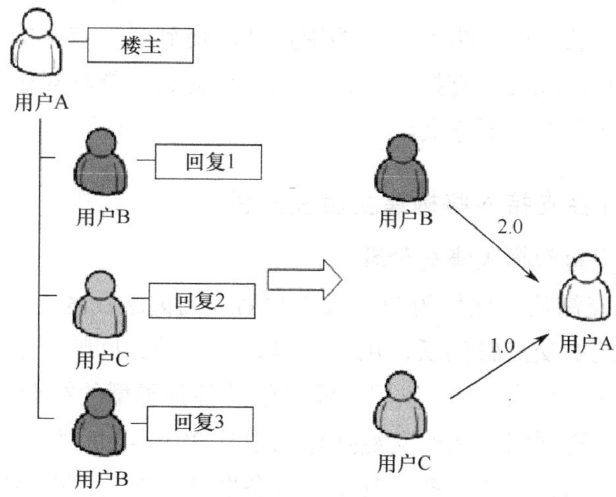

图 5-17　在线社会支持网络构建

为了更加全面地研究 39 健康网艾滋病论坛中在线社会支持的情况，需要对每一类在线社会支持形成的网络进行分析。因此，需要做的工作：首先，根据上面得到的编码方案，用其主分类对抽取的帖子进行编码；然后，将得到的编码结果进行处理，分别抽取情感支持、信息支持、尊重支持与网络支持的数据，同构建论坛的在线社会支持网络一样，构建每一个主分类的社会支持网络。不同之处是，这时网络中的节点与关系都是与情感支持（或信息支持、尊重支持、网络支持）有关的。另外，每一条帖子都包含在线社会支持子类的一种或几种，因而在线社会支持网络并不是子网络的简单合并。

模块三：在线社会支持网络特征分析指标

社会网络分析法的分析角度通常涉及凝聚性分析、中心性分析、凝聚子群分析等，这些指标在情报学中的应用已非常成熟，在前文中也有所介绍，因此不再做详细描述，而重点说明将要用到的其他指标。

（1）发帖动机：论坛成员因为特定需要而在论坛上发帖。探究其发帖动机可以摆脱客观的在线社会支持网络，更深层次地分析其需求。

（2）中心节点：中心节点就是在线社会支持网络中度数比较大的节点。在对在线社会支持网络进行分析时计算其点度中心度，该值偏大的节点即为网络的中心节点。中心节点的特征是，其对应的成员在网络中提供和接收的在线社会支持是最多的，影响力也是最大的。通过分析中心节点用户在论坛中扮演的角色，可以对论坛有一个直观的了解。

（3）用户活跃时间：指论坛中的用户从注册到最后登录的时间。用户只在这段时间内有在线社会支持的交换，因而研究这一指标对于分析在线社会支持网络的特征具有重要意义。

2. 在线社会支持网络构建实验及分析

模块一：实验数据采集与处理

39 健康网艾滋病论坛作为中国极具知名度的健康社区，拥有庞大的用户群体，成员之间的交流较活跃，用户可以通过发帖、回帖等建立相互联系。因此可以以论坛用户为节点，以用户间发生的各种类型的社会支持为连接边，构建在线社会支持网络。选取艾滋病论坛中从 2011 年 7 月 1 日到 2011 年 12 月 31 日的帖子，共计 8330 条（其中 418 条发帖，7912 条回帖）。

首先，用数据抓取工具 Offline Explorer 抓取论坛中这一时段内的所有网页信息，通过预处理去除页面中包含的冗余信息后，将网页中包含的用户信息、帖子内容和回复关系等解析出来，以格式化结构存入数据库，以便后期进行网络分析。例如，从艾滋病论坛中提取出表示用户基本属性的数据资料，如表 5-25 所示。

表 5-25 艾滋病论坛用户数据（部分）

用户 ID	用户昵称	发帖数（条）	回帖数（条）	在线时长（小时）
ID1	活着真好	2	89	27
ID2	HIVBoy	1	1	17
ID3	罌粟花	6	11	17
ID4	WOPA555	29	1	13
ID5	艾滋病咨询	1	0	4
ID6	柯柯基	21	265	1545

然后，将所需的帖子从数据库中导出，并对照表 5-26 对其进行编码，每个帖子可能都有情感支持、信息支持、尊重支持和网络支持中的一种或几种。

最后，将编码结果导入数据库，对数据进行格式化处理以得到格式化的文档。由于论坛中互动的同步性与异步性共存，围绕一个主帖所形成的互动往往不能在同一天完成，为了数据的完整性，将在统计时段之外被回复的帖子也加入论坛成员的回复关系中，从而较为完整地展现这一时段内艾滋病论坛中在线社会支持的交换状况。

模块二：艾滋病论坛支持网络实验及分析

1）艾滋病论坛发帖动机分析

对艾滋病论坛中的 8330 条帖子进行内容分析，就发帖动机而言，可以将用户发帖动机解释为发帖是为了寻求支持还是提供支持，以及发帖是为了交换什么类型的社会支持。结果如下：

在社会支持方面，其社会网络结构可分为信息支持、情感网络、尊重支持、网络支持等多种类型，具体分析如表 5-26 所示。

表 5-26　艾滋病论坛帖子分析（1）

支持类型	帖子数（条）	占总帖的比例	提供支持帖数（条）	占总帖的比例	寻求支持帖数（条）	占总帖的比例
信息支持	3284	39.4%	2243	26.9%	1041	12.5%
情感支持	1745	20.9%	—	—	—	—
尊重支持	442	5.3%	—	—	—	—
网络支持	650	7.8%	—	—	—	—

（1）与信息支持相关的帖子最多，共有 3284 条，占总帖子数目的 39.4%。其中，有 1041 条帖子寻求信息支持，占总帖子数的 12.5%，有 2243 条帖子提供信息支持，占总帖子数的 26.9%。

（2）与情感支持相关的帖子的数量仅次于与信息支持相关的帖子的数量，共有 1745 条，占总帖子数的 20.9%。

（3）与尊重支持相关帖子共 442 条，占总帖子数的 5.3%。

（4）与网络支持相关的帖了共 650 条，占总帖子数的 7.8%。

总体来看，与信息支持相关的帖子占 39.4%，帖子内容与用户需求密切相关，这一点充分说明艾滋人群最需要的是信息方面的支持。

在寻求支持还是提供支持方面，抽取的样本帖子中有 1358 条是为了寻求支持，占帖子总数的 16.3%；有 3845 条是成员主动提供支持，占帖子总数的 46.1%，如表 5-27 所示。

表 5-27　艾滋病论坛帖子内容分析（2）

支持类型	帖子数（条）	占总帖数的比例（%）
寻求支持	1358	16.3
提供支持	3845	46.1

因此可以推断：相对于寻求社会支持，39 健康网艾滋病论坛的成员在提供社会支持方面表现得更加积极、主动。说明在线社会支持是传统社会支持的重要补充，在很大程度上为病人提供在线下可能享受不到的支持。

实验还发现，67.2%的帖子主动提供一种或一种以上的社会支持。其中，87%的帖子包含一种类型的社会支持，12%的帖子包含两种类型的社会支持，还有 1%的帖子包含三种及以上类型的社会支持。

用户的交流行为因社会支持类型的不同而不同：①用户在发帖寻求信息支持时，其提出的问题都和艾滋病直接相关，而且比较理性和具体，这可能是因为在交换信息支持时不需要建立感情或者很高的亲密度。②用户在寻求情感支持时，则表现出不同的行为特征，一般帖子中没有具体的问题，而是表现出心理或情感上的关怀需要，例如，一般用户在发帖时大多会描述自己很“绝望”“害怕”“担心”等。

此外，本书认为，能够促进虚拟社区中社会支持发生的三类积极互动行为依次为共享个人经历、表达感激之情和表示祝贺。

（1）共享个人经历：艾滋病论坛成员经常自发性地主动与他人分享个人病情、对艾滋病的想法和感受。主动讲述自己的经历不仅可以为他人提供参考意见，同时也得到他人不同形式与不同程度的支持，是一种互惠的双赢手段。

（2）表达感激之情：接收到各类支持的成员一般会直接表达自己的感谢。作为一种对他人提供的帮助的肯定，一句简单的“谢谢”是激励他人继续发帖以提供支持的动力。

（3）表示祝贺：论坛成员大都会向那些病情缓解、睡眠质量改善或者病毒检测为阴性的成员表示真心的祝贺，这些成员因为心情好转，回复他人和再次发帖的意愿更强。

本书设计的编码方案摒弃了对固有社会支持网络进行分析的客观性，从主观角度深入探究艾滋人群最需要的是哪方面的在线社会支持。与此同时，发帖动机的分析也在一定程度上反映了现实问题。

（1）政府及相关机构对艾滋病的宣传力度不够，导致大多数人在高危行为之后不知所措或者极度恐惧，所以到虚拟论坛中寻求相关帮助；

（2）让艾滋人群感到恐惧的是社会公众的态度，因为大众对艾滋病没有正确的认识，考虑到已经经历的或者可能遭受的异样眼光与歧视，大多数患者只好在论坛中求助。

（3）论坛中的医生、专家太少，而用户最希望得到也最信任的恰恰是来自医生、专家的权威信息，匿名用户提议“让更多的权威医生来帮助我们吧，我们已经伤不起了”，得到了很多用户的响应与支持；用户“柯柯基”表示“热烈欢迎抗癌战士，肿瘤专家等相关人士加入这个大家庭”，“只求平安”表示“跪求专家，帮忙解答啊”，然而论坛实际情况却无法满足艾滋人群的需求。

2）艾滋病论坛在线支持子网络对比分析

对社会支持网络各支持子网络的指标进行对比研究，具体如表 5-28 所示。

表 5-28　社会支持子网络的对比分析

社会支持类型	规模（总度数/人数）	密　度	网络中心势
情感支持	896/306	0.0092	1.68%
信息支持	864/255	0.0125	2.00%
网络支持	600/199	0.0140	2.02%

对 3 类社会支持子网络的对比分析结果显示：所有在线社会支持子网络的规模、密度都较小，网络中心势也很低。其中，情感支持子网规模最大，总度数最高，但其网络密度最小；信息支持子网络规模其次，总度数居中，但网络密度和网络中心势均高于情感子网络；总度数最小的是网络支持子网格，其规模最小，网络密度和中心势却最高。这是因为①艾滋病患者在某种程度上将虚拟论坛作为情感归属地，表达各种情感相对容易，也不需要专业的背景知识，因而情感子网络规模最大且度数最高；②相对于情感支持，艾滋病患者最需要的是能够帮助他们的信息类支持，将成员较紧密地联系在一起的是信息支持，故信息支持子网络密度较高，这与前文中信息支持相关帖子数最多的结果一致；③成员间在交换陪伴支持时需要较长时间的接触，人们的交流相对情感支持与信息支持更频繁和深层次，因而网络支持子网络的密度最大，网络中心势也最大。

3）艾滋病论坛支持网络中心节点分析

借助 NetDraw 实现艾滋病论坛的在线社会支持网络，如图 5-18 所示。图 5-18 中左上角的 4 个节点是孤立节点，即其发帖没有人回复。节点的大小与其点度中心度有关，点度中心度越高，节点越大。图 5-18 显示该社会支持网络中大多数节点的点度中心度都较低，只有网络中心的少数几个节点有很高的点度中心度，这些节点就是在线社会支持网络的中心节点。

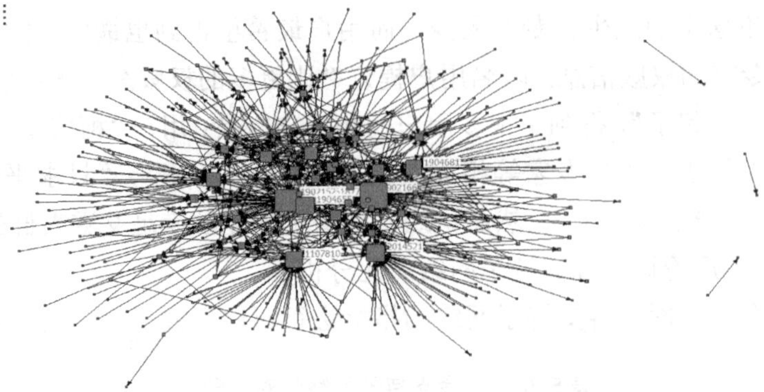

图 5-18 艾滋病论坛的在线社会支持网络

同时，挖掘这类度数较高的中心节点对应的论坛用户身份，分别是论坛版主、医生、恐艾者与感染者。对他们在研究时段内的帖子进行统计分析后发现，帖子内容是关于论坛规则、艾滋的故事、防止恐艾及治疗的信息的。

这与前文中信息支持相关帖子数目最多、占比最大的表现是一致的。这是因为，为了避免现实中的尴尬，很多人会在不当行为之后因为恐艾而上网查询相关信息，于是会有很多人寻求与感染和治疗相关的信息，而他们因为在论坛中的角色、经历等因素，在论坛中活跃度较高，会与其他成员讨论相关的话题并且长期频繁地发帖、回帖，为更多的人提供了所需的在线社会支持。举例来说，首先，论坛版主因为其管理者的身份，有义务调动成员的积极性以使论坛保持活跃氛围，从而维持论坛的生存及发展。他们一般会长期活跃在论坛中，发布高数量及高质量的帖子以制订论坛发帖规则和新手指南、改进论坛版面格式、对热帖加精、组织成员参与讨论，或者对论坛中的帖子进行整理归类以方便用户阅读等。因此，论坛管理者在论坛中处于比较核心的地位，影响力较大。其次，大多数病人都会向医生询问治疗对策和建议，医生虽然可能发帖不多，但会针对其他用户提出的问题进行回答，回帖质量较高，因此，其追随者较多，地位较高，影响力大。再次，恐艾者和感染者因为大多自发主动地发布与自己亲身经历相关的帖子，并且大都篇幅较长、内容丰富，包含强烈的感情色彩，一般都能有较高的点击率和回复率。这类用户随着在论坛中地位的上升，对其他用户的影响力也较大。

4）艾滋病论坛支持网络节点度分布

通过统计 39 健康网艾滋病论坛 2011 年 7 月 1 日至 2011 年 12 月 31 日的帖子及用户信息，我们发现艾滋病在线支持社区具有一般虚拟社区的共同特点。

（1）如图 5-19 所示，在艾滋病在线支持网络中，节点的连接度较好地服从幂律分布规律，即 $P(k) \propto k^{-\gamma}$，其中，k 为节点度，$P(k)$为每个度数对应的节点个数占网络中节点总数的比例，k 越大，$P(k)$越小。说明艾滋病在线支持网络中的大部分节点度数较低，只有很小一部分的节点度数较高，节点个数随度数的增加而减少，有比较明显的长尾现象。

（2）论坛中的大量话题被少量用户浏览或者回复，同时存在少量的话题被大量用户浏览或者回复的情况，如图 5-20 所示。这说明艾滋病论坛中少部分成员的活跃度较高，通过经常发帖或回帖与其他大多数成员建立联系，而大部分成员不够积极，只是浏览帖子，很少发帖或回帖。

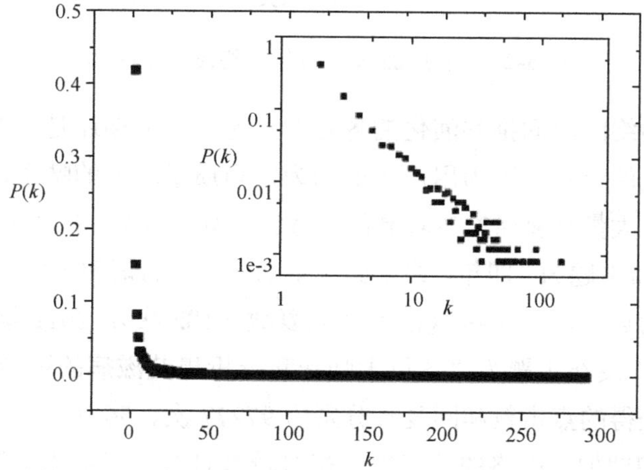

图 5-19　艾滋病虚拟社区网络节点度分布

图 5-20　话题数与回复数的关系

5）艾滋病论坛用户活跃时间分析

节点加入时间与最终度数的关系如图 5-21 所示。

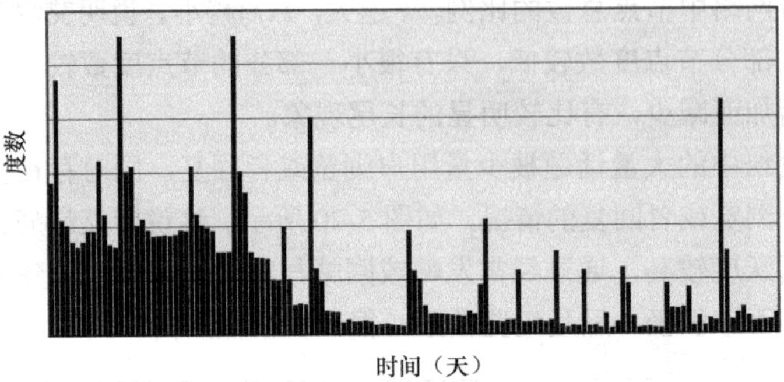

图 5-21　节点加入时间与最终度数的关系

（1）在网络随时间推移演化的各时期，无论是前期还是后期，随时都会出现度数较大的节点，因为用户可能因为发布质量较高的帖子，或者因为帖子标题吸引了大量回复而产生较高的度数。例如，2011 年 7 月 1 日，用户"skins22"发布主题为"四年，终于到了最后关头，另请教一些问题"的帖子，得到了较高的点击数（104968 次）和回复数（182 次）；2011 年 11 月 17 日，用户"wsldb"发布主题为"各位大师帮我分析患艾滋病的可能性有多大?"的帖子，其获得的点击数和回复数分别为 97277 次、56 次。

（2）在初期加入网络的节点数量相对较多且节点度数相对较大，说明用户加入社区越早，可能得到的回复就越多，反映了节点度数随时间的动态累积过程。

例如，用户"痛改前非"在 2010 年 6 月 28 日发布一条帖子，截至 2013 年 5 月 17 日，该帖仍保持较高的点击率和回复率，分别高达 1518838 次和 286 次。

表 5-29 从另外一个角度说明了用户参与时间和发帖数/回帖数（在线社会支持）的关系。

（1）除用户"三无青年"外，用户的在线时长与其论坛等级/积分、发帖数/回帖数基本呈正相关，即用户的发帖数/回帖数随着在线时长的增加而增加，用户在线时长越久，发帖/回帖数越多，其积分越高，在论坛中的等级也越高，意味着地位越重要，影响力越大。

（2）对于用户"三无青年"，经证明，其是 39 健康网艾滋病论坛的总版主，具有不同于其他用户的显著特点：进入论坛时（注册时间）早，虽然在线时间不是特别长，但其效率即在线时长内发帖数/回帖数均明显高于其他用户。

表 5-29　用户活跃时间表（部分）

用户昵称	论坛生日（注册时间）	在线时长（分钟）	论坛等级/积分	发帖数/回帖数
A370411878	2011-7-15	309	新手上路/37	2/0
liveforlove	2011-8-17	3420	新手上路/458	0/94
enterqin	2011-11-7	9120	小有名气/1002	1/6
dkgs5800	2011-5-25	9728	小有名气/1603	3/237
aaaggg	2011-5-31	18009	初级战友/2865	3/407
柯柯基	2010-11-22	92737	初级战友/4989	21/265
三无青年	2009-12-15	1216	黄金长老/57046	443/3276

这一结果充分表明：

首先，若想交换更多的在线支持，需要在论坛中花费更多的时间，长期、大量地发帖和回帖（因为社会支持是包含在帖子中的）。

其次，与前文的中心节点分析结果一致，论坛中存在大量（如 A370411878）非核心节点用户，他们的活跃时间较短，很少发帖或者回帖，多出于寻求信息动机；而像“三无青年”这样的核心节点用户只占论坛用户总数的一小部分，虽然在线时长较短，但注册时间早且倾向于长期活跃，发帖数和回帖数都明显较多。

5.3.4　在线社会支持网络演化追踪实验及分析

1．在线社会支持网络演化追踪模型设计

模块一：演化追踪的总体研究框架

本书提出的基于社团重合度的虚拟社区网络演化探测总体框架如图 5-22 所示。

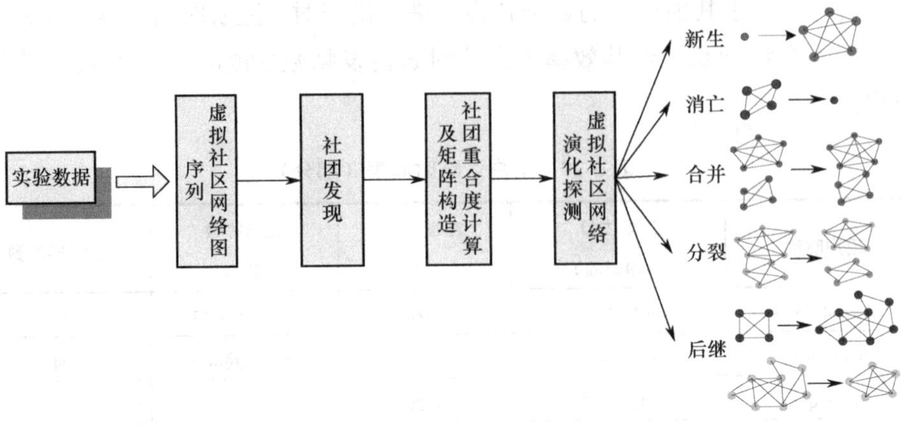

图 5-22　基于社团重合度的虚拟社区网络演化探测总体框架

借鉴吴斌等的 Timeline 生成算法，采用滑动时间窗口的思想，以一个月为一个时间单位，滑动时间窗口的大小为 3，每次窗口只向前滑动一步，每移动一步就形成该时间范围的一个网络快照。如图 5-23 所示是一个大小为 3 的滑动窗口。采用滑动时间窗口来考察网络的演化，区别于传统的采用时间片的方法，能够更准确地反映网络的连续变化过程。

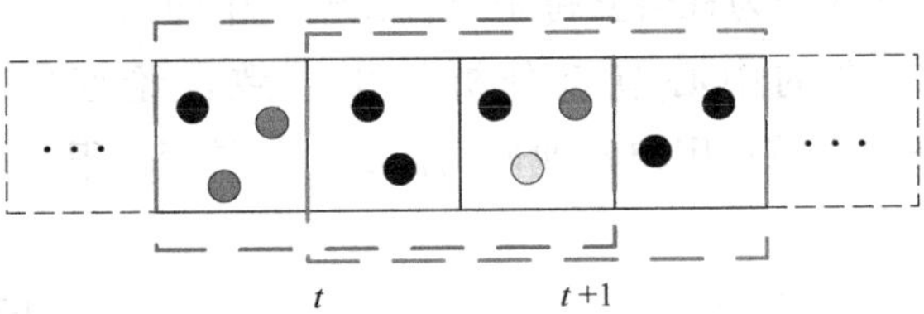

图 5-23　大小为 3 的滑动窗口

虚拟社区网络又称为帖子交流网络，一般是以成员为节点，以成员之间的帖子回复为连接而构成的网络，本书通过对 39 健康网艾滋病论坛的实验数据进行采集和整理，以成员为节点，以成员之间的回复为边，构造有向、不含权的虚拟社区网络，并基于滑动时间窗口生成连续的网络图序列。然后运用目前应用最为广泛的非重叠社团发现算法——GN 算法对每个时间窗的虚拟社区网络进行社团划分，该算法的基本流程如下：①计算网络中每条边的介数；②在网络中找到介数最大的边，再将该边从网络中移除；③重复步骤②，直到没有边再符合被删除的要求，停止划分，则每一个连通分量构成一个社团。

对于划分好的社团，分别计算相邻网络快照中社团之间的重合度，并构造重合度矩阵，然后通过矩阵分析，对虚拟社区网络的演化进行探测。虽然学者们已经提出了多种社团演化跟踪算法，但这些算法大多只能分析社团的继承演化，对于其他几种社团演化情形没有做出解释。然而动态网络的演化会出现多种情形：小社团由于新成员的加入而逐渐发展壮大，大社团也有可能因为老成员的逐步退出而缩小；几个联系紧密的小社团合并成为大社团，大社团又分裂成多个小社团；随着时间的推移，会有新的社团诞生，也会有老的社团消亡。社团演化是一个复杂过程，也许会出现几种情况交错的复杂局面，又或者会产生某些尚未知晓的新的时间特性，但是社团的演化不是随机的，它是遵循某些基本规律发展的，准确掌握这些基本规律并正确运用，对于预测社团的发展趋势、分析整体虚拟社区网络具有重大的意义和价值。

模块二：社团重合度计算及重合度矩阵构造

基于以上 GN 社团发现算法的结果，可以得到各时间窗口网络快照中所包含的社团数量和相应节点信息，即 t 时间段内网络快照中的社团集合为 $E_t=\{C_t^i\}$，其中，每个社团 C_t^i 的节点集合为 $V_t^i=\{v_1,v_2,\cdots,v_m\}$。为了考察相邻两个时间段内社团之间的演化关系，本书借鉴了节点重合度社团演化跟踪算法，并将 John 和 Tanya 等计算社团演化关系的方法进行了融合。

John 等用式（5-10）判断不同时间段内社团状态的相关性：

$$\text{Match}(C,C')=\min\left(\frac{|C\cap C'|}{|C|},\frac{|C\cap C'|}{|C'|}\right) \tag{5-10}$$

本书计算了相邻时间段内网络快照中社团节点的 Jaccard 系数，提出了一种计算社团重合度的度量标准：

$$\text{Sim}(C_t^i,C_{t+1}^j)=\frac{V_t^i\cap V_{t+1}^j}{V_t^i\cup V_{t+1}^j} \tag{5-11}$$

对于相邻时间段内的任意两个社团 C_t^i 和 C_{t+1}^j，利用上述公式计算它们之间的重合度，并构造社团重合度矩阵 $\boldsymbol{A}_{t,t+1}$。过程如下：

设 t 时间段内网络快照中的社团集合 $E_t=\{C_t^i\}$，存在 m 个社团 C_t^i（$i=1,2,\cdots,m$）；$t+1$ 时间段内网络快照中的社团集合 $E_{t+1}=\{C_{t+1}^j\}$，存在 n 个社团 C_{t+1}^j（$j=1,2,\cdots,n$），分别计算这两个时间段内任意两个社团之间的重合度，会得到 $m\times n$ 个结果，将其用矩阵的形式表示，如表 5-30 所示。

表 5-30　不同时间段内的社团重合度矩阵

社　团	C_{t+1}^1	C_{t+1}^2	…	C_{t+1}^n
C_t^1	a_{11}	a_{12}	…	a_{1n}
C_t^2	a_{21}	a_{22}	…	a_{2n}
…	…	…	…	…
C_t^m	a_{m1}	a_{m2}	…	a_{mn}

其中，每一行代表 t 时间段中的一个社团，每一列代表 t+1 时间段中的一个社团，中间 a_{ij}=Sim(C_t^i,C_{t+1}^j)为 $m\times n$ 个社团对的重合度计算结果。然后借鉴Tanya 等确定两个社团是否具有演化关系的公式 Sim(C,C')≥β，将矩阵中的所有元素与参数 β（经验值）进行比较，分析社团的演化趋势。

模块三：基于社团重合度矩阵的支持网络演化探测

在构造了不同时间段内社团的重合度矩阵 $\boldsymbol{A}_{t,t+1}$ 后，接下来要对虚拟社区网络的社团演化进行探测，针对不同的演化情形，分别给出如下探测规则。

1）分裂：i 固定，a_{ij}=Sim(C_t^i,C_{t+1}^j)≥β 且 1<Na$_{ij}$≤n

Na$_{ij}$ 表示矩阵中元素的个数，当 i 固定时，对于矩阵 $\boldsymbol{A}_{t,t+1}$ 中的某一行，若该行存在 $p(1<p\leq n)$个值，使得 Sim(C_t^i,C_{t+1}^j)≥β，表明 t 时间段内的一个社团 C_t^i 与 t+1 时间段内的 p 个社团的重合度均高于 β，则可以推测在 t+1 时间段内社团 C_t^i 分裂为 p 个社团，这 p 个子社团均与社团 C_t^i 具有较高的重合度。

2）合并：j 固定，a_{ij}=Sim(C_t^i,C_{t+1}^j)≥β 且 1<Na$_{ij}$≤m

当 j 固定时，对于矩阵 $\boldsymbol{A}_{t,t+1}$ 中的某一列，若该列存在 $q(1<q\leq m)$个值，使得 Sim(C_t^i,C_{t+1}^j)≥β，表明 t 时间段内有 q 个社团与 t+1 时间段内的某一个社团 C_{t+1}^j 的重合度高于 β，则可以推测在 t+1 时间段内这 q 个社团合并为一个大社团 C_{t+1}^j。

3）后继：i 固定（j 固定），a_{ij}=Sim(C_t^i,C_{t+1}^j)≥β 且 Na$_{ij}$=1

对于矩阵 $\boldsymbol{A}_{t,t+1}$ 中的任意一个元素 a_{ij}，若其为自身所在行和列中唯一的一个满足 Sim(C_t^i,C_{t+1}^j)≥β 的元素，表明 t 时间段内的社团 C_t^i 仅与 t+1 时间段内的社团 C_{t+1}^j 相似度较高，则可以推测两者具有演化关系，社团 C_{t+1}^j 是社团 C_t^i 的后继。

对于后继演化情形，还可以进一步分析两个社团的节点规模。若规模变大，则该社团随着时间的推移逐渐壮大，反之社团逐渐缩小。另外，通过分析社团内部边的连接状况和紧密程度及中心节点的变化情况，可以探测社团结构特性的演变。

4）新生：j 固定，任意 $a_{ij}=\mathrm{Sim}(C_t^i,C_{t+1}^j)<\beta$

当 j 固定时，对于矩阵 $\boldsymbol{A}_{t,t+1}$ 中的某一列，若不存在值 a_{ij} 使其满足 $\mathrm{Sim}(C_t^i,C_{t+1}^j)\geqslant\beta$，表明 t 时间段内的所有社团与 t+1 时间段内的某个社团 C_{t+1}^j 相似度都很低，找不到其中的演化关系，则可以推测该社团 C_{t+1}^j 为 t+1 时间段内的新生社团。

5）消亡：i 固定，任意 $a_{ij}=\mathrm{Sim}(C_t^i,C_{t+1}^j)<\beta$

当 i 固定时，对于矩阵 $\boldsymbol{A}_{t,t+1}$ 中的某一行，若不存在值 a_{ij} 使其满足 $\mathrm{Sim}(C_t^i,C_{t+1}^j)\geqslant\beta$，表明 t 时间段内的该社团 C_t^i 与 t+1 时间段内的所有社团相似度均低；在 t+1 时间段内找不到与 C_t^i 相似的社团，则可以推测该社团在 t+1 时间段内消亡。

2. 在线社会支持网络演化追踪实验及分析

模块一：实验数据采集与整理

本节主要是对虚拟社区网络中的社团演化进行探测分析，如前文所述，39 健康网作拥有庞大用户群体的虚拟社区，其用户可以通过发帖、回帖等交换各种类型的社会支持，从而建立相互联系，形成复杂的社会网络。鉴于此，本实验仍选取 39 健康网艾滋病论坛作为实验的数据来源，数据采集与整理过程如图 5-24 所示。

图 5-24 数据采集与整理过程

第一步，利用 Offline Explorer 工具对 39 健康网艾滋病论坛中的所有帖子进行抓取，该抓取工作分三轮进行。首先，对该论坛中的所有主题列表页面进行抓取，共 121 页；然后通过对页面源码的分析，找出所有主题对应的 URL 地址。其次，对所有的主帖页面进行抓取，共 4780 页。有些热点话题的回帖量众多，其回帖分页面展示，因此最后要对每一个主帖下的回帖页面进行抓取，除去主帖所在页面后共 748 页。

第二步，对抓取的页面进行数据解析。针对每一个主帖和回帖页面，通过编程将其中所包含的用户信息、主题、根帖和回帖内容、发回帖时间及回复关系等解析出来，然后调用相关接口存入数据库 MySQL。数据库中共有 3 张表，用户表用于存储用户 ID、用户名称、用户注册时间等信息，帖子表用于存储主题、主题 ID、根帖及回帖内容、发帖时间及回复关系，用户状态表用于存储用户的个人信息，包括不同时间段内用户的论坛积分、在线时长、发帖及回帖数量等。

有了数据，下一步的工作是对所需数据进行抽取和转换。从数据库中抽取社会网络数据的方法：抽取指定时间段内的所有用户（父帖用户和回帖用户）；对于每一个用户，统计他对其他每一个用户回复的总数，没有回复记为 0，为孤立的点，即发帖无人回的用户。将抽取出来的数据转换成 Ucinet 支持的 dl 格式，最后导入 Ucinet 进行数据分析及绘图。

本次实验数据共包括主题 4780 个，帖子总数为 34613 个，注册用户数为 5490 人，时间跨度为 2003 年 8 月 29 日至 2012 年 5 月 11 日。为便于实验分析，剔除 2003 年 8 月 29 日和 31 日的两篇帖子，将 2003 年 9 月 1 日到 2012 年 5 月 11 日的全部数据作为实验数据集。

模块二：演化探测实验及分析

考虑到节点数量计算及图形可视化效果，从 2003 年 9 月 1 日开始，滑动时间窗口的大小设为 3，每次向前移动一个单位时间，由此生成虚拟社区网络的若干连续的网络快照。以社区成员为节点、以成员间的回帖关系为边，构造虚拟社区网络，然后利用前述 GN 社团发现算法，分别计算每个网络所含的社团数及社团的节点集合。以下只列举了 3 个相邻时间段内的社团发现结果，其中，模块度是以网络中连接两个同种类型的节点的边的比例减去在同样的社团结构下任意连接这两个节点的边的比例的期望值，其取值范围为 0～1，越接近 1 则社团结构越明显。该网络具有明显的社团结构。

由表 5-31 可知，这 3 个网络所包含的社团数分别为 29 个、30 个、35 个。通过对相邻时间段内社团重合度的计算及矩阵分析，对各社团的演化进行探测，重点分析以下几个社团的演化路径，如图 5-25 所示。

表 5-31 社团发现部分结果

时 间 段	节 点 数	社 团 数	模块度 Q
20090101 00:00:00—20090331 24:00:00	386	29	0.469
20090201 00:00:00—20090430 24:00:00	466	30	0.496
20090301 00:00:00—20090531 24:00:00	473	35	0.474

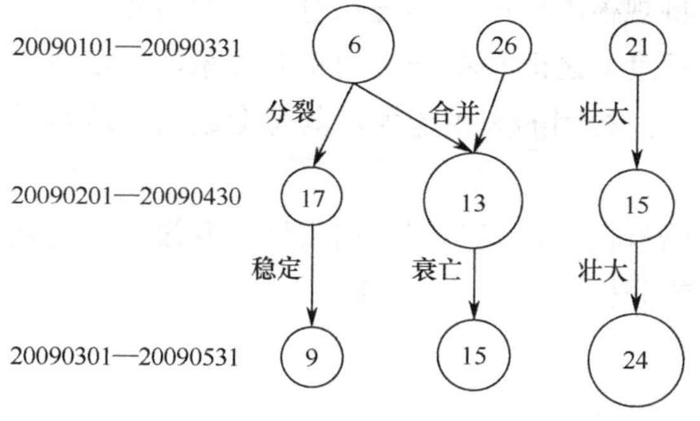

图 5-25　社团演化路径

在 20090101—20090331 时间段网络快照中，拥有 47 个节点的社团 6 分裂，部分节点演变成社团 17，另一部分节点与社团 26 合并，形成下一个时间段的大社团 13，节点数为 68。在第三个时间段内，社团 9 是社团 17 的后继，其节点数变化不大，说明该社团结构趋于稳定。然而在社团 13 演变为社团 15 的过程中，大量节点退出该社团，致使该社团规模由 68 锐减为 30，社团处于衰退状态。由此可以推测，在 2009 年 2 月到 4 月可能产生了某类热点话题，从而吸引了大量用户参与讨论，而后随着话题热度的消退，社团成员逐渐退出。

具体分析具有继承关系的社团演化过程：社团 21→社团 15→社团 24，其节点数量依次为 20 个、45 个、68 个。进一步分析该社团的演化路径，如图 5-26 所示为社团规模随时间的变化。从图 5-26 中可以看出，该社团的规模随着时间的推移呈现 S 形增长趋势，初始阶段成员较少，随着话题讨论的不断深入，参与人员逐渐增多，最后达到一个相对稳定的社团结构，且第 20 个时间窗的节点增幅最大。

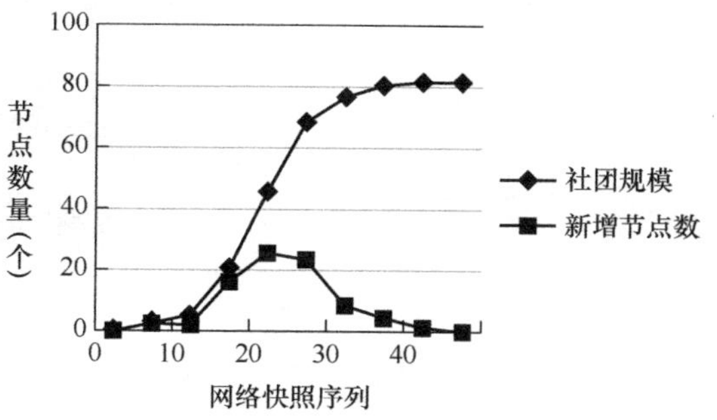

图 5-26　社团规模随时间的变化

另外，通过将规模不同的社团进行对比，我们还发现，社团规模和社团寿命（演化路径长度）之间存在一定的正向联系，在多数情况下，当社团的内部结构较稳定时，社团的规模越大，其寿命越长。这与吴斌等人的研究结论相符。

由于实验数据规模及研究时间的局限性，并没有发现社团的新生和消亡现象，对该情形的分析还有待进一步研究。

5.4 本章小结

本章在相关理论构建的基础上，对应用与实证进行了研究，检验本书模型是否具有实际应用价值。本章从 3 个部分展开讨论，分别是基于主题模型的虚拟社区用户画像实证、基于证据增强混合图的社会化专家推荐实证及在线社会支持网络构建与演化追踪实证，其中在线社会支持的理论与实证是本章的重点研究内容。

通过对虚拟社区网络社团的多种演化情形和演化路径进行探测分析，验证了本书所述方法的正确性和有效性，为今后社团演化的研究积累了经验，为分析其他复杂网络社团结构及社团演化路径奠定了基础。这对于研究在线社会支持现状，改进需要人群的社会支持水平，进而维护社会安全具有重要意义。

Chapter 6

第6章 基于 Nutch 的虚拟社区多源数据采集系统

本章对虚拟社区中的数据采集问题进行详细阐述，数据采集是实证研究的基础。以开源抓取软件 Nutch 为基石，从 3 个方面探讨虚拟社区中的数据获取问题，分别是基于网络新闻的数据采集、基于论坛贴吧的数据采集和基于微博的数据采集，通过对 Nutch 的改造来实现采集流程的设计。首先，研究了新闻类网站分析指标，以及基于这些指标的新闻网站排名，并在此基础上构建了新闻采集概念的模型并设计了数据的采集解析流程。其次，设计了基于 Nutch 的论坛采集流程和基于模板的 Web 论坛解析流程。最后，在对微博进行介绍的基础上，针对新浪微博和腾讯微博两个研究对象，研究它们基于 API 和基于爬虫抓取数据的方法。

6.1 Nutch 概述

1. Nutch 简介

Nutch 是 Apache 的一个开源的搜索引擎项目，用 Java 实现，它实现了搜索引擎所需的完整流程，包括全文搜索和 Web 爬虫两大部分。

Nutch 可以在一台机器上运行，实现单机抓取。但是，Nutch 的主体代码是利用 MapReduce 编程模式实现的，其真正的优势和价值在于可以在 Hadoop 集群上运行，实现大规模抓取。

然而，美中不足的是，Nutch 是一个通用的搜索引擎框架，它以广度优先抓取为主，虽然兼顾了深度抓取，但仍不能实现定向抓取，同时其采用简单、千篇一律的解析方式，不能根据业务需求和领域概念抓取所需的结构化信息。

自 Web 诞生，Web 信息采集应运而生，论坛采集是 Web 信息采集的一种特殊形式。随着互联网的发展，Web 信息采集需要面对日益增长的海量信息与有限的采集资源之间越来越尖锐的矛盾。这刺激着 Web 信息采集的架构不断向前演化，各种采集思想在这样的大背景下纷纷涌现。目前的 Web 信息采集基本可分为以下几种：基于整个 Web 的信息采集（Scalable Web Crawling）、基于主题的 Web 信息采集（Focused Web Crawling）、基于个性化的 Web 信息采集（Customized Web Crawling）、隐蔽 Web 采集（Hidden Web Crawling）、迁移的 Web 信息采集（Relocatable Web Crawling）等。

1）基于整个 Web 的信息采集

基于整个 Web 的信息采集是最早也是目前最主流的一种采集方式，它的目标是尽可能多地获取 Web 上的信息资源。其主要作为通用搜索引擎和大型的 Web 服务提供商的数据收集部分。随着采集规模的不断扩大及并行采集器数量的增加，整个系统能力提高的空间越来越小，新的性能瓶颈不断出现，系统的稳定性越来越低。

对整个 Web 的信息采集研究，主要集中在海量信息采集的各关键环节及并行采集系统的架构设计上，目标也都集中在提高采集器的性能和稳定性上。主要的研究方向有分布式并行采集研究、DNS 缓存与预取、URL 排序、海量 URL 缓存和网页查重等。

在工业界中，这类采集器构成了通用搜索引擎的重要部分。Google 和 Internet Archive 采用的都是基于整个 Web 的信息采集器，这保证了为用户提供广泛的信息资源。

Google 采用的是分布式的基于整个 Web 的采集器，它采用异步 I/O 管理事件来实现并行，有一个专门的 URLServer 来为并行的多个采集器维护 URL 队列。为了保证高速地获取页面，每个采集器一次同时打开约 300 个链接，由于 DNS 解析压力很大，Google 为每个采集器分配一个 DNS Cache，这样不需要在每次采集页面时都做一次 DNS 解析。在权衡了时空代价后，Google 选用了 zlib 压缩格式来保存采集到的数据。

Internet Archive 使用异步 I/O 技术并行采集整个 Web，其目标是为整个 Web 存档。它为每个采集器分配了 64 个待采集的 Web 站点，采用的是基于站点的采集方式。网页下载后，在分析链接时，如果分析得到的链接属于本采集器，就将这个链接放入该采集器的待采集 URL 队列，否则，存储到另外的文件——交叉 URL 文件中。批处理模块定期处理这些交叉 URL 文件，按 URL 所属站点发给对应的采集器，在此过程中过滤掉重复的 URL。

2）基于主题的 Web 信息采集

与基于整个 Web 的信息采集不同，这种 Web 信息采集器只采集 Web 中很少一部分信息，往往针对具体需求，有选择性地采集那些与预先定义好的主题相关的页面，具有轻便和针对性强的特点。

美国爱荷华大学进行的 ARACHNID 研究项目就是这方面的典型代表，它主要通过模拟一个生态系统的发展和演变来设计 Web 信息采集器 InfoSpiders。它的采集原理如下：以一个用户的书签为采集起点，通过分析这些起点周围的小区域和链接关系来发现新的要采集的页面。它通过检查采集到的页面是否真的与采集前的相关性预期相符来增加和减少能量，当能量很高时，还可以生出新的子树，而当能量过低时，它就死亡。它的一大优点是杜绝了过期页面，缺点是采集速度比较慢。

Aggarwal 提出了一种针对两个假设的基于主题的 Web 信息采集方法：一是 Linkage Locality，即被与某一主题相关的页面链接到的页面，趋向于拥有同一主题；二是 Sibling Locality，对于某个链接到某主题的页面，它所链接的其他页面也趋向于拥有这个主题。这样，在采集器接到一个主题采集请求命令后，它就从自己保存的关于这个主题的起点出发，按照两个假设蔓延，并利用指向备选页面的 URL 结构及其他一些元信息，使用统计学习的方法进行修剪，使采集的页面很快接近主题。

3）基于个性化的 Web 信息采集

不同的用户向同一个搜索引擎提交同一个检索词，他们期望的返回结果往往是不同的，然而，搜索引擎却只能返回相同的检索结果，这显然不能完全满足用户的需要。为此，采集系统的设计者把目光投向了基于个性化的 Web 信息采集。这是一种轻量级的采集系统，它的目标就是通过用户兴趣引导或与用户交互等灵活手段来采集信息。这种个性化信息一般有两个来源，一是用户手动在系统提供的个性化设置页面中设置，这里主要考虑的问题是如何全面、灵活、简单地提供这种设置，使用户的各种喜好都能够得到表达。二是通过跟踪用户的浏览习惯和兴趣等系统自动获取信息。美国乔治亚理工学院的一个实验室系统 Krakatoa Chronicle 是 Web 上的一个交互式的、个性化的新闻站点。它是针对特定站点 www.nando.net/newsroom/nt/nando.html 的，由服务器端和客户端组成。服务器端管理每篇文章，从特定站点获取新闻，转换为纯文本，然后采用 SMART 搜索引擎将文章转换为文档向量，通过 TFIDT 将文章转换为相应的关键词/权重集。服务器端还管理用户的配置文件，计算每篇文章的权重。客户端管理用户交互和浏览器中新闻的显示。客户端周期性地与服务器端联系以获得文档和提供用户反馈。

SPHINX 是美国卡耐基梅隆大学开发的 Web 信息采集器。它是一个典型的基于个性化的 Web 信息采集器，主要由 Java Applet 实现。用户的个性化设置嵌在工作台中，用户可设置采集站点的 URL、采集的深度，将指定 URL 的页面信息保存到指定的本地目录中，将指定 URL 的页面信息合并到一个指定的页面中，将指定 URL 页面所包含的图片信息保存到指定的页面中等。该系统的优点是灵活、小巧、针对性强；缺点是实用性和有效性还有待提高。

4）隐蔽 Web 采集

目前主流的搜索引擎能够检索的仅仅是 Web 提供的一小部分内容，称为可索引的 Web 信息。Web 中更多的信息隐藏在 Web 页面的搜索表单后，保存在大型的动态数据库中，对搜索引擎是不可见的。对于这些隐藏在数据库中的 Web 信息的采集研究，称为隐蔽 Web 采集（Hidden Web Crawling）。

Sriam Reghavan 分析了从隐蔽 Web 中抓取内容的主要困难，给出了一个隐蔽 Web 采集的参考模型，提出了一种基于网页布局的信息抽取方法（LITE），从 Web 信息中抽取相应的表单信息，再从预先准备好的数据集中选择数据，自动完成表单的填写，然后将合成的 URL 交给采集器进行采集，在文中实现了一个原型的 Hidden Web Crawler（HIWE）。但 HIWE 只面向特定的领域，而且必须在人工帮助下完成，此方法很难在没有限制的条件下使用。

Panagiotis G 等讨论了自动将 Web 网页所链接的后台数据库进行分类的方法。首先，使用机器学习技术生成一套基于规则的分类器；然后，将分类器转变成查询 URL，对后台数据库进行查询，计算查询结果；最后，根据查询结果对数据库进行分类。他们的研究集中在文本数据库的分类上。

5）迁移的 Web 信息采集

这种 Web 信息采集器在采集时，并不像其他 Web 信息采集器那样在本地向 Web 站点服务器发送页面请求，而是将自己上传到它要采集数据的服务器中，在当地进行采集，并将采集结果压缩后回传到本地。其优点是节省了 Web 资源，大量工作将在被采集对象的服务器上完成。但采集器可能并不被采集对象所信任，因为被采集站点会由于给访问者权限太大而易遭到病毒攻击。解决的办法是建立一种信任机制，采集器由权威的信任机构评估并授权。还有一种折中的方法——采集器先迁移到距离被采集站点很近的地方，再实施采集。SPHINX 信息采集器就是这种思路的尝试。

2. Nutch 相关术语

主要从两个方面理解 Nutch 的相关术语：一是 Nutch 工作流程中各阶段对应的英文术语及其含义；二是 Nutch 的输出目录，包括各目录所代表的意思及其存放的内容。理解 Nutch 的相关术语，有利于理解 Nutch 的工作流程，从而更能让 Nutch 为自己所用。

从信息采集角度来看，Nutch 的工作主要包括 5 个阶段：注入→生成待抓取列表→抓取→解析→更新，对应术语分别为 Inject、Generate、Fetch、Parse、Update。Inject 就是往 URL 库中注入种子 URL；Generate 就是从 URL 库中产生本次所需采集 URL 的列表；Fetch 就是将 URL 对应的网页源码抓取下来；Parse 就是从网页源码中抓取所需的数据；Update 就是更新抓取的结果，主要用于标记抓取是否成功。

Nutch 的输出目录比较多，但也不是太难理解，Nutch 输出目录的相关术语如表 6-1 所示。

表 6-1　Nutch 输出目录的相关术语

术　语	说　明
CrawlDb	存放 URL 及 URL 的状态信息等
linkdb	存放 URL 的互联关系，是在抓取完成后分析得到的
indexes	存放每次抓取的独立索引目录
index	符合 lucene 格式的索引目录，是 indexes 目录里所有 index 合并后的完整索引
segments	主目录，存放抓取回来的网页。页面内容有 bytes[]的 raw content 和 parsed text 形式。Nutch 以广度优先的原则来爬行，因此，每爬完一轮会生成一个 segment 目录

（续表）

术语		说明
segments	crawl_genernate	包含待抓取的 URL 列表
	crawl_fetch	包含每个 URL 抓取后的状态
	content	包含每个抓取的 URL 的页面内容（网页源码）
	crawl_parse	包含用来更新 CrawlDb 的外部链接库
	parse_text	包含每个解析过的 URL 的文本内容
	parse_data	包含每个 URL 解析出来的外部链接和元数据（页面的 title、作者、日期、链接）

3. Nutch 工作流程

Nutch 是一个搜索引擎框架，其工作流程主要分为两部分，第一部分是网络爬虫部分 Crawler，第二部分是检索部分 Searcher。如图 6-1 所示，1～5 为 Crawler 部分，其余为 Searcher 部分，本书主要介绍网络爬虫部分。

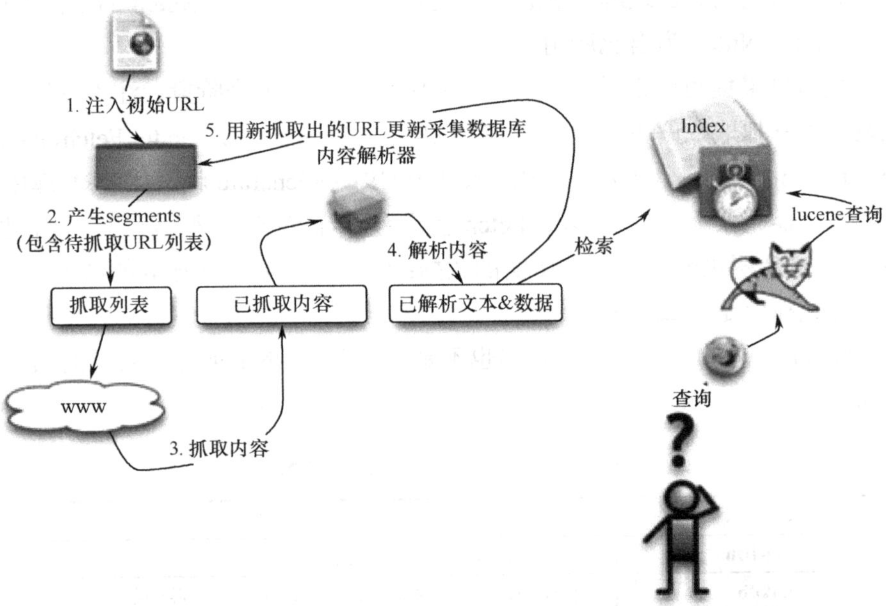

图 6-1 Nutch 工作流程图

Nutch 中 Crawler 部分的工作流程如下：首先，从存放 URL 的文件中将 URL 注入 CrawlDb 库（包含注入、合并、替换 3 个过程）；然后，从 CrawlDb 库中读入 URL，在调用评分插件评分后，根据抓取时间生成待抓取列表；接着，从待抓取列表中读入 URL，进行抓取，将结果保存到 content、crawl_fetch 文件夹中；之后，从抓取的结果中解析出需要的信息；最后，更新 CrawlDb 库，包括更新抓取状态和更新额外链接（更新额外链接为可选操作），抓取过程结束。

6.2　数据采集系统整体设计

为降低系统设计的复杂性，本书采用模块化程序设计思想，数据采集系统整体模块架构如图 6-2 所示。整个系统以 Nutch 组件为架构基础，将网络新闻采集模块、论坛贴吧采集模块、微型博客采集模块 3 个模块作为核心工作单位，能自动识别多源社交媒体情报信息的来源、作者、发布时间、主题和内容等，同时，对海量情报数据的采集还要保证系统采集的效率和精度，并能进行数据抽取解析和存储备份等。

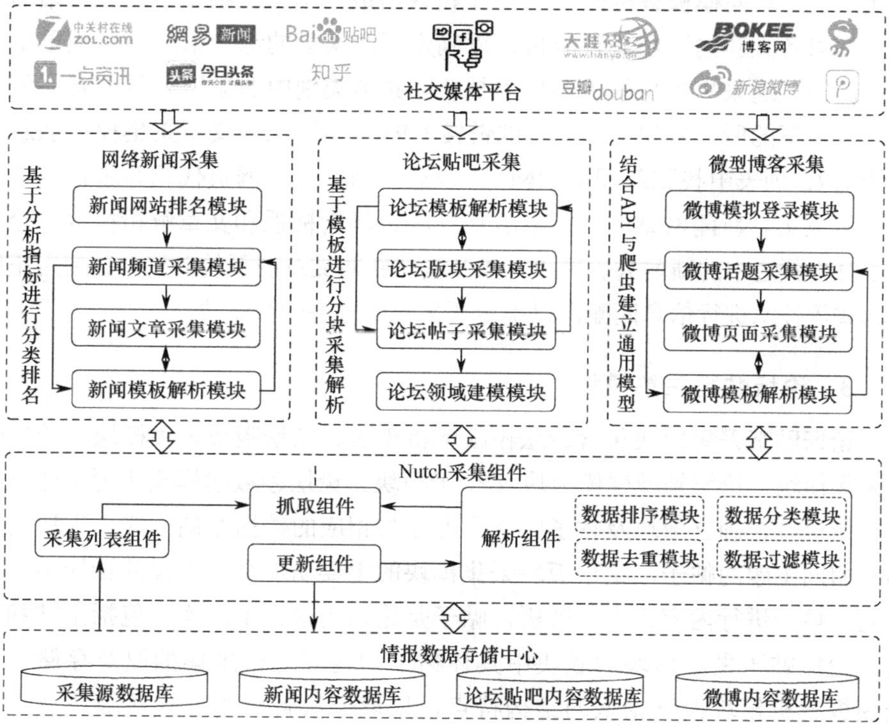

图 6-2　数据采集系统整体模块架构

1. Nutch 采集组件模块

Nutch 采集组件模块以 Nutch 原有框架和部分组件为系统基础，针对新任务需求进行抓取流程的修改和完善，解决了采集和解析多源社交媒体情报方面的核心问题。该模块由采集列表组件、抓取组件、更新组件、解析组件等功能组件组成。采集列表组件将采集源数据库中存储的社交媒体 URL 分成多个待检索组别，抓取组件用于检索这些 URL 对应的网页源码并将其保存到本地数据存储中心中，更新组件更新采集系统抓取的结果，标记本次抓取是否成功，解析组件对数据进行排序、分类、去重、过滤等操作，其中的解析模板对网页源码内容进行解析并定位，URL 解析出来的页面内容、解析网址、URL 抓取后的状态等信息分别保存至 Content、Parse_url、Crawl_fecth 等输出文件中。

2. 网络新闻采集模块

网络新闻采集模块由新闻网站排名模块、新闻频道采集模块、新闻文章采集模块、新闻模板解析模块 4 个子模块组成。本系统根据新闻类网站的综合指标对各大新闻网站进行分析，以确定新闻采集的综合来源并形成采集入口。新闻频道采集模块的主要作用是获取频道类别中的频道名称列表并采集同一频道下的所有新闻文章网页的链接 URL 列表。新闻文章采集模块从新闻链接 URL 列表中找到新闻文章网页，以获取新闻文章网页代码并进行相关新闻信息采集。新闻网站的解析模板包括频道解析模板和文章解析模板，分别用于分析频道中的新闻列表网页，以及具体新闻文章网页的源码，并使用正则表达式等技术进行信息匹配，以确定要采集或过滤的数据块。

3. 论坛贴吧采集模块

论坛贴吧采集模块包含论坛模板解析模块、论坛版块采集模块、论坛帖子采集模块、论坛领域建模模块 4 个子模块。论坛领域建模模块用于建立论坛领域模型，确立版块及帖子的采集方法与相应的数据存储方式。版块用于划分相同主题的帖子，论坛版块采集模块的主要功能是对采集的论坛中主题相同的帖子进行内容采集和解析。帖子是论坛的最根本产物，包括主帖和回帖，论坛帖子采集模块对版块中具体帖子的内容进行采集抽取及存储。论坛模板解析模块根据论坛的结构特点，采取分块解析的方式从版块及帖子网页源码中抽取结构化的数据块，并解析出对应的数据项，封装存储，以备他用。

4．微型博客采集模块

微型博客采集模块主要由微博模拟登录模块、微博话题采集模块、微博页面采集模块、微博模板解析模块 4 个子模块构成。由于目前的微博系统需要用户登录后才能浏览，所以，本系统设计微博模拟登录模块通过微博平台提供的 API 接口模拟登录工作，再采用基于 HTTP 请求的爬虫技术进行数据抓取。微博话题采集模块抓取微博话题中的关键字，进而通过微博页面采集模块抓取具体微博内容。微博数据解析模块利用话题解析模板及微博解析模板对抓取到的数据进行转换并进一步解析为满足微博领域模型的形式，同时对所有微博建立索引，最终保存数据到微博内容数据库中。

6.3 基于网络新闻的数据采集

6.3.1 新闻类网站分析指标

1．Alexa 排名

Alexa 是一个专门发布网站世界排名的网站。以搜索引擎起家的 Alexa 创建于 1996 年 4 月，其目的是让互联网网友在分享虚拟世界资源的同时，更多地参与互联网资源组织。Alexa 每天在网上搜集超过 1000GB 的信息，不仅给出多达几十亿的网址链接，而且对其中所有网站进行了排名。可以说，Alexa 是当前拥有 URL 数量最多、排名信息发布最详尽的网站。

Alexa 排名是指网站的世界排名，主要分为两种：综合排名和分类排名。Alexa 提供了包括综合排名、到访量排名、页面访问量排名等多个评价指标在内的信息，很多人把它当作当前较为权威的网站访问量评价指标。

综合排名也称为绝对排名，即某一特定网站在所有网站中的排名。Alexa 每 3 个月公布一次新的网站综合排名。此排名的依据是用户链接数（Users Reach）和页面浏览数（Page Views）3 个月累积的几何平均值。

分类排名，一是按主题分类，如新闻、娱乐、购物等，Alexa 给出某个特定网站在同一类网站中的名次；二是按语言分类，目前共分为 20 种语言，如英文网站、中文网站等，给出特定网站在所有此类语言网站中的排名。

2. CIIS 排名

CIIS（China Internet Index System，中国互联网指数系统）由互联网实验室与国家统计局于 2004 年联合发布，是一套完善的排名型指数系统。该系统为研究中国互联网经济运行规律，预测互联网经济波动趋势，制订互联网宏观经济调控和为相关企业经营提供决策依据，对基础设施及用户满意度、互联网地域发展及行业表现、互联网上市公司业绩表现及中文网站表现进行了探索性的研究，为人们了解中国互联网经济目前的发展状况和发展趋势提供了有力的参考依据。

1）基础指数

基础指数是对对互联网行业的发展起到基础和保障作用的影响因素的数量衡量。CIIS 选用 4 个指标来评测互联网基础指数：网民总数、域名总数、国际出口带宽总量、上网计算机数。

2）满意度指数

满意度指数是衡量互联网用户在进行互联网消费时，对于产品和服务的满意程度。满意度指数的数据来源于 CNNIC 历次《互联网发展统计报告》。

3）表现指数

表现指数在互联网表现层描述互联网经济，表现指数细分为 3 个重要指数：人气指数（CIIS 值）、综合指数、结构指数。

人气指数是以 Alexa 的数据为基础进行计算的，选取各行业排名靠前的网站作为成分网站，对其访问量（IP 值）及人均页面访问数（PV）进行加权计算得出平均值，其他网站与此值相比，得到各自的人气指数值。

综合指数表示中国网站整体流量水平与全球水平的比较走势。在设定全球日均访问人数不变的条件下，可以反映中国网站流量（访问人数）的整体变动走势和中国互联网发展的整体态势。

结构指数根据特定网站间流量的对比值，表示中国互联网效用发挥的程度，以及整个互联网市场发展的平衡性及成熟度。

4）网络股指数

网络股指数的设计理念是，反映可供投资的在海外上市的中国概念的互联网企业（位于互联网经济中基础服务层和增值服务层）股票的整体表现，包含在海外上市的中国概念的互联网公司，发布时间为每日收盘后，每日发布一次。

6.3.2　基于分析指标的新闻类网站分类排名

1. 基于 Alexa 排名

如表 6-2 所示为基于 Alexa 排名的新闻类网站排名。

表 6-2　基于 Alexa 排名的新闻类网站排名

排　名	网　站	URL
1	企鹅 FM	fm.qq.com
2	天天快报	kuaibao.qq.com
3	新华网	xinhuanet.com
4	BBC 官网	bbc.com
5	ETtoday 东森新闻云	ettoday.net
6	人民网	people.com.cn
7	中国网	china.com.cn
8	NOWnews 今日新闻	nownews.com
9	环球网	www.huanqiu.com
10	红网	rednet.cn
11	中国青年网	youth.cn
12	中国日报网	chinadaily.com.cn
13	Springer 施普林格	springer.com
14	今日头条	toutiao.com
15	华龙网	www.cqnews.net
16	东亚日报中文网	chinese.donga.com
17	cnBeta.COM_中文业界资讯站	cnbeta.com
18	日经中文网	cn.nikkei.com
19	火狐中文网	firefoxchina.cn
20	直播吧	zhibo8.cc
21	青岛新闻网	qingdaonews.com

2. 基于 CIIS 排名

如表 6-3 所示为基于 CIIS 排名的新闻类网站排名。

表 6-3　基于 CIIS 排名的新闻类网站排名

排　名	网站名称	URL	CIIS 值	国内排名
1	凤凰资讯	news.ifeng.com	126.19	33
2	电视猫	tvmao.com	125.06	—
3	央视网	cntv.cn	117.77	—
4	中国网	china.com.cn	116.25	34
5	腾讯新闻	news.qq.com	69.46	—
6	搜狐新闻	news.sohu.com	59.33	67
7	新华网	xinhuanet.com	52.95	—
8	网易新闻	news.163.com	48.72	84
9	人民网	people.com.cn	47.58	—
10	观察者网	guancha.cn	25.99	145
11	闽南网	mnw.cn	24.72	154
12	中国日报网	chinadaily.com.cn	23.66	158
13	荔枝 FM	lizhi.fm	22.63	165
14	日经中文网	cn.nikkei.com	21.27	171
15	今日头条	toutiao.com	17.04	—
16	喜马拉雅 FM	ximalaya.com	16.46	214
17	大众网	dzwww.com	14.03	247
18	中国经济网	ce.cn	12.18	279
19	光明网	gmw.cn	11.58	295
20	360 新闻	sh.qihoo.com	9.52	328
21	中国青年网	youth.cn	9.2	—

3．综合排名

根据 Alexa 排名和 CIIS 排名的综合指标确定了新闻采集的综合来源，如表 6-4 所示。

表 6-4　基于综合指标的新闻类网站排名表

排　名	网站名称	URL	CN 网站流量排名	反向链接	CIIS 值
1	央视网	cntv.cn	3	12474	117.77
2	电视猫	tvmao.com	2	10448	125.06
3	新华网	xinhuanet.com	1	39365	52.95
4	CCTV 节目官网	tv.cctv.com	12	3663	—
5	人民网	people.com.cn	6	13374	47.58
6	中国网	china.com.cn	29	13456	116.25
7	腾讯新闻	news.qq.com	9	11427	69.46

（续表）

排　　名	网站名称	URL	CN 网站流量排名	反向链接	CIIS 值
8	凤凰资讯	news.ifeng.com	38	9773	126.19
9	搜狐新闻	news.sohu.com	55	2122	59.33
10	直播吧	zhibo8.cc	56	1558	—
11	网易新闻	news.163.com	66	6612	48.72
12	中国新闻网	chinanews.com	79	10441	—
13	中国日报网	chinadaily.com.cn	159	4786	23.66
14	新浪新闻	news.sina.com.cn	189	3614	—
15	今日头条	toutiao.com	81	3738	17.04
16	喜马拉雅 FM	ximalaya.com	214	2275	16.46
17	中国文明网	wenming.cn	336	1254	—
18	搜视网	tvsou.com	79	10041	—
19	中华网新闻频道	news.china.com	390	1703	—
20	红网	rednet.cn	523	1191	—
21	芒果 TV	mgtv.com	494	364	—
22	闽南网	mnw.cn	179	1273	24.72
23	荔枝 FM	lizhi.fm	184	1305	22.63
24	观察者网	guancha.cn	217	479	25.99

6.3.3　新闻采集概念的模型构建

1．新闻领域实体图

本书对新闻采集进行实体图设计，新闻领域实体图如图 6-3 所示。

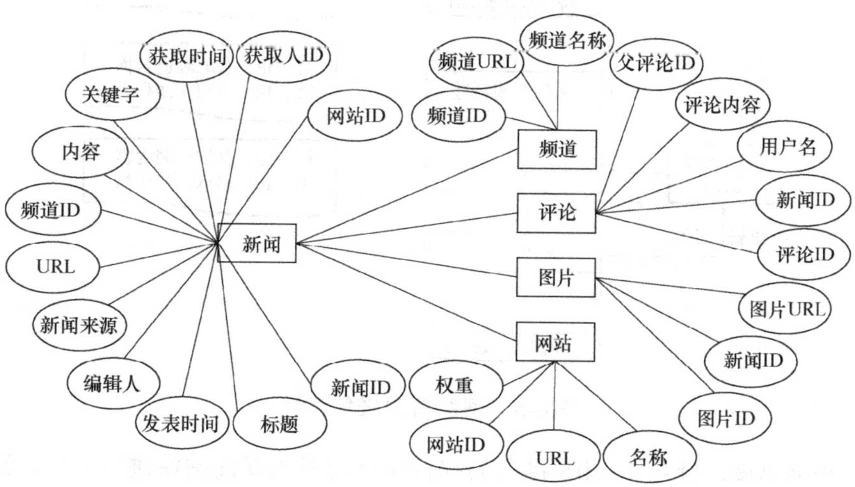

图 6-3　新闻领域实体图

2. 数据采集概念模型

数据采集概念模型如图 6-4 所示。

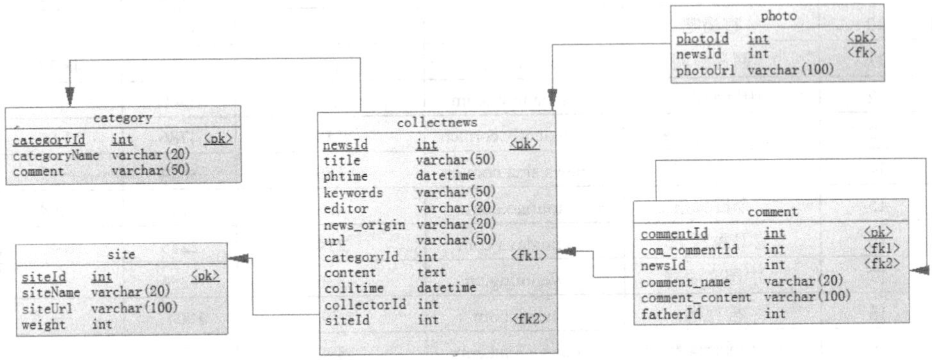

图 6-4 数据采集概念模型

6.3.4 新闻采集流程及解析

网络新闻采集由新闻频道采集和新闻文章采集两轮采集实现，其采集流程如图 6-5 所示。

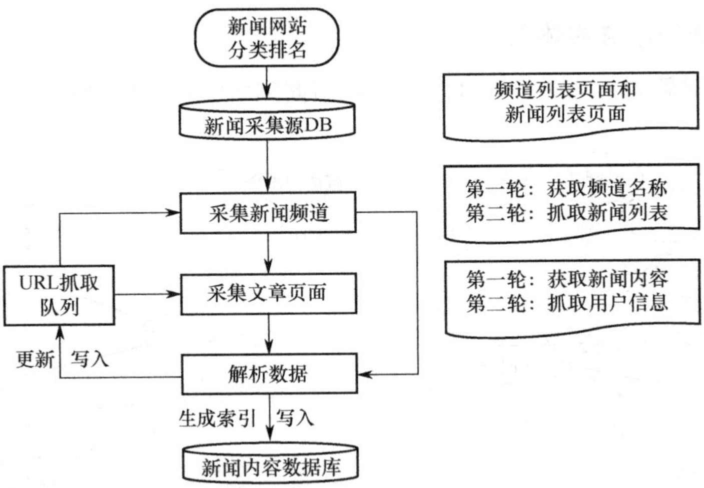

图 6-5 网络新闻采集流程

根据 Alexa 排名和 CIIS 排名的综合指标对各大新闻网站进行分析，计算网站权重并排序，以确定新闻采集的综合来源，从中选取一个新闻网站的主页作为采集入口，并将其注入新闻采集源数据库（新闻采集源 DB）。此时对进入新闻频道采集模块的频道名称进行第一轮抓取。选取符合条件的 URL 生成待抓取列表。抓取单元会根据 URL 地址来获取网页源码内容，随后由解析单元中的解析模板对该网页源码内容进行解析并定位。随后，解析单元会通过版块下一页的 URL 来判断抓取行为是否达到最大值。如果没有，则该 URL 会被再次作为采集项放入抓取队列，进行 Fetch&Parse 操作，循环此操作直至达到最大抓取页。

进入文章页面采集模块，先将前面抓取、解析出的新闻列表信息注入文章采集数据库，随后，新注入的 URL 状态由最初的“注入”变为“未抓取”，并由 Ganerate 单元形成一个 URL 抓取队列，然后进入 Fetch&Parse 单元。抓取单元根据 URL 的待抓取队列将其网页源码的内容完整抓取下来，交由解析单元进行解析。解析单元分块解析网页内容，并将文章的 ID、标题、发表时间、编辑人、来源、URL、频道 ID、文章内容、关键字、获取时间、获取人 ID、网站 ID 等输出到 Parse_text 中。在解析过程中，会同时调用分页插件解析文章末尾页的 URL，以判断同一篇文章是否达到最大抓取页数。若返回值为否，则将该 URL 生成一个抓取项，重复之前的 Fetch&Parse 操作，直至取得最大值。最后进入更新单元，不断更新 URL 抓取队列，直至解析出所有的外链。

系统在对新闻领域实体进行内容解析时，首先用 XPath 对初始 URL 对应的网页源码进行抽取，定位新闻频道列表网页数据块，解析出该频道下的所有频道名称列表及其对应的 URL、频道 ID，进一步定位具体新闻文章页面数据块，输出文章 ID、标题、发表时间、编辑人、来源、URL、频道 ID、文章内容、关键字、获取时间、获取人 ID、网站 ID 等相应的数据项，以及评论、图片等数据块，解析单元对这些数据块进行解析，进而解析出父评论 ID、评论内容、用户名、新闻 ID、图片 URL、图片 ID 等数据项。最后，系统对这些抽取的内容进行封装，得到新闻领域对象。

6.4 基于论坛贴吧的数据采集

6.4.1 Web 论坛的分析及模型构建

1．面向信息采集的 Web 论坛分析

从采集角度来看，Web 论坛具有以下主要特点。

（1）论坛由两部分组成，一部分是版块，另一部分是帖子。版块用来划分相同主题的帖子，大部分论坛的版块都具有树形结构。当然，由于用户发帖的随意性，不属于本版块的帖子也可能发表在其中。帖子是论坛的最根本的产物，每位用户发表一次即产生一个帖子，帖子包括主帖和回帖。

（2）版块的页面是帖子列表页面，分页显示，由一条条帖子（主帖）的基本信息组成，一般不显示回帖信息。帖子的页面由主帖和回帖组成，分页显示，主帖在第一页，可以没有回帖。

（3）排列顺序。版块的帖子列表的排列顺序是根据帖子的最后更新时间倒序排列的，与发帖时间无关，即最近更新的帖子排在最前面。例如，两年前发的一条帖子，今天有人回复了，也会被排在前面。在帖子页面中，主帖与回帖的排列以帖子的发表时间升序排列，即最新回复的帖子在最后一页。

（4）删除。版块一般不存在删除操作。回帖被删除时不会影响整个帖子，只删除该回帖，其他回帖的排列顺序不变。主帖被删除时，一般整条帖子都会被删除，即该主帖的所有回帖也会被删除。

2. Web 论坛的领域建模

1）论坛中的实体

论坛领域的主要实体包括主帖、回帖、用户、帖子列表网页、帖子网页等。其中，主帖、回帖和用户是其他实体的基础。

帖子列表网页是版块对应的页面，由若干主帖组成。帖子网页是帖子对应的页面，包含一条主帖，同时可以包含 0～N 条回帖。主帖是相对于回帖而言的，每一条主帖都包含用户，同时也包含其他属性——URL、主题、内容、点击数、回复数、发表（或更新）时间等。回帖是对别人发表的帖子的回复，其属性包括用户、内容、发表时间。用户是发帖的人，通常是论坛中的注册会员，也可能是匿名用户，用户的属性包括名称、URL 等。论坛领域实体如图 6-6 所示。

2）实体的数据结构

主帖（MainPost）包含用户属性和其他属性，其数据结构如表 6-5 所示。

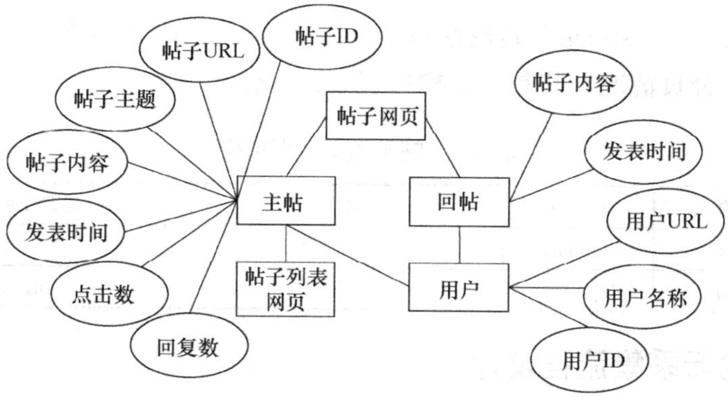

图 6-6　论坛领域实体

表 6-5　主帖数据结构

名　称	类　型	描　述	重复次数（次）
PostUrl	String	帖子 URL	1
PostTopic	String	帖子主题	1
PostContent	String	帖子内容	1
PostTime	Date	帖子时间	1
UserName	String	发帖者名称	1
UserUrl	String	发帖者 URL	1
Hits	Int	点击数	1
Replies	Int	回复数	1

回帖（ReplyPost）同样包含用户属性，但其他属性比主帖少很多，其数据结构如表 6-6 所示。

表 6-6　回帖数据结构

名　称	类　型	描　述	重复次数（次）
PostContent	String	帖子内容	1
PostTime	Date	帖子时间	1
UserName	String	回帖者名称	1
UserUrl	String	回帖者 URL	1

帖子列表网页（Post List Page）是论坛版块对应的页面，由多个主帖列表项组成，且存在分页情况，其数据结构如表 6-7 所示。

表 6-7　帖子列表网页数据结构

名　称	类　型	描　述	重复次数（次）
MainPost	MainPost	主帖	n，$n\geqslant 0$

帖子网页（PostPage）是论坛帖子对应的页面，由 1 个主帖和多个回帖构成，且存在分页情况，其数据结构如表 6-8 所示。

表 6-8 帖子网页数据结构

名　称	类　型	描　述	重复次数（次）
MainPost	MainPost	主帖	1
ReplyPost	ReplyPost	回帖	n，$n \geqslant 0$

6.4.2 论坛采集流程设计

1. 论坛采集的总体流程

论坛采集由论坛版块采集和论坛帖子采集实现，如图 6-7 所示。

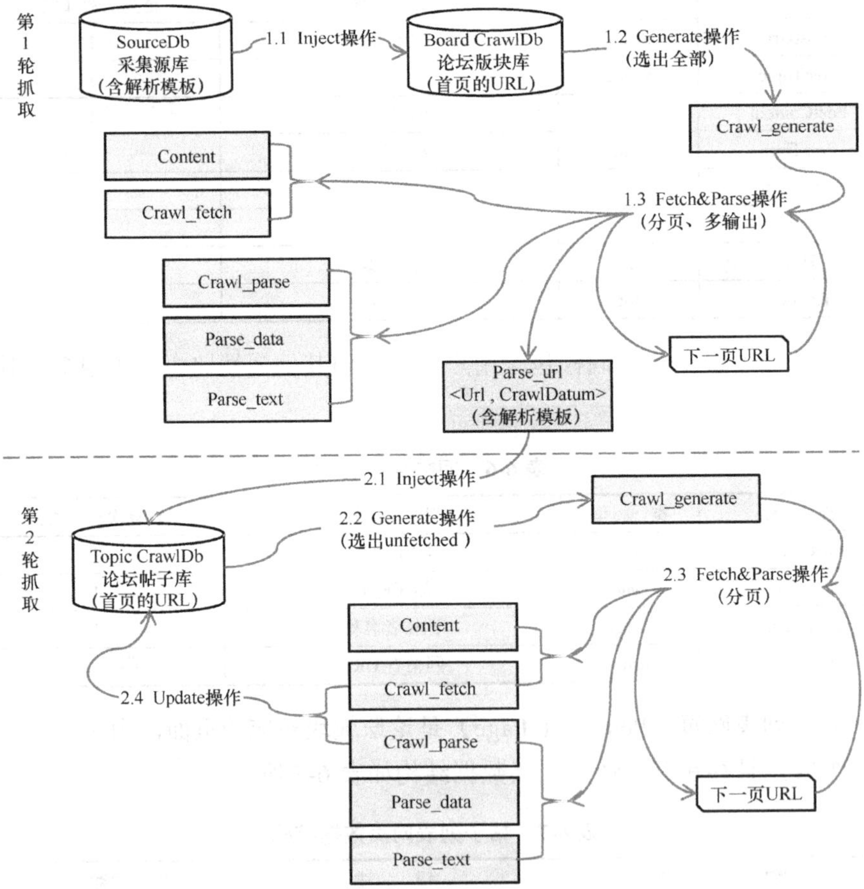

图 6-7 基于 Nutch 的论坛采集流程

论坛版块采集包括 Inject、Generate、Fetch&Parse 操作。Inject 操作从 SourceDb 中将采集源注入 Board CrawlDb，这一操作在 Reducer 任务中有一个“合并”的过程。Generate 操作从 CrawlDb 中选取 URL，产生待抓取列表，主要在 Selector 中进行选择，此处选出所有 URL。Fetch 操作是抓取 URL 对应的网页内容，Parse 操作是从网页内容中抽取所需的数据，这里包括解析帖子列表、解析并抓取下一页、修改输出格式、用“多输出”输出帖子列表信息等操作。论坛版块采集中没有 Update 操作，因为 Update 操作的主要功能是更新抓取状态和更新额外链接，论坛版块采集为定向抓取，不需要更新额外链接，同时，每次进行论坛版块抓取都会选出所有 URL，因此，没有必要关心 URL 的状态，故此处不进行 Update 操作，有利于节约计算资源。

论坛帖子采集包括 Inject、Generate、Fetch&Parse、Update 操作。Inject 操作将上一轮版块采集中解析出的帖子信息从 Parse_url 中注入 Topic CrawlDb，同样在 Reducer 任务中有一个“合并”的过程，在合并时会比较帖子的更新时间，将有更新的帖子的状态改为 unfetched。Generate 操作从 CrawlDb 中选取 URL，产生待抓取列表，主要在 Selector 中进行选择，此处选出所有状态为 unfetched 的 URL。Fetch 操作是抓取 URL 对应的网页内容，Parse 操作是从网页内容中抽取所需的数据，这里包括解析主帖与回帖的信息、解析并抓取下一页、覆盖 Nutch 的 parse_text 输出等操作。Update 操作将抓取的状态更新到 CrawlDb 中，不更新解析出的外链。

2. 论坛版块的采集

1）Inject 操作

从 SourceDb 中将采集源注入 Board CrawlDb，Inject 操作与 Nutch 原有的方法有所不同，由一个 Mapper 任务和一个 Reducer 任务完成，Mapper 任务负责从两个目录中读入数据，并进行过滤和规范化，Reducer 任务负责将相同 Key 值对应的多个 Value 值进行合并。

在合并时，要区分 Value 是来自 SourceDb 还是来自 CrawlDb，区分的方法是，SourceDb 中的 Value 的状态（status）都为 db_unfetched，而 CrawlDb 中的 value 的状态为非 db_unfetched。

合并的策略如下：①对于 SourceDb 和 CrawlDb 中都存在的 Value，取

CrawlDb 中的 Value 值，将 SourceDb 中抓取周期、解析模板等值更新到 CrawlDb 中；②只在 SourceDb 中存在的 Value，是新增的，直接增加，将 status 改为 db_unfetched；③只在 CrawlDb 中有的 Value，是要删除的，不收集。

SourceDb 中含有论坛的解析模板，包括版块的解析模板和帖子的解析模板，同时，解析模板以时间戳来标识该解析模板的时间范围。

2）Generate 操作

Generate 操作从 CrawlDb 中选取 URL，产生待抓取列表。Generate 操作在 Nutch 现有 Generator 类的基础上做了一点修改，即修改了 Generator 中的 Selector 类，因此，关键就在于 Selector 的处理逻辑，即选取待抓取列表的逻辑，论坛版块抓取每次选出的所有版块。

3）Fetch & Parse 操作

Fetch 操作是抓取 URL 对应的网页内容，Parse 操作是从网页内容中抽取所需的数据。

Fetch&Parse 操作在 Nutch 的基础上进行了两点修改。第一，修改了输出格式 FetcherOutputFormat，用于输出版块抓取中解析出的帖子 URL，采用“多输出”是为了将论坛的解析模板传到帖子的抓取流程中。第二，进行了二次解析，即在 extraParse()方法中使用了自己的解析逻辑。

extraParse()方法主要做了以下几件事：

（1）解析出帖子列表中的帖子信息，将每条帖子信息和解析模板一起放入 datum，收集输出。

（2）解析出版块的下一页的 URL，这里调用解析分页的“插件”解析下一页的 URL。

（3）判断下一页抓取页数是否达到最大值，这里的最大值来源于配置文件，即抓取多少页是通过配置文件来控制的。如果没有达到最大值，则将下一页的 URL 生成一个抓取项 FetchItem，将其加入抓取队列，进行下一页的抓取，直至抓取的页数达到最大值。

3. 论坛帖子的采集

1）Inject 操作

将上一轮版块采集中解析出的帖子信息从 Parse_url 中注入 Topic CrawlDb，其同样由一个 Mapper 任务和一个 Reducer 任务完成，Mapper 任务负责从两个目录中读入数据，并进行过滤和规范化，Reducer 任务负责将相同 Key 值对应的多个 Value 值进行合并，重点在于 Reducer 中的合并处理流程。

在合并时，要区分 Value 是来自 Parse_url 还是来自 CrawlDb，区分的方法是，Parse_url 中的 Value 的状态（status）都为 db_unfetched，而 CrawlDb 中的 Value 的状态为非 db_unfetched。

合并的策略如下：①对于 Parse_url 和 CrawlDb 中都存在的 Value，比较两者的最后更新时间，更新时间不相同的，是有更新的情况，取 CrawlDb 中的 Value 值，将 status 改为 db_unfetched，更新时间相同的，也取 CrawlDb 中的 Value 值，但不修改状态（本轮不会抓取），若无法比较更新时间，则按不相同处理；②只在 Parse_url 中存在的 Value，是新增的，直接增加，将 status 改为 db_unfetched；③只在 CrawlDb 中有 Value，是还没有更新的，直接收集，不修改状态，本轮不会抓取。

在 Inject 操作后，新注入的 URL 的状态会由 inject 变为 db_unfetched，在选取待抓取列表时，会从中选出状态为 db_unfetched 的 URL。CrawlDb 中的 URL 状态如图 6-8 所示。

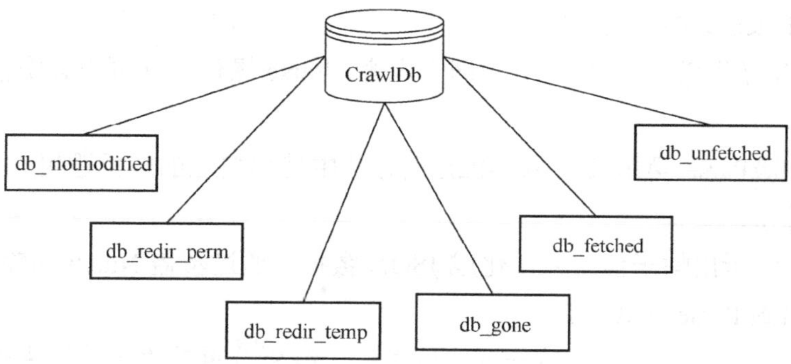

图 6-8　CrawlDb 中的 URL 状态

2）Generate 操作

Generate 操作从 CrawlDb 中选取 URL，产生待抓取列表。同样，Generate 操作在 Nutch 现有 Generator 类的基础上做了一点修改，即修改了 Generator 中的 Selector 类，因此，关键点就在于 Selector 的处理逻辑，即选取待抓取列表的逻辑，论坛帖子抓取只选出未抓取（db_unfetched）的帖子，对于已抓取且有更新的帖子，在 Inject 阶段已将其状态改为未抓取（db_unfetched）。

在进行 Generate 操作时，URL 的状态不会发生变化，保持其在 CrawlDb 中的状态，如图 6-9 所示。

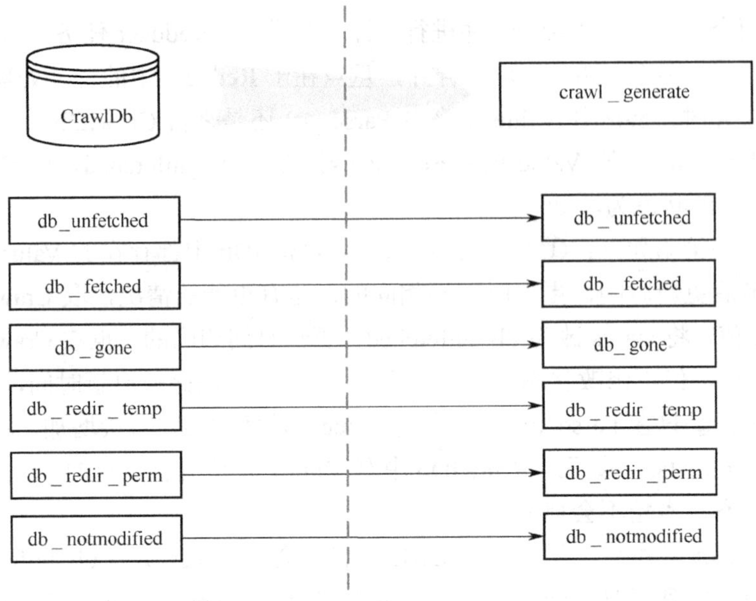

图 6-9　进行 Generate 操作时的 URL 状态变化

3）Fetch & Parse 操作

Fetch 操作抓取 URL 对应的网页内容，Parse 操作从网页内容中抽取所需的数据。

Fetch&Parse 操作只在 extraParse()方法中使用自己的解析逻辑，主要做了以下几件事：

（1）解析出帖子信息并转化成 JSON 数据，通过覆盖 Nutch 的输出结果，将其输出到 Parse_text 中。

（2）解析出帖子的最后一页，这里调用解析分页的“插件”来解析最后一页的 URL。

（3）判断同一帖子抓取的页数是否达到最大值，这里的最大值来源于配置文件，即抓取多少页是通过配置文件来控制的。如果没有达到最大值，则将最后一页的 URL 生成一个抓取项 FetchItem，将其加入抓取队列以进行抓取。若达到最大值，则不再抓取。

（4）在从最后一页进行抓取时，解析出上一页的 URL，即帖子的分页抓取从最后一页往前抓取，抓取多少页目前是通过配置文件来控制的，若抓取页面没有达到最大值，将上一页的 URL 生成一个抓取项 FetchItem，将其加入抓取队列，直至达到最大值。

4）Update 操作

在这里，Update 操作只将抓取的状态更新到 CrawlDb 中，不更新解析出的外链，因为论坛抓取为定向抓取。

更新抓取状态主要是将 crawl_fetch 目录中的 URL 状态更新到 CrawlDb 中。crawl_fetch 中的状态与 CrawlDb 中的状态基本上是一一对应关系，唯一不对应的是 crawl_fetch 中的 fetch_retry 状态，当 retry 的次数不超过最大值时（默认为 3），fetch_retry 状态会被更新为 db_unfetched 状态，当 retry 的次数大于最大值时，fetch_retry 状态会被更新为 db_gone 状态。进行 Updata 操作时的 URL 状态变化如图 6-10 所示。

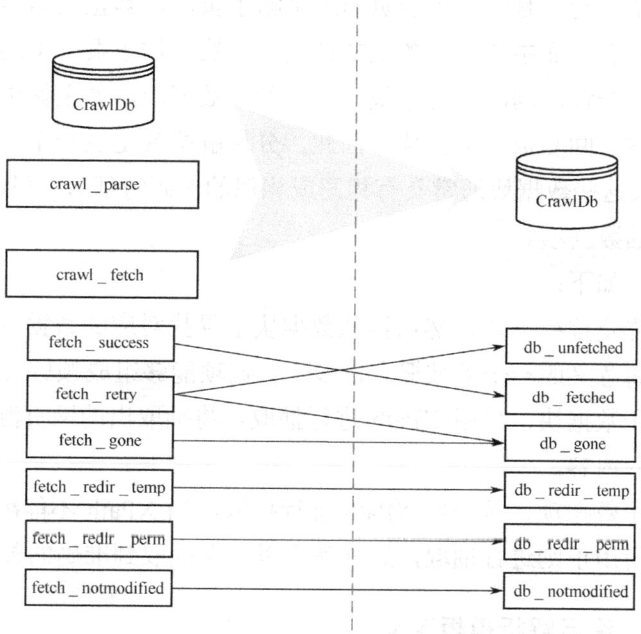

图 6-10　进行 Update 操作时的 URL 状态变化

6.4.3　基于模板的 Web 论坛解析

解析的目的是从网页源码中根据需要抽取出结构化的数据，对一个版块甚至一个论坛进行解析不是件难事，但是对于所有主流的 Web 论坛，要想用一套方法自动化地解析所有版块和帖子不是件容易的事。

论坛解析的难点一是准确性，二是通用性。准确性就是保证解析出的论坛领域数据与网页中显示的内容是一致的，并且是对应的。准确性是论坛解析的根本性要求。通用性也是论坛解析的一个难点，通用性就是要求解析方法本身可以适用于不同的论坛，通用性往往比准确性更难实现。准确性和通用性都是论坛解析所要达成的目标，但往往会有顾此失彼的情况，或者是鱼和熊掌不可兼得的情况，所以论坛解析的真正难点在于在这两者之间达到一种平衡，即在保证准确性的情况下，又有较好的通用性。

1. Web 论坛解析原理

在进行了大量解析实践及相关解析方法研究的基础上，我们提出了“分块解析”理论。

在论坛中，无论是帖子列表页面还是帖子页面，其正文内容都由若干块组成，帖子列表页面中的每一条主帖都是一个块，帖子页面中的主帖、每一条回帖都是一个块。同时，每个块都包括若干数据项，如主帖中包含主题、内容、点击数、回复数等数据项。因此，分块解析就是从一个页面中定位出所有数据块（这些数据块通常具有相同或相似的源码特征），再从每个数据块中抽取对应的数据项。

解析原则如下：

（1）首先定位数据块，然后再从数据块中寻找对应的数据项。每个数据项对应有逻辑意义的一个领域概念，多个数据项能够组成领域实体。

（2）对于数据块，只用 XPath 进行抽取，将抽取出的网页源码作为数据项抽取的输入内容。

（3）对于数据项，首先用 XPath 进行抽取，当 XPath 不能准确抽取时，在此基础上再用正则进行抽取，这样就可以确保抽取到准确的数据。

2. Web 论坛解析模板定义

根据论坛划分为版块和帖子两大部分的特点，解析模板包括两大部分：版块解析模板和帖子解析模板。同时，考虑到网页的框架性源码可能更换的情况，每一个版块解析模板（或帖子解析模板）都包含一个时间戳，用于标识解析模板的“作用范围”，以便对历史数据进行解析。

每一个页面都是一个数据块，每一条主帖、回帖都是页面中的一个数据块。XPath 属性的值为 XPath 表达式，Pattern 属性的值为正则表达式，MappingTo 属性的值表示对应的领域概念。

```
<templates>
<DataBlockxpath=""mappingTo="ThreadListPage" timestamp="2013-01-01 01:01:01">
<DataBlockxpath="//LI[@class='j_thread_list']" mappingTo="MainPost" times="*">
<DataItemxpath="//A[@class='j_th_tit']/@href" pattern=""mappingTo="Url" />
<DataItemxpath="//A[@class='j_th_tit']" pattern=""mappingTo="Topic" />
<DataItemxpath="" pattern=""mappingTo="Content" />
<DataItemxpath="" pattern=""mappingTo="PublishTime" />
<DataItemxpath="//SPAN[@class='tb_icon_author ']" pattern=""mappingTo="UserName" />
<DataItemxpath="//SPAN[@class='tb_icon_author ']//A/@href" pattern=""mappingTo=
"UserUrl" />
<DataItemxpath="" pattern=""mappingTo="Hits" />
<DataItemxpath="//DIV[@class='threadlist_rep_num j_rp_num']" pattern=""mappingTo=
"Replies" />
</DataBlock>
</DataBlock>
<DataBlockxpath=""mappingTo="ThreadListPage" timestamp="2012-12-31 01:01:01">
<DataBlockxpath="//LI[@class='j_thread_list']" mappingTo="MainPost" times="*">
<DataItemxpath="//A[@class='j_th_tit']/@href" pattern=""mappingTo="Url" />
<DataItemxpath="//A[@class='j_th_tit']" pattern=""mappingTo="Topic" />
<DataItemxpath="" pattern=""mappingTo="Content" />
<DataItemxpath="" pattern=""mappingTo="PublishTime" />
<DataItemxpath="//SPAN[@class='tb icon author ']" pattern=""mappingTo="UserName" />
<DataItemxpath="//SPAN[@class='tb_icon_author ']//A/@href" pattern=""mappingTo=
"UserUrl" />
<DataItemxpath="" pattern=""mappingTo="Hits" />
<DataItemxpath="//DIV[@class='threadlist_rep_num j_rp_num']" pattern=""mappingTo=
"Replies" />
</DataBlock>
</DataBlock>
<DataBlockxpath=""mappingTo="ThreadPage" timestamp="2013-01-01 01:01:01">
<DataItemxpath="" pattern=""mappingTo="Url"/>
<DataItemxpath="//H1[@class='core_title_txt']" pattern=""mappingTo="Topic" />
<DataItemxpath="" pattern=""mappingTo="Hits"/>
```

```
<DataItemxpath="//UL[@class='l_posts_num']//LI[@class='l_reply_num']//SPAN[@class='red' and @style]" pattern=""mappingTo="Replies"/>
<DataBlockxpath="//BODY" mappingTo="MainPost" times="1">
<DataItemxpath="//DIV[@class='l_post noborder']//LI[@class='d_name']//A" pattern=""mappingTo="UserName"/>
<DataItemxpath="//DIV[@class='l_post noborder']//LI[@class='d_name']//A/@href" pattern=""mappingTo="UserUrl"/>
<DataItemxpath="//DIV[@class='l_post noborder']/@data-field" pattern="date&quot;:&quot;(.*?)&quot;" mappingTo="PublishTime"/>
<DataItemxpath="//DIV[@class='l_post noborder']//DIV[@class='p_content']" pattern=""mappingTo="Content"/>
</DataBlock>
<DataBlockxpath="//DIV[@class='l_post ']" mappingTo="ReplyPost" times="*">
<DataItemxpath="//LI[@class='d_name']//A" pattern=""mappingTo="UserName"/>
<DataItemxpath="//LI[@class='d_name']//A/@href" pattern=""mappingTo="UserUrl"/>
<DataItemxpath="//DIV[@class='l_post ']/@data-field" pattern="date&quot;:&quot;(.*?)&quot;" mappingTo="PublishTime"/>
<DataItemxpath="//DIV[@class='p_content']" pattern=""mappingTo="Content"/>
</DataBlock>
</DataBlock>
<DataBlockxpath=""mappingTo="ThreadPage" timestamp="2012-12-31 01:01:01">
<DataItemxpath="" pattern=""mappingTo="Url"/>
<DataItemxpath="//H1[@class='core_title_txt']" pattern=""mappingTo="Topic" />
<DataItemxpath="" pattern=""mappingTo="Hits"/>
<DataItemxpath="//UL[@class='l_posts_num']//LI[@class='l_reply_num']//SPAN[@class='red' and @style]" pattern=""mappingTo="Replies"/>
<DataBlockxpath="//BODY" mappingTo="MainPost" times="1">
<DataItemxpath="//DIV[@class='l_post noborder']//LI[@class='d_name']//A" pattern=""mappingTo= "UserName"/>
<DataItemxpath="//DIV[@class='l_post noborder']//LI[@class='d_name']//A/@href" pattern=""mappingTo="UserUrl"/>
<DataItemxpath="//DIV[@class='l_post noborder']/@data-field" pattern="date&quot;:&
```

```
quot;(.*?)&quot;" mappingTo="PublishTime"/>
        <DataItemxpath="//DIV[@class='l_post noborder']//DIV[@class='p_content']" pattern=
""mappingTo="Content"/>
        </DataBlock>
        <DataBlockxpath="//DIV[@class='l_post ']" mappingTo="ReplyPost" times="*">
        <DataItemxpath="//LI[@class='d_name']//A" pattern=""mappingTo="UserName"/>
        <DataItemxpath="//LI[@class='d_name']//A/@href" pattern=""mappingTo="UserUrl"/>
        <DataItemxpath="//DIV[@class='l_post ']/@data-field" pattern="date&quot;:&quot;(.*?)
&quot;" mappingTo="PublishTime"/>
        <DataItemxpath="//DIV[@class='p_content']" pattern=""mappingTo="Content"/>
        </DataBlock>
        </DataBlock>
        </templates>
```

3．基于模板的解析流程设计

Web 论坛的解析首先将解析模板和网页源码分别转化为 ParsableItem 和 Node，然后将两者输入到解析器中，解析器会根据 ParsableItem 的 XPath，从 Node 中抽取内容，最后将抽取的内容封装成领域对象。基于模板的解析流程如图 6-11 所示，具体操作步骤如下。

（1）将 HTML 源码转化为对应的字符编码，再将 HTML 源码转化为 DOM 树，通过 Neko 解析得到 Node。

（2）将解析模板交给模板选择器，模板选择器会根据时间戳选出版块的解析模板或帖子的解析模板，再由解析器将选出的模板构造为可解析项（ParsableItem）。ParsableItem 包括两类：一类是 DataBlock，另一类是 DataItem，这两类可解析项分别对应解析模板中的“数据块”和“数据项”。在构造时，根据解析模板中的标签名生成 DataBlock 或 DataItem，对于 DataBlock，需要递归构造其包含的数据块或数据项。

（3）将前两步生成的 Node 和可解析项（ParsableItem）放入解析代码，解析代码将根据 ParsableItem 对 Node 进行解析，返回 Map 对象。在解析时，如果是 DataItem，则直接解析出文本内容；如果是 DataBlock，则不能直接处理，要根据其 XPath 抽取出其所代表的节点，再将抽取出的节点和 DataBlock 本身作为新的 Node 和可解析项（ParsableItem）放入解析代码，直至解析出所有的数据项。

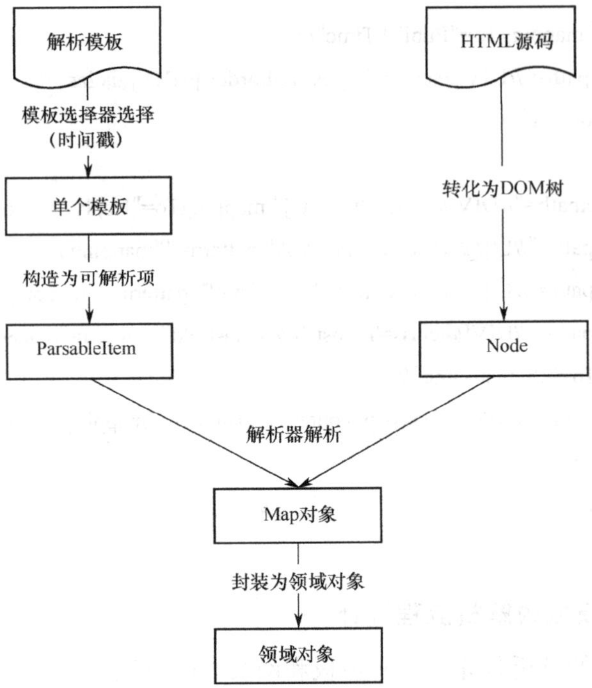

图 6-11　基于模板的解析流程

（4）将解析出的数据项封装成领域对象。解析出的数据均为 String 类型，当要将其转化为领域中的数据结构时，需要进行再处理。例如，时间数据要转化为 Date 类型，这里有一个通用的 DateUtil 类，将各种可能出现的时间格式转化为 Date 类型的时间。

6.5　基于微博的数据采集

6.5.1　微博概述及分析

1. 微博及网络爬虫简介

1）微博

微博是微型博客（MicroBlog）的简称，是一个基于用户关系的信息分享、传播及获取平台。用户可以通过 Web、Wap 等客户端组建个人社区，以 140 字左右的文字更新信息，并实现即时分享。最早的微博是美国的 Twitter。2009

年 8 月，中国门户网站新浪推出“新浪微博”内测版，成为门户网站中第一家提供微博服务的网站。随着微博的日益火热，与之相关的词汇如“微夫妻”等也迅速走红，微博效应逐渐形成。

微博的用户多，状态、信息更新频繁，信息传播迅速，并且微博平台媒介用户占有率相对集中，因此，基于微博的数据分析成为十分值得关注的研究方向。通过对微博信息的挖掘，可以获取相关的商业信息、人际关系信息、热点新闻、趋势信息等，还可以对历史事件进行相关的分析总结。

2）网络爬虫

无论是普通应用程序，还是搜索引擎，为了自动从互联网获取信息，都需要设计一个高效的网络爬虫（Spider 或 Crawler）来完成工作。普通爬虫的基本工作原理如下：首先，从一个工作种子集出发，将网页 URL 放到待抓取队列中，从队列中取出一个 URL，抓取对应的网页；然后，提取出网页相应的 URL 放到队列中，按照广度优先或者深度优先策略不断地抓取网页，直到达到设定的停止标准。爬虫的工作原理简单，但是完成一个高性能、高质量的爬虫却是一项比较有技术挑战的工作。

高性能的爬虫主要有 3 个特点，一是可伸缩，即增加硬件资源就能线性提高性能；二是分布式架构，需要协调处理各爬虫节点的负载和功能；三是个性化，需要能够完成不同的任务。Google 使用的爬虫系统是由斯坦福大学设计的，每个爬虫运行在一台机器上，有 300 个链接并行抓取，由 URL 服务器分配抓取队列。后期 Google 开发了独有的分布式文件系统（GFS），使用 Map 和 Reduce 处理。Allan Heydon 和 Marc Najork 设计了名为 Mercator 的爬虫，其独到之处是采用了很多优化策略（如 DNS 缓冲、延迟存储等）来提升爬虫性能。另外，还有一些其他的著名爬虫系统。IRLBOT 是 TAMU 开发的大规模爬虫，性能很强大并且较为智能。UbiCrawler 同样是一个性能优越的爬虫，具有分布式特点，而且容错率较高。Internet Archive 专门针对 64 个网站进行抓取，每个爬虫负责一个网站。

但是，目前来看，网络爬虫基本只能根据超链接的关联抓取 Surface Web 的资源，没有专门对 Deep Web 数据进行处理。尽管搜索引擎公司在不同的层次提出了垂直检索、个性化检索、框计算等技术，但是仍然只有少数的 Deep Web 资源能够被搜索引擎检索到。如果能在检索结果中加入 Deep Web 数据资源，将会使搜索引擎更加智能化而且极大地提升用户体验。

2. 国内主要的微博概况分析比较

自2009年下半年新浪微博入市起，腾讯、网易、搜狐相继开设微博服务，掀起了社交网站另一个热潮。我们从上线时间、用户数量、用户年龄、登录渠道等方面对这四大微博做了一个简单的梳理。

1）上线时间

四大微博上线时间比较如表6-9所示。

表6-9 四大微博上线时间比较

微博类型	新浪微博	腾讯微博	网易微博	搜狐微博
时　间	2009年8月	2010年3月	2010年1月	2010年4月

新浪微博上线时间远早于其他微博，首先吸引了一大批高质量的精英用户，并享有最初那段宝贵的“资源独占期”，占很大优势。腾讯微博得益于QQ强大的用户优势，用户数增长很快。

2）用户数量

截至2020年12月，四大微博用户数量比较如表6-10所示。

表6-10 四大微博用户数量比较

微博类型	新浪微博	腾讯微博	网易微博	搜狐微博
用户数量	5.03亿	4.25亿	1.2亿	1亿左右

目前，微博市场账户注册高峰期已过，各微博开始专注于提升用户活跃度。

3）用户年龄

由于公众人物用户众多，新浪微博更多地吸引了紧跟潮流的年轻用户，多为20～29岁。腾讯微博用户也多为20～29岁，但由于主要依附QQ，所以相对低龄化，24岁以下用户占比达到40%。网易微博用户多为30岁以上人士，主要是来自网易邮箱和博客的用户。搜狐微博用户也多为30岁以上人士，但由于其整合了博客、圈子、新闻，用户多为延伸过来的原有用户，所以，“高龄”用户比重更大，35岁以上用户占30.15%。

4）登录渠道

（1）腾讯微博主要以QQ客户端登录为主。

（2）新浪微博60%的活跃用户通过移动终端登录。

（3）搜狐微博和网易微博的用户也主要通过搜索引擎登录，但二者都已经被边缘化了。

3. 微博抓取内容分析

1）新浪微博

新浪微博有两个影响力比较大的产品：热门微博和热门话题。

（1）热门微博是新浪微博筛选出的比较受用户关注的微博，分为娱乐、财经、科技、时尚等 12 个频道。每个频道包含一天、一周、一月之内的最热的微博。

由于热门微博是具有一定影响力的微博，所以，其更加具有研究价值。以列表的形式展示微博，每一页展示 10 条，共有 10 页，微博内容都可以从源码中解析出来，下一页使用 js 加载，可以模拟浏览器请求来抓取内容。返回的数据格式是 JSON 格式的 HTML 代码，其中，中文内容是以 unicode 编码的。

下一页的 URL 如下：

http://hot.weibo.com/ajax/feed?since_id=3581150771081869& type=h&v=1299&date=&page=2&topic_id=&cur_order=&_t=0&__rnd=1369381724880

其中，page=2 表示抓取的是第 2 页。

从热门微博中可以解析出微博的内容、发表时间、URL、转发数、评论数、作者 URL、作者名称等内容。

（2）热门话题是新浪微博筛选出的最近一段时间用户关注得比较多的话题，针对社会上的某一现象或者突发事件展开讨论，关于此话题的微博都是利用新浪的微博搜索功能搜索出来的。热门话题中的微博也有非常大的研究价值。

按照不同话题的性质，热门话题分为明星、兴趣、影视等 11 种类型，每一种类型有几十个话题，共有数百个话题，而且这些话题是在不断更新的。要抓取话题的相关微博，首先需要获取这些话题的名称。

话题中的微博以列表的形式展示，利用 js 加载，共有 50 页，并实时更新。下一页的 URL 如下：

http://huati.weibo.com/aj_topic/list?keyword=%E6%9C%80%E6%83%B3%E5%8E%BB%E6%97%85%E8%A1%8C%E7%9A%84%E5%9C%B0%E6%96%B9&all=1&pic=0&hasv=0&atten=0&prov=0&city=0&match_area=0&order=time&topicName=%E6%9C%80%E6%83%B3%E5%8E%BB%E6%97%85%E8%A1%8C%E7%9A%84%E5%9C%B0%E6%96%B9&_t=0&__rnd=1369386702722

其中，p=2 表示第 2 页；返回的数据也是 JSON 格式的 HTML 代码。

从微博话题中可以获取微博的内容、发表时间、微博 URL、转发数、评论数、微博作者名称、作者 URL 等。

（3）在新浪微博中，除了热门微博和热门话题，还可以获取一些普通用户发表的微博；可以使用登录用户的账号关注一批微博用户，然后在其首页抓取用户发表的最新的微博。这种方法的缺陷是一个账号关注的用户有限；而且同一个账号的请求不能太频繁。

在新浪微博的 API 中有一个获取公共微博的接口，如图 6-12 所示。该接口可以返回最新发表的200条公共微博,也可以使用这个接口获取最新的微博。

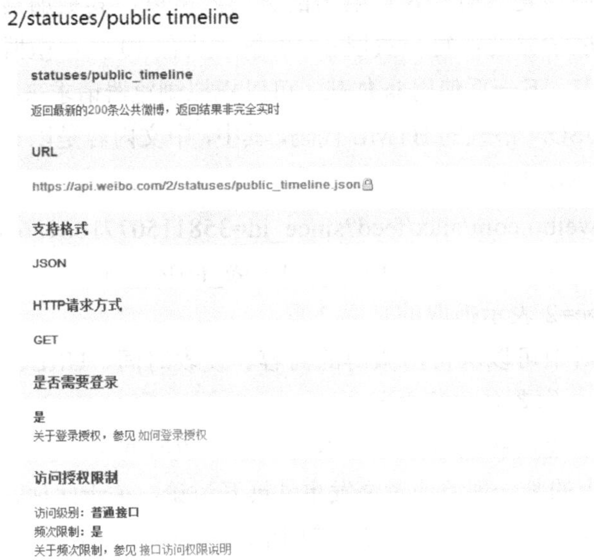

图 6-12　公共微博接口

2）腾讯微博

按照微博内容的不同，腾讯微博分为 100 多个频道（微博道），其中的微博内容会实时更新。

（1）微频道中的内容是按照不同的分类选出的最新发表的微博。

（2）微频道中的微博内容在网页源码中是以 JSON 格式存在的。

（3）微频道是通过 js 来加载下一页的；它没有用页数来表示下一页，而是将时间段作为选取规则。我们可以自己构造一个时间段来获取相应时间段内的微博。

4. 微博 API

微博 API 是一个基于微博系统的、开放的信息订阅、分享与交流接口，其提供了海量的微博信息、粉丝关系数据，以及信息裂变式传播的渠道。

用户可以登录平台并创建应用，使用微博平台提供的 API，创建有趣的应用或者让网站具有更强的社交特性。目前，新浪、腾讯、网易、搜狐四大微博均已经推出了各自的微博 API。

如表 6-11 所示为微博 API 的接口限制比较。

表 6-11　微博 API 的接口限制比较

类　型	鉴权方式	频次限制
新浪微博 API	OAuth 2.0	单用户 1000 次/小时；服务器 10000 次/小时
腾讯微博 API	OAuth 2.0	读请求 1000 次/小时；写请求 500 次/小时

接下来，我们对新浪微博 API 和腾讯微博 API 进行详细介绍。

开发者在使用一个开放平台时，最关心的是这个平台提供了哪些 API，以及基于这些 API 能够实现什么功能。新浪微博目前开放了近 100 个 API 接口，与腾讯微博相比，其开放的方式更接近 Twitter。如果我们仔细对比一下新浪微博和 Twitter 的 API，就会发现，双方不仅在数量上相当，在功能方面，新浪微博几乎提供了 Twitter 开放的所有服务。相比之下，腾讯微博 API 的种类就少很多，只有 60 个左右。可以将微博平台提供的服务大致分为公共内容、用户内容、用户关系链及其他辅助功能（如搜索）。

在公共内容方面，腾讯微博和新浪微博都提供了获取公共微博和热门话题的接口。但新浪微博的热门话题接口更加丰富，包括每周、每日和每小时的热门话题。而腾讯微博只提供了一个“话题热榜”接口，返回当前最流行的话题。

在用户内容方面，两个平台的差别更加明显。新浪微博 API 以用户为中心，腾讯微博则更偏重提供基础数据。例如，对于微博的转发和评论，新浪微博直接提供了可以获取一个用户发出和收到的评论的 API；而腾讯微博只提供了能够获取一条微博所有评论的 API。这意味着，在新浪微博上，开发者通过一个 API 请求就可以获得“某个用户收到的评论”，而在腾讯平台上，开发者需要先获得用户发表的微博列表，然后就每条微博向腾讯微博再次请求其所有评论。

对于用户关系链的开放，腾讯微博和新浪微博差别不大，第三方都可以获得某一用户的粉丝和好友列表。由于腾讯微博本身提供了“特别收听”功能，通过其 API 还可以获得一个用户的“特别收听列表”。

最后，在辅助功能方面，双方都提供了“好友推荐”功能和比较完善的搜索服务（搜索用户、搜索微博），但新浪微博目前还支持获得一个用户“可能感兴趣的标签”，这个 API 为基于微博的推荐服务提供了有效的参考信息。

API 的数量和种类是多样性的一个方面，其另一个方面则是每个 API 的功能。与腾讯微博相比，新浪微博的 API 功能更加丰富。以“获取用户的微博”为例，新浪微博接口参数如表 6-12 所示。

表 6-12 新浪微博接口参数

参 数	必 选	类 型	说 明
source	true	string	申请应用时分配的 AppKey，在调用接口时,代表应用的唯一身份（若采用 OAuth 授权方式则不需要此参数）
id	false	int64/string	根据用户 ID（int64）或者微博昵称（string）返回指定用户的最新微博消息列表。该参数为 REST 风格参数
user_id	false	int64	用户 ID，主要用来区分用户 ID 与微博昵称。当微博昵称为数字或与用户 ID 相同时，建议使用该参数
screen_name	false	string	微博昵称，主要用来区分用户 ID 与微博昵称，当二者相同而产生歧义时，建议使用该参数
since_id	false	int64	若指定此参数，则只返回 ID 比 since_id 大（即比 since_id 发表时间晚）的微博消息
max_id	false	int64	若指定此参数，则返回 ID 小于或等于 max_id 的微博消息
count	false	int	指定每页返回的记录条数默认值为 20，最大值为 200
page	false	int	页码，默认值为 1。注意：最多返回 200 条分页内容
base_app	false	int	是否基于当前应用获取数据，取值为 0 或 1
feature	false	int	微博类型，0 表示全部，1 表示原创，2 表示图片，3 表示视频，4 表示音乐，返回指定类型的微博信息内容

与之相比，腾讯微博的接口就更原始一些，腾讯微博接口参数如表 6-13 所示。

表 6-13　腾讯微博接口参数

参　数	必　选	类　型	说　明
OAuth	true	string	OAuth 标准参数
Format	false	string	返回结果的格式：xml 或者 json
Pageflag	false	int	分页标示，0 表示第一页，1 表示向下翻，2 表示向上翻
Pagetime	false	int	本页起始时间，第一页填 0，继续翻页，填上一次请求返回的最后一条记录时间
Reqnum	false	int	每次请求记录的条数
Lastid	false	int64	第一页填 0，继续向下翻页，填上一次请求返回的最后一条记录 ID，翻页用
Name	true	string	需要读取的用户的用户名

可以看出，腾讯微博的接口只提供了翻页的功能，而新浪微博则提供了微博过滤功能。新浪微博的大部分接口都具备一定程度的信息过滤能力，而腾讯微博的大部分接口只提供基本数据。对第三方的开发者来说，API 丰富的功能不仅简化了开发流程，也降低了某些应用程序超过 API 请求限制的风险。

数据完整性是指当开发者请求某种数据时，开放平台是否对返回数据的数量有所限制，它最能反映一个平台的开放程度。遗憾的是，从这个意义上讲，新浪微博和腾讯微博到目前为止都没有做到真正的开放。以获取一个用户的粉丝列表为例，Twitter 是一个真正开放的平台，开发者可以通过其 API 获取任意用户的完整粉丝列表。虽然一次请求最多返回 100 个粉丝的详细信息，但在 Twitter 中我们可以通过多次发送请求获得完整的粉丝名单。在新浪微博中，一般授权用户最多只能获得 5000 个最新粉丝信息，但和 Twitter 相比，新浪微博允许每次请求最多返回 200 个粉丝。腾讯微博的 API 并没有限定获取用户粉丝的数量，但一次请求最多只能取得 30 个粉丝的信息，而且也没有提供类似“社会图谱”的接口。在这种限制下，想在腾讯微博中为一个拥有几十万粉丝的用户构建“社交图谱”，难度可想而知。

开发者抱怨最多的不是 API 的功能多少，而是每个平台对于 API 请求的限制。所有的开放平台都会在一定程度上限制其开发者对自己资源的使用，这与“开放”的策略无关，更多的是基于系统安全性的考虑。因此，各平台对 API 的限制策略基本相同，例如，新浪微博允许普通授权开发者每小时每 IP 最多 1 万次 API 请求，单个用户每小时 1000 次请求。真正的问题不是一个平台给予多少请求配额，而是当一个应用的配额受到限制时，这些平台能以什么样的方式去解决这个问题。平台只有设计一个公开公平的规则，才能真正消除开发者对其开放性的怀疑。

通过上面的分析，我们可以清晰地看到，新浪微博是国内目前最接近 Twitter 的微博平台（从规模和开放性两个方面来讲）。腾讯微博和 Twitter 相比，完全是另外一个产品，虽然它包含了腾讯对微博和开放平台自己的理解和计划，但目前只适合支持“以用户驱动”的基础应用。对于“以数据驱动”的复杂应用，其暂时还远不能满足开发者的需求。

6.5.2 微博采集概念的模型构建

1. 微博中的实体

根据几大微博的特点，我们给出如图 6-13 所示的微博领域实体。

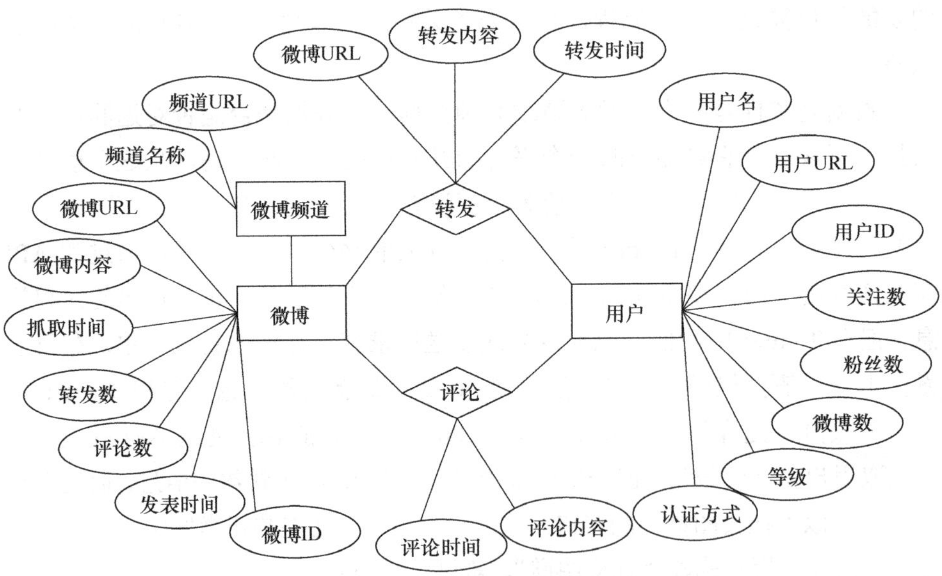

图 6-13 微博领域实体

2. 实体的数据结构

微博包含用户属性和其他属性，其数据结构如表 6-14 所示。

表 6-14　微博数据结构

字 段 名	字　段	数据获取分析
微博 URL	microBlogUrl	页面解析
微博 ID	Mid	页面解析
微博内容	Content	页面解析
发表时间	PublishTime	页面解析
评论数	comment	页面解析
转发数	Forward	页面解析
抓取时间	Timestamp	当前时间
用户名	UserName	页面解析
用户 URL	UserUrl	页面解析

用户数据结构如表 6-15 所示。

表 6-15　用户数据结构

字 段 名	字　段	数据获取分析
用户 URL	UserUrl	页面解析
用户 ID	Uid	页面解析
用户名	UserName	页面解析
关注数	FollowedNum	页面解析
粉丝数	FansNum	页面解析
微博数	MicroBlogNum	页面解析
等级	Level	页面解析
认证方式	accreditation	页面解析

转发即用户对某条微博进行转载的操作，其数据结构如表 6-16 所示。

表 6-16　转发数据结构

字 段 名	字　段	数据获取分析
用户 URL	UserUrl	页面解析
微博 URL	microBlogUrl	页面解析
被转微博 URL	ForwardBlogUrl	页面解析
转发内容	Content	页面解析
转发时间	PublishTime	页面解析
抓取时间	Timestamp	当前时间

评论即用户对微博内容发表看法和意见，其数据结构如表 6-17 所示。

表 6-17 评论数据结构

字 段 名	字 段	数据获取分析
用户 URL	UserUrl	页面解析
微博 URL	microBlogUrl	页面解析
评论内容	Content	页面解析
评论时间	PublishTime	页面解析
抓取时间	Timestamp	当前时间

微博频道数据结构如表 6-18 所示。

表 6-18 微博频道数据结构

字 段 名	字 段	数据获取分析
频道 URL	ChannelUrl	人工添加
频道名称	ChannelName	人工添加

6.5.3 微博数据采集流程及解析

1．抓取的整体思路和框架

根据 6.5.2 节的内容，在四大微博中，新浪微博的热门微博、热门话题及腾讯微博的微博频道本身就是微博平台筛选出来的具有影响力的微博，所以，其较具研究价值，其他如网易微博、搜狐微博等，由于影响力有限并且基本上已经被边缘化，所以，我们不对其进行抓取。

可以看到，所有的微博到最后都可以被抽象成同一种概念模型，如此一来，不同的地方就集中在采集流程和结果内容解析方面。有两种数据抓取的思路——使用微博 API 抓取和直接使用爬虫抓取。

2．基于 API 抓取

由于目前微博 API 的开放程度不高，满足需求的免费接口不多，而且对抓取的频率有限制，所以，有两种不同的办法可以获取数据。第一种方法是向新浪微博和腾讯微博购买更高级别的 API，但这样的代价比较高。第二种方法是建立多个测试站内应用，用多个测试账号抓取最新的公共微博。我们主要讨论第二种方案，包括如下两部分。

1）建立应用池和账号池

由于微博 API 都需要使用 OAuth 2.0 鉴权，并且对每个账号及整个服务器 IP 的请求次数和频率都有限制，为了规避这种限制，我们将抓取的压力分散到多个应用及多个账号上。针对服务器 IP 的限制，采用 ADSL 来定期更换 IP 地址。以下是建立步骤。

步骤 1：申请开发者账号。在微博 API 中，开发者需要申请开发者账号才可以创建应用，每个应用对应一个 Key 及 Secret；每个测试账号对每个应用来说都有一个唯一的 Token；我们可以申请多个应用，这些应用的级别都属于测试级别。开发者账号数据结构如表 6-19 所示。

表 6-19　开发者账号数据结构

字段名	字　段
Key	key
Secret	secret

步骤 2：申请测试账号。在新浪微博中申请多个账号。测试账号数据结构如表 6-20 所示。

表 6-20　测试账号数据结构

字段名	字　段
Username	username
Password	password

步骤 3：周期性刷新 Token。测试应用的 Token 的有效期是 24 小时，所以，我们每天都需要重新获取 Token。Token 数据结构如表 6-21 所示。

表 6-21　Token 数据结构

字段名	字　段	意　义
Token	token	用来鉴权的 access_token
Username	username	用户名
Key	key	应用的 Key

2）微博抓取

微博抓取主要分四步完成。

步骤 1：获取 Token。获取当前所有满足条件的 Token，依次利用这些 Token 进行请求。

步骤 2：请求微博数据。在获取 Token 之后，利用相应的 API 获取最新的微博数据，如图 6-14 所示。

步骤 3：解析。返回的内容为 JSON 格式，在获取微博数据后，需要将这些数据进一步解析为满足我们概念模型的形式。

步骤 4：索引。对所有微博建立索引。

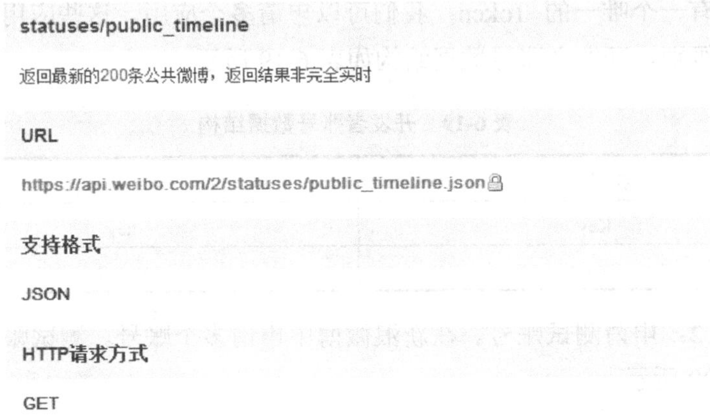

图 6-14　获取新浪微博的最新数据

3. 基于爬虫抓取

从微博 API 的使用规则可以看出，微博平台对数据流出有相当严格的控制，由于 API 的许多限制，以及 API 高级接口暂时不免费对外开放，所以，我们使用基于 HTTP 请求的爬虫来实现抓取。

1）采集源数据结构

新浪热门微博采集源数据结构如表 6-22 所示。

表 6-22　新浪热门微博采集源数据结构

字段名	字　段	简　介
采集源 URL	sourceUrl	采集源的 URL
请求头	headers	发送请求时绑在 header 中的信息
请求参数	parameters	发送请求时传递的参数，包括 URL 后面的参数

（续表）

字 段 名	字　段	简　介
下一页加载方式	NextPage	下一页的加载方式
解析模板	Template	可选

新浪热门话题采集源数据结构如表 6-23 所示。

表 6-23　新浪热门话题采集源数据结构

字 段 名	字　段	简　介
话题采集源 URL	TopicSourceUrl	话题采集源的 URL
话题名请求头	TopicHeaders	发送请求时绑在 header 中的信息
话题名请求参数	TopicParameters	发送请求时传递的参数，包括 URL 后面的参数
话题名下一页加载方式	TopicNextPage	下一页的加载方式
话题名解析模板	TopicTemplate	可选
话题微博采集源 URL	SourceUrl	具体微博话题的采集源 URL
话题微博请求头	Headers	—
话题微博请求参数	Parameters	—
话题微博加载下一页	NextPage	—
话题微博解析模板	Template	—

腾讯微频道采集源数据结构如表 6-24 所示。

表 6-24　腾讯微频道采集源数据结构

字 段 名	字　段	简　介
采集源 URL	sourceUrl	采集源的 URL
请求头	headers	发送请求时绑在 header 中的信息
请求参数	parameters	发送请求时传递的参数，包括 URL 后面的参数
下一页加载方式	NextPage	下一页的加载方式
解析模板	Template	可选

2）抓取流程

新浪微博的热门话题抓取的流程主要分两部分：第一部分是抓取热门话题的名称，第二部分是抓取具体话题下的微博，抓取流程如图 6-15 所示。

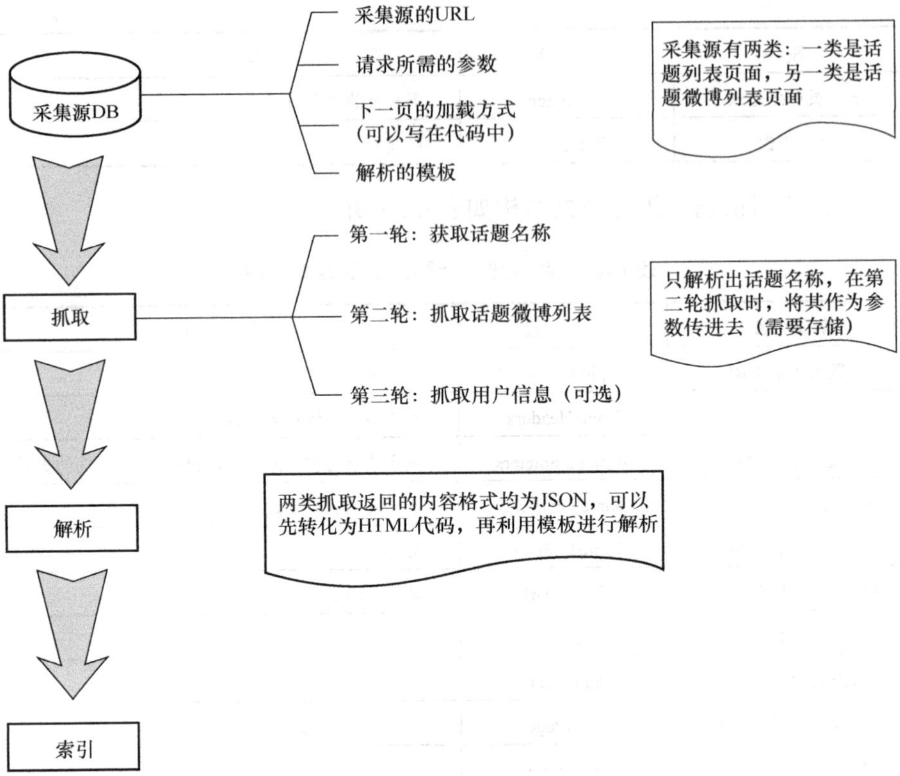

图 6-15　新浪热门话题抓取流程

（1）抓取话题名称。

新浪微博每天有数百个话题，而且都会实时更新，在每次抓取时，都需要先将话题名称抓取出来。微博话题名称一般都是以“#”括起来的关键字，我们需要将这些关键字抓取出来并存储到数据库中。抓取步骤如下：

① 读取采集源。由于采集源是存放在数据库中的，所以，我们首先要从数据库中读取采集源的相关信息，采集源包括 URL、请求时须发送的参数、下一页的加载方式、解析模板；采集源用 map 的键值对的格式保存，如{“url”:“http://weibo.com/”“;params”：“ctg1=1&ctg2=0”；“header”：“content-type=application/x-www-form-urlencoded”；“nextPage”：“p=”；}。

② 发送请求。在获取采集源后，我们将参数等信息设置在 request 中，发送 HTTP 请求，请求方式为 post；在发送请求后，会收到服务器端返回的 response，我们所需的内容就在 response 中。

在这一步有一个要注意的地方，在返回的 response 中，我们需要验证一下 status 码。如果 status 码不是 200，说明发送请求失败。

③ 解析数据。在完成第②步之后，已经可以从 response 中获取需要的数据了；这些数据是 JSON 格式的，并且里面的汉字是以 unicode 编码显示的。

先使用 gson 工具包将 JSON 格式的数据转化为正常的对象，在这个过程中，以 unicode 编码格式显示的数据会转化为正常的汉字；然后将其中的 HTML 代码提取出来。

在提取出 HTML 代码之后，要对其中的内容进行解析，这时需要使用解析模板，解析模板的样式如下：

```
<DataBlockxpath=""mappingTo="">
<DataBlockpath=""appingTo="MainPost" times="*">
<DataItemxpath="" pattern=""mappingTo=""/>
<DataItemxpath="" pattern=""mappingTo=""/>
<DataItemxpath="" pattern=""mappingTo="" />
<DataItemxpath="" pattern=""mappingTo="" />
<DataItemxpath="" pattern=""mappingTo="" />
<DataItemxpath="" pattern=""mappingTo="" />
<DataItemxpath="" pattern=""mappingTo="" />
<DataItemxpath="" pattern=""mappingTo="" />
</DataBlock>
</DataBlock>
```

其中，xpath 用来在 HTML 代码中定位；pattern 是正则表达式，负责内容的提取；dataBlock 项的 times 属性的值表示这一项匹配多少次；mappingTo 表示这一块内容所对应的名称。

④ 存储数据。在解析出所有的话题名称之后，需要对名称进行存储，以便下一步使用。我们将其存储在数据库中，用分号隔开。

⑤ 抓取下一页。根据下一页的请求方式的不同，需要构造下一页的 URL 地址，将参数 p 作为页数添加在 HTTP 请求中。

在这里有一个需要注意的问题，在每次获取 HTML 数据时，要先查看有没有包含“下一页”3 个字的链接。如果有，说明还有下一页；否则，没有下一页。每次抓取之后，p 都需要加 1。

（2）抓取具体话题微博。

新浪微博在进入一个话题页面时，页面下方会显示关于该话题的当前最新微博，这些微博是以话题名称为关键字，利用微博搜索功能搜索出来的，我们通过发送 HTTP 请求获取最新的微博。在这个过程中，新浪微博会根据微博的内容进行一次去重和删除垃圾内容的操作，我们只需收集其最终结果。具体抓取流程如下：

① 获取采集源。与抓取微博话题名一样，首先要从数据库中读取采集源的相关信息，采集源包括 URL、请求时须发送的参数、下一页的加载方式、解析模板；采集源用 map 的键值对的格式保存。除此之外，还要获取上一步中存储的话题名称。

② 发送请求。将参数等信息设置在 request 中，发送 HTTP 请求，请求方式为 post，在服务器端返回的 response 中获取我们所需的数据。在发送之前，需要将话题名称作为参数设置到请求中。在这一步中，同样有一个要注意的地方，在返回的 response 中我们需要验证一下 status 码，如果 status 码不是 200，说明发送请求失败。

③ 解析数据。这一步的解析方式与抓取话题名称相似，唯一不同的地方是解析模板变了，而且需要解析的东西更多。

④ 建立索引。在解析出数据之后就需要对其建索引，我们对每一条微博建立一个索引。在建立索引的过程中，需要进行合并相同微博的操作。因为在多次的抓取过程中，难免会有一部分微博被多次抓取，每条微博都有一个 Mid 唯一标识该微博，我们可以将 Mid 作为索引的 ID。

⑤ 抓取下一页。话题页面的微博页数多达 50 页，由于我们的抓取是周期性的，所以，我们约定，若总页数小于 10 页，则抓取所有页；若总页数大于 10 页，则只抓取前 10 页。

A．新浪热门微博抓取流程。

热门微博的抓取分两部分完成。第一部分是抓取首页；第二部分是抓取其他页的微博。之所以这样分，是因为首页和其他页的 URL 有所不同，抓取流程如图 6-16 所示。

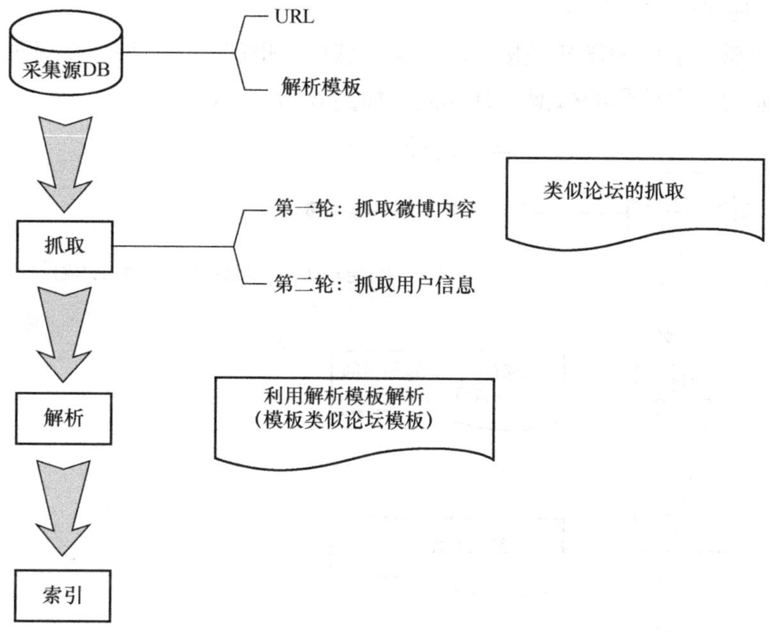

图 6-16　新浪热门微博抓取流程

抓取首页的流程如下：

- 读取采集源。从数据库中读取采集源 URL、参数，以及解析模板，存放在 map 的键值对中。
- 发送请求。与前几种发送方式一样，使用 HTTP 请求获取数据。
- 解析。利用采集源中的解析模板进行解析。
- 建索引。对解析出来的微博建立索引。

抓取其他页的流程如下：

- 读取采集源。从数据库中读取采集源 URL、参数，以及解析模板，存放在 map 的键值对中。
- 发送请求。发送 HTTP 请求来获取数据。
- 解析。利用采集源中的解析模板进行解析。
- 建立索引。对解析出来的微博建立索引。
- 抓取下一页。先对获取的页面源码进行判断，看其里面是否包含“下一页”的内容；如果有，则抓取下一页。

B．腾讯微频道抓取流程。

腾讯微频道中的微博是按照时间来加载的，也就是说，每一页只加载某个时间之前的特定数量的微博，具体流程如图 6-17 所示。

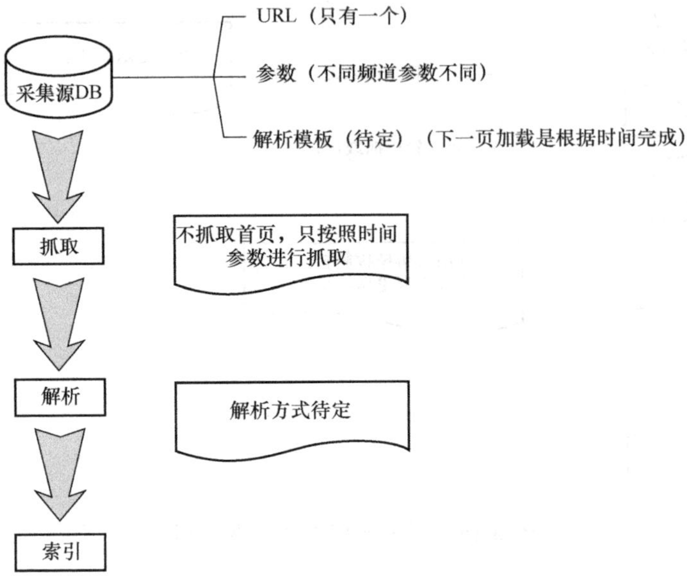

图 6-17　腾讯微博频道抓取流程

具体过程如下：

- 读取采集源。从数据库中读取采集源 URL、参数，以及解析模板，存放在 map 的键值对中。
- 构造时间段。根据当前时间向前推，每推一次就记录一个时间段来进行抓取，这样就可以避免抓取它的下一页。
- 发送请求。发送 HTTP 请求来获取数据。
- 解析数据。利用采集源中的解析模板进行解析。
- 索引。对解析出来的微博建立索引。

4．报警程序

当监控调度系统在执行的过程中遇到解析，或者抓取的数据不够完整，或数据出现异常时，会调用报警程序通知维护人员。维护人员接收到报警信息后，需要分析异常原因并解决问题。目前的报警渠道主要有两种：一种是通过短信平台发送手机短信，另一种是发送电子邮件。

6.6　本章小结

针对虚拟社区中的数据采集，本章分别针对新闻网站、论坛、微博等不同类型的虚拟社区进行相应的采集方案设计，然后在通用的搜索引擎框架 Nutch 的基础上结合不同社区的特点对其进行改造，采用不同的方式进行线上数据采集。针对各子模块的数据采集，提出“分块解析”理论，解决了虚拟社区数据采集中大规模采集、自动化采集、准实时采集、定向采集、翻页抓取、通用解析与精准解析的难题，实现了准实时采集和精准化抽取。

本章详细介绍了不同类型虚拟社区的数据采集方法，为本书的实证部分提供了最有价值的原始数据和结构化数据，也为其他研究的数据采集提供了理论参考。

参考文献

[1] 中国互联网络信息中心：第 42 次中国互联网络发展状况统计报告[DB/OL]. http: // www.cnnic.cn/hlwfzyj/hlwxzbg/hlwtjbg/201808/P020180820630889299840.pdf.

[2] 赵捧未，马琳，秦春秀. 虚拟社区研究综述[J]. 情报理论与实践，2013, 36(07): 119-123.

[3] 李纲，叶光辉. 多源专家特征信息融合研究[J]. 现代图书情报技术，2014, 30(04): 27-33.

[4] Narisi, Mahdi , Behrouz Ninaei. Increasing Prediction Accuracy in Collabrative Filtering with Initialized and Factor Matrices[J]. Journal of Supercomputing, 2016, 72(06): 57-69.

[5] 李纲，叶光辉，张岩. “小众专家”特征识别——基于 MetaFilter 的实证分析[J]. 现代图书情报技术，2015, 31(06): 71-77.

[6] 武浩，王美姣，冯佳明，等. 专家检索研究进展[J]. 计算机应用研究，2010, 27(10): 3633-3638.

[7] Guo B, Yu Z, Zhou X, et al. Opportunistic IoT: Exploring the social side of the internet of things[C]// IEEE, International Conference on Computer Supported Cooperative Work in Design. IEEE, 2012: 925-929.

[8] Hu D, Zhao J L. Expert Recommendation Via Semantic Social Networks[C]// ICIS. 2008: 196.

[9] Kou F F, Du J P, Yang C X, et al. Hashtag Recommendation Based on Multi-Features of Microblogs[J]. Journal of Computer Science & Technology, 2018, 33(04): 711-726.

[10] 张中峰，李秋丹. 社区问答系统研究综述[J]. 计算机科学，2010, 37(11): 19-23.

[11] Kumar A, Ahmad N. ComEx Miner: Expert Mining in Virtual Communities[J]. International Journal of Advanced Computer Science and Applications (IJACSA), 2012, 3(06): 31-55.

[12] Bian, Jiang, Liu, et al. A few bad votes towards robust ranking in social media[J]. Proceedings of Airweb, 2008, 45(03): 53-60.

[13] Yao J, Cui B, Han Q, et al. Modeling User Expertise in Folksonomies by Fusing Multi-type Features[C]// International Conference on Database Systems for Advanced Applications. Springer-Verlag, 2011: 53-67.

[14] Zhou Y, Cong G, Cui B, et al. Routing Questions to the Right Users in Online Communities[C]// IEEE, International Conference on Data Engineering. IEEE, 2009: 700-711.

[15] Li X, Chen H. Recommendation as link prediction in bipartite graphs: A graph kernel-based machine learning approach[J]. Decision Support Systems, 2013, 54(02): 880-890.

[16] 俞琰，邱广华，陈爱萍. 基于混合图的在线社交网络朋友推荐算法[J]. 现代图书情报技术，2012, 11(10): 54-59.

[17] 唐晓波, 张昭. 基于混合图的在线社交网络个性化推荐系统研究[J]. 情报理论与实践, 2013, 36(02): 91-95.

[18]崔雪莲，那日萨，刘晓君.基于主题相似性的在线评论情感分析[J]. 系统管理学报，2018, 27(05): 821-827.

[19] 荣波，夏正友，朱永真，等. BBS 在线复杂网络及其成员交互特性研究[J]. 复杂系统与复杂性科学，2009, 6(04): 57-65.

[20] 吴渝，肖开洲，刘洪涛，等. BBS 虚拟社区的演化规律探索及仿真[J]. 系统工程理论与实践，2010, 30(10): 1883-1890.

[21] 吴立峰. BBS 网络的自相似性及其热点主题发现[J]. 情报杂志，2009, 28(09): 152-154.

[22] Li Y M, Liao T F, Lai C Y. A social recommender mechanism for improving knowledge sharing in online forums[J]. Information Processing & Management, 2012, 48(05): 978-994.

[23] 石彭辉. 基于社会网络分析的网络舆情实证研究[J]. 现代情报，2013, 33(02): 27-31.

[24] Bambina A. Online Social Support: The Interplay of Social Networks and Computer-Mediated Communication[M]. Youngstown, NY: Cambria, 2007: 112-159.

[25] 张立，刘云. 虚拟社区网络的演化过程研究[J]. 物理学报，2008，57(09): 5419-5424.

[26] 司夏萌，刘云. 虚拟社区中人际交互行为的统计分析研究[J]. 物理学报，2011, 60(07): 859-866.

[27] Chang Hui-Jung. Online Social Support-Which Posts Were Answered[J]. Journal of Contemporary Eastern Asia, 2009, 1(08): 31-46.

[28] 刘瑛，孙阳. 弱势群体网络虚拟社区的社会支持研究——以乙肝论坛“肝胆相照”为例[J]. 新闻与传播研究，2011, 2(11): 76-88.

[29] Pfeil U, Zaphiris P. Investigating social network patterns within an empathic online community for older people[J]. Computers in Human Behavior, 2009, 25(05): 1139-1155.

[30] 郭强，刘建国. 在线社会系统的用户行为分析研究进展[J]. 复杂系统与复杂性科学，2015, 12(02): 97-102.

[31] 骆志刚，丁凡，蒋晓舟，等. 复杂网络社团发现算法研究新进展[J]. 国防科技大学学报，2011,33(01): 47-52.

[32] Palla G, Derenyi I, Farkas I, et al. Uncovering the Overlapping Community Structure of Complex Networks in Nature and Society[J]. Nature, 2005,435(7043): 814-818.

[33] Gregory S. A Fast Algorithm to Find Overlapping Communities in Networks[J]. Machine Learning and Knowledge Discovery in Databases, 2008, 52(11): 408-423.

[34] Hopcroft J, Khan O, Kulis B, et al. Tracking evolving communities in large linked networks[J]. Proc Natl Acad Sci U S A, 2004, 101(01): 5249-5253.

[35] Palla G, Barabasi AL. Quantitying Social Group Evolution[J]. Nature. 2007, 11(446): 664-667.

[36] 吴斌，王柏，杨胜琦. 基于事件的社会网络演化分析框架[J]. 软件学报，2011, 22(07): 1488-1502.

[37] Malik S H, Coulson N S. Coping with infertility online: an examination of self-help mechanisms in an online infertility support group[J]. Patient Education & Counseling, 2010, 81(02): 315-318.

[38] Malik S H, Coulson N S. Computer-mediated infertility support groups: An exploratory study of online experiences[J]. Patient Education & Counseling, 2008, 73(01): 105-113.

[39] Kummervold P E, Gammon D, Bergvik S, et al. Social support in a wired world: use of online mental health forums in Norway[J]. Nordic Journal of Psychiatry, 2002, 56(01): 59-65.

[40] Vergeer M, Pelzer B. Consequences of media and Internet use for offline and online network capital and well-being[J]. Journal of Computer-Mediated Communication, 2010, 15(01): 189-210.

[41] Walther, J B Parks, M, R. Cues filtered out, cues filtered in: Computer mediated communication and relationships[C]// M.L.Knapp, G.R.Miller.Handbook of interpersonal communication. Thousand Oaks, CA: Sage, 2002: 529-563.

[42] White M, Dorman S M. Receiving social support online: implications for health education[J]. Health Education Research, 2001, 16(06): 693.

[43] 梁栋青. 大学生网络社会支持与主观幸福感的相关研究[J]. 中国健康心理学杂志，2011, 19(08): 1013-1015.

[44] Uden-Kraan C F V, Drossaert C H C, Taal E, et al. Coping with somatic illnesses in online support groups: Do the feared disadvantages actually occur?[J]. Computers in Human Behavior, 2008, 24(02): 309-324.

[45] Finfgeld D L. Therapeutic groups online: The good, the bad, and the unknown[J]. Issues in Mental Health Nursing, 2000, 21(03): 241-255.

[46] Chen H, Wang G, Zhang P. Key nodes mining algorithm in Sina Weibo social network based on Hadoop cloud platform[J]. Journal of Southeast University, 2018, 15(05): 23-64.

[47] 漆昌柱，罗小霞，叶冬茂. 人格和社会支持因素对大学生网络沉迷行为的影响[C]// International Conference on Psychology,psychological Sciences and Computer Science, 2010: 28.

[48] Dawn O Braithwaite Vincent R. Waldron, Jerry Finn. Taylor & Francis Online Communication of Social Support in Computer-Mediated Groups for People with Disabilities[J]. Health Communication, 1999, 11(02): 123-151.

[49] Coursaris C K, Liu M. An analysis of social support exchanges in online HIV/AIDS Self-help groups[J]. Computers in Human Behavior, 2009, 25(04): 911-918.

[50] Coulson N S,Buchanan H, Aubeeluck A. Social Support in Cyberspace: A Content Analysis of Communication within A Huntington's Disease Online Support Group[J]. Patient Education and Counseling, 2007, 68(03): 173-178.

[51] 熊才伟，曹亚男. 基于发文内容的微博用户兴趣挖掘方法研究[J]. 计算机应用研究，2018, 35(06): 1619-1623.

[52] Li Y M, Lai C Y. Social support mechanism in micro-blog sphere[C]// International Conference on Electronic Commerce. ACM, 2011: 1-7.

[53] 梁晓燕. 网络社会支持对青少年心理健康的影响机制研究[D]. 武汉：华中师范大学，2008.

[54] Preece J, Shneiderman B. The reader-to-leader framework: Motivating technology-mediated social participation[J]. AIS Trans on HCI, 2009, 1(01): 13-32.

[55] Ko H C, Wang L L, Xu Y T. Understanding the different types of social support offered by audience to a-list diary-like and informative bloggers[J]. Cyberpsychol Behav Soc Netw, 2013, 16(03): 194-199.

[56] Stewart M, Barnfather A, Magill-Evans J, et al. Brief report: An online support intervention: Perceptions of adolescents with physical disabilities[J]. Journal of Adolescence, 2011, 34(04): 795-800.

[57] Seale C, Ziebland S, Charterisblack J. Gender, cancer experience and internet use: A comparative keyword analysis of interviews and online cancer support groups[J]. Social Science & Medicine, 2006, 62(10): 2577-2590.

[58] Rosen D, Stefanone M A, Lackaff D. Online and Offline Social Networks: Investigating

Culturally-Specific Behavior and Satisfaction[C]// Hawaii International Conference on System Sciences. IEEE Computer Society, 2010: 1-10.

[59] Baams L, Jonas K J, Utz S, et al. Internet use and online social support among same sex attracted individuals of different ages[J]. Computers in Human Behavior, 2011, 27(05): 1820-1827.

[60] 黄月胜，王剑，陈蜀湘. 贫困大学生社会支持与人格发展的关系研究[J]. 中国健康心理学杂志，2009, 17(11): 1349-1351.

[61] Lin C P, Bhattacherjee A. Understanding Online Social Support and its Antecedents—A Socio-Cognitive Model[J]. The Social Science Journal, 2009, 46(05): 724-737.

[62] Lieberman M A, Winzelberg A. The relationship between religious expression and outcomes in online support groups: A partial replication[J]. Computers in Human Behavior, 2009, 25(03): 690-694.

[63] Mo P K H, Coulson N S. Empowering processes in online support groups among people living with HIV/AIDS: A comparative analysis of "lurkers" and "posters"[J]. Computers in Human Behavior, 2010, 26(05): 1183-1193.

[64] 傅魁，刘李利，陈冬林. 面向在线社会支持虚拟社区的用户专业度识别方法研究[J]. 情报学报，2013, 32(04): 397-406.

[65] Zhang M, Yang C C, Gong X. Social Support and Exchange Patterns in an Online Smoking Cessation Intervention Program[C]// IEEE International Conference on Healthcare Informatics. IEEE Computer Society, 2013: 219-228.

[66] Eastin M S, Larose R. Alt.support: Modeling social support online[J]. Computers in Human Behavior, 2005, 21(06): 977-992.

[67] Suls J, Bunde M, Martin R, et al. Hystersisters online: social support and social comparison among hysterectomy patients on the internet[J]. Annals of Behavioral Medicine, 2006, 31(03): 271.

[68] Weiss J B, Berner E S, Johnson K B, et al. Recommendations for the design, implementation and evaluation of social support in online communities, networks, and groups[J]. Journal of Biomedical Informatics, 2013, 46(06): 970-976.

[69] 刘骅,朱庆华. 基于标题的 BBS 热点话题挖掘——以南京大学小百合 BBS 为例[J]. 现代情报，2013, 33(01): 162-165.

[70]李维杰,包红云. BBS 中信息传播模式的特征分析[J]. 计算机工程与应用，2010, 46(29): 18-22.

[71] 阳德青，肖仰华，汪卫. 基于统计模型的社会网络群体关注度的分析与预测[J]. 计算

机研究与发展，2010, 47(z1): 378-384.

[72] Zhang M. Exploring Adolescent Peer Relationships Online and Offline: An Empirical and Social Network Analysis[C]// International Conference on Communications and Mobile Computing. IEEE, 2009: 268-272.

[73] Balog K, Azzopardi L, Rijke M D. Formal models for expert finding in enterprise corpora[C]// Proceedings of the 29th annual international ACM SIGIR conference on research and development in information retrieval. ACM, 2006: 43-50.

[74] 刘勘，范琴. 基于链路结构的微博领域专家识别研究[J]. 情报学报，2016, 35(01): 66-76.

[75] 杨柳，张文生. 专家搜索中关系证据的重要性研究[J]. 计算机应用研究，2010, 27(11): 4040-4043.

[76] Zhu J, Song D, Rüger S. Integrating multiple windows and document features for expert finding[J]. Journal of the American Society for Information Science and Technology, 2009, 60(04): 694-715.

[77] Zhang J, Ackerman M S, Adamic L. Expertise networks in online communities: structure and algorithms[C]// Proceedings of the 16th international conference on World Wide Web. ACM, 2007: 221-230.

[78] Jurczyk P, Agichtein E. Discovering authorities in question answer communities by using link analysis[C]// Proceedings of the sixteenth ACM conference on Conference on information and knowledge management. ACM, 2007: 919-922.

[79] Nie Z, Zhang Y, Wen J R, et al. Object-level ranking: bringing order to Web objects[C]// Proceedings of the 14th international conference on World Wide Web. ACM, 2005: 567-574.

[80] Deng H, Lyu M R, King I. A generalized Co-HITS algorithm and its application to bipartite graphs[C]// Proceedings of the 15th ACM SIGKDD international conference on knowledge discovery and data mining. ACM, 2009: 239-248.

[81] Wang G A, Jiao J, Abrahams A S, et al. ExpertRank: A topic-aware expert finding algorithm for online knowledge communities[J]. Decision Support Systems, 2013, 54(03): 1442-1451.

[82] 巩军，刘鲁. 基于个人知识地图的专家推荐[J]. 管理学报，2011, 8(09): 1365-1371.

[83] 刘萍，周梦欢. 基于共词网络的专家专长挖掘[J]. 情报科学，2012, 30(12): 1815-1819.

[84] 赵辉，刘怀亮，范云杰. 复杂网络理论在中文文本特征选择中的应用研究[J]. 现代图书情报技术，2012, 8(09): 23-28.

[85] 胡月红，刘萍. 基于本体概念的专长表示研究[J]. 图书情报工作，2012, 56(04): 17-40.

[86] Punnarut R, Sriharee G. A researcher expertise search system using ontology-based data mining[C]// Proceedings of the Seventh Asia-Pacific Conference on Conceptual Modelling-Volume 110. Australian Computer Society, Inc., 2010: 71-78.

[87] 张晓娟，陆伟，程齐凯. PLSA 在图情领域专家专长识别中的应用[J]. 现代图书情报技术，2012, 28(02): 76-81.

[88] Riahi F, Zolaktaf Z, Shafiei M, et al. Finding expert users in community question answering[C]// Proceedings of the 21st international conference companion on World Wide Web. ACM, 2012: 791-798.

[89] Liu X, Wang G A, Johri A, et al. Harnessing global expertise: A comparative study of expertise profiling methods for online communities[J]. Information Systems Frontiers, 2014, 16(04): 715-727.

[90] 唐杰，宫继兵，刘柳，等. 基于话题模型的学术社会网络建模及应用[J]. 中国科技论文，2011, 06(01): 25-31.

[91] Daud A, Li J, Zhou L, et al. Temporal expert finding through generalized time topic modeling[J]. Knowledge-Based Systems, 2010, 23(06): 615-625.

[92] Liu Q, Chen T, Cai J, et al. Enlister: baidu's recommender system for the biggest Chinese Q&A website[C]// Proceedings of the sixth ACM conference on recommender systems. ACM, 2012: 285-288.

[93] Lai L C, Kao H Y. Question Routing by Modeling User Expertise and Activity in CQA services[C]// The 26th Annual Conference of the Japanese Society for Artificial Intelligence, 2012: 65-97.

[94] Schall D. Expertise ranking using activity and contextual link measures[J]. Data & Knowledge Engineering, 2012, 71(01): 92-113.

[95] 王立才，孟祥武，张玉洁. 上下文感知推荐系统[J]. 软件学报，2012, 23(01): 1-20.

[96] Panniello U, Tuzhilin A, Gorgoglione M, et al. Experimental comparison of pre-vs. post-filtering approaches in context-aware recommender systems[C]// Proceedings of the third ACM conference on recommender systems. ACM, 2009: 265-268.

[97] Dao T H, Jeong S R, Ahn H. A novel recommendation model of location-based advertising: Context-Aware Collaborative Filtering using GA approach[J]. Expert Systems with Applications, 2012, 39(03): 3731-3739.

[98] Ma H, Zhou T C, Lyu M R, et al. Improving recommender systems by incorporating social contextual information[J]. ACM Transactions on Information Systems (TOIS), 2011, 29(02): 9.

[99]俞琰，邱广华. 融合社会网络的协同过滤推荐算法研究[J]. 数据分析与知识发现，2012, 28(06): 54-59.

[100] 张新猛，蒋盛益. 基于加权二部图的个性化推荐算法[J]. 计算机应用，2012, 32(03): 654-657.

[101] Rawashdeh M, Kim H N, Alja'am J M, et al. Folksonomy link prediction based on a tripartite graph for tag recommendation[J]. Journal of Intelligent Information Systems, 2013, 40(02): 307-325.

[102] Wu B X, Xiao J, Chen J M. Friend Recommendation by User Similarity Graph Based on Interest in Social Tagging Systems[C]// International Conference on Intelligent Computing. Springer International Publishing, 2015: 375-386.

[103] 王道平，周丹云，李秀雅. 基于三部图的随机游走知识推送方法研究[J]. 情报杂志，2013, 32(09): 185-189.

[104] 曾子明，张振. 社会化标注系统中基于社区标签云的个性化推荐研究[J]. 情报杂志，2011, 30(10): 128-133.

[105] He L, Liu N N, Yang Q. Active dual collaborative filtering with both item and attribute feedback[C]// AAAI Conference on Artificial Intelligence. AAAI Press, 2011: 1186-1191.

[106] 王海雷，俞学宁. 基于随机游走算法的社会化标签的用户推荐[J]. 计算机工程与设计，2013, 34(07): 2388-2391.

[107]Tong H, Faloutsos C, Pan J Y. Random walk with restart: fast solutions and applications[J]. Knowledge and Information Systems, 2008, 14(03): 327-346.

[108] Xu S, Bao S, Fei B, et al. Exploring folksonomy for personalized search[C]// Proceedings of the 31st annual international ACM SIGIR conference on research and development in information retrieval. ACM, 2008: 155-162.

[109] Xie H R, Li Q, Cai Y. Community-aware resource profiling for personalized search in folksonomy[J]. Journal of computer science and technology, 2012, 27(03): 599-610.

[110] 巩军，刘鲁. 基于知识网络的专家知识的表示与度量[J]. 科学学研究，2010, 28(10): 1521-1529.

[111] Cai Y, Li Q. Personalized search by tag-based user profile and resource profile in collaborative tagging systems[C]// Proceedings of the 19th ACM international conference on information and knowledge management. ACM, 2010: 969-978.

[112] Kim H N, Alkhaldi A, El Saddik A, et al. Collaborative user modeling with user-generated tags for social recommender systems[J]. Expert Systems with Applications, 2011, 38(07): 8488-8496.

[113] 杜卿. 面向个性化服务的 User Profile 研究及应用[D]. 广州: 华南理工大学，2014.

[114] Mostafa J, Lam W. Automatic classification using supervised learning in a medical document filtering application[J]. Information Processing & Management, 2000, 36(03): 415-444.

[115] Yu Z, Zhou X. TV3P: an adaptive assistant for personalized TV[J]. Consumer Electronics, IEEE Transactions 2004, 50(01): 393-399.

[116] 郝水龙，吴共庆，胡学钢. 基于层次向量空间模型的用户兴趣表示及更新[J]. 南京大学学报(自然科学)，2012, 48(02): 190-197.

[117] Calegari S, Pasi G. Personal ontologies: Generation of user profiles based on the YAGO ontology[J]. Information processing & management, 2013, 49(03): 640-658.

[118] Penas P, Del Hoyo R, Vea-Murguia J, et al. Collective Knowledge Ontology User Profiling for Twitter—Automatic User Profiling[C]// Web Intelligence (WI) and Intelligent Agent Technologies (IAT), 2013 IEEE/WIC/ACM International Joint Conferences on. IEEE, 2013, 1: 439-444.

[119] 张晓娟，陆伟，程齐凯. PLSA 在图情领域专家专长识别中的应用[J]. 现代图书情报技术，2012(02): 76-81.

[120] Blei D M, Ng A Y, Jordan M I. Latent Dirichlet Allocation[J]. Journal of Machine Learning Research, 2012, 3: 993-1022.

[121] Hofmann T. Probabilistic latent semantic indexing[C]// Proceedings of the 22nd annual international ACM SIGIR conference on Research and development in information retrieval. ACM, 1999: 50-57.

[122] Wattenberg M, Viégas F B. The Word Tree, an Interactive Visual Concordance[J]. IEEE Transactions on Visualization & Computer Graphics, 2008, 14(06): 1221.

[123] Lampos V, Lansdallwelfare T, Araya R, et al. Analysing Mood Patterns in the United Kingdom through Twitter Content[J]. Computer Science, 2013, 25(03): 209–222.

[124] 蒋翀，费洪晓. 基于线性衰减的用户兴趣建模[J]. 计算机系统应用，2010, 19(06): 140-143.

[125] 吕新波，关毅. 基于聚类的隐式用户兴趣建模[J]. 智能计算机与应用，2013, 3(01): 17-20.

[126] Bazarganigilani M. Online information filtering using user profile ART1 classifier and genetic algorithm[C]// International Conference on Software Technology and Engineering. IEEE, 2010.

[127] Kumar R, Sharan A. Personalized web search using browsing history and domain

knowledge[C]// Issues and Challenges in Intelligent Computing Techniques (ICICT), 2014 International Conference on. IEEE, 2014: 493-497.

[128] 邢玲，宋章浩，马强. 基于混合行为兴趣度的用户兴趣模型[J]. 计算机应用研究，2016, 33(03): 661-664.

[129] Jin X, Zhou Y, Mobasher B. Web usage mining based on probabilistic latent semantic analysis[C]// Proceedings of the tenth ACM SIGKDD international conference on Knowledge discovery and data mining. ACM, 2004: 197-205.

[130] Xu G, Zhang Y, Zhou X. Towards User Profiling for Web Recommendation.[J]. Lecture Notes in Computer Science, 2005, 3809: 415-424.

[131] 易兰丽. 基于人类动力学的微博用户行为统计特征分析与建模研究[D]. 北京：北京邮电大学，2012.

[132] 赵小康. 移动社交网络的社团划分算法研究[D]. 南昌：南昌航空大学，2018.

[133] 刘军. 整体网分析讲义[M]. 上海：格致出版社，2009.

[134] 漆贤军，陈明红. 基于复杂适应系统的虚拟社区系统动态演化分析[J]. 情报理论与实践，2009, 32(12): 95-98.

[135] 周德志. 基于复杂网络的文本社区构建研究[D]. 西安：西安电子科技大学，2014.

[136] 朱永真，夏正友，卜湛，等. 虚拟社区中的社团结构研究与分析[J]. 计算机技术与发展，2011, 21(01): 46-49.

[137] 汪小帆，李翔，陈关荣. 复杂网络理论及其应用[M]. 北京：清华大学出版社，2006.

[138] 李志宇，梁循，周小平，等. 一种大规模网络中基于节点结构特征映射的链接预测方法[J]. 计算机学报，2016, 39(10): 1947-1964.

[139] Newman M E J, Girvan M. Finding and evaluating community structure in networks[J]. Physical Review E Statistical Nonlinear & Soft Matter Physics, 2004, 69(02): 2-4.

[140] Blondel, Vincent D, Guillaume, et al. Fast unfolding of community hierarchies in large networks[J]. J Stat Mech, 2008: 0803.

[141] Valkanas G, Gunopulos D. Location Extraction from Social Networks with Commodity Software and Online Data[C]// Data Mining Workshops (ICDMW), 2012 IEEE 12th International Conference on. IEEE, 2012: 827-834.

[142] Lü L, Zhou T. Link prediction in complex networks: A survey[J]. Physical A: Statistical Mechanics and its Applications, 2011, 390(06): 1150-1170.

[143] Adomavicius G, Tuzhilin A. Toward the next generation of recommender systems: A survey of the state-of-the-art and possible extensions[J]. Knowledge and Data Engineering, IEEE Transactions on, 2005, 17(06): 734-749.

[144] 徐戈，王厚峰. 自然语言处理中主题模型的发展[J]. 计算机学报，2011, 34(08): 1423-1436.

[145] 张玉连，王权. 基于浏览行为和浏览内容的用户兴趣建模[J]. 数据分析与知识发现，2007, 2(06): 52-55.

[146] 魏同，李绍稳，耿凡凡，等. 基于领域本体的用户兴趣模型构建方法研究[J]. 计算机技术与发展，2017, 27(03): 65-69.

[147] 徐媛媛，朱庆华. 社会网络分析法在引文分析中的实证研究[J]. 情报理论与实践，2008, 31(02): 184-188.

[148] Tang J Sun J, et al. Social influence analysis in large-scale networks[C]// In 15th ACM SIGKDD international conference on knowledge discovery and data mining ACM. New York, 2009: 807-816.

[149] 王洪伟，尹裴，等. Web 文本情感分类研究综述[J]. 情报学报，2010, 29(05): 931-938.

[150] Adamic L A, Zhang J, et al. Knowledge sharing and Yahoo answers: everyone knows something[C]// In Proceeding of the 17th international Conference on World Wide Web, 2008: 665-674.

[151] 周杰，林琛，李弼程. 面向网络评论的观点主题识别研究[J]. 情报学报，2010, 29(05): 858-863.

[152] Welser HT, et al. Visualizing the signatures of social roles in online discussion groups[J]. The Journal of Social Structure, 2007, 8(02): 38-74.

[153] 李淑玲. 基于相似性的链接预测方法研究[D]. 哈尔滨：哈尔滨工程大学，2012.

[154] Anand D, Mampilli B S. Folksonomy-based fuzzy user profiling for improved recommendations[J]. Expert Systems with Applications, 2014, 41(05): 2424-2436.

[155] 张玉峰，王志芳. 基于内容相似性的论坛用户社会网络挖掘[J]. 情报杂志，2010, 29(08): 125-130.

[156] 陈伯伦. 复杂网络的链接预测及其在推荐中的应用[D].南京：南京航空航天大学，2016.

[157] 朱天. 社会网络中节点角色以及群体演化研究[D]. 北京：北京邮电大学，2011.

[158] 谭宸浩. 动态社会网络的用户行为建模与预测[D]. 北京：清华大学，2010.

[159] 赵姝，刘晓曼，段震，等. 社交关系挖掘研究综述[J]. 计算机学报，2017, 40(03): 535-555.